史料が語る年中行事の起原

伝承論・言い伝え説の虚構を衝く

阿部 泉

清水書院

まえがき

伝統的年中行事というものは時代の流れとともに変化し、ものによっては次第に行われなくなりつつある。しかし私たち日本人は、日常ではそのような行事と無縁の生活をしているようでも、折りに触れてそれが生活のなかで自然に行われている。古いものと新しいものが共存できることは、日本の文化のよいところであろう。

私は高校で主に日本史を担当した教師で、授業で伝統的年中行事について語ることがしばしばあった。それで教材研究のために解説書などを調べてみると、解説はあってもその史料的根拠は一切示されていない。「……と伝えられています」とか、「……といわれています」というだけで、まるで他人事のような無責任な書き方に終始している。いつ頃から行われているのか、なぜ行われているのか、どこから伝えられたのか、どのように変化したのかというようなことについて、はっきりした根拠は何一つ示されていない。強いて根拠といえば「伝承がある」というだけなのである。

伝承というものは、誰かが根拠もなく主張し始めても、次の世代になれば、「……と伝えられている」ということになり、伝承として独り歩きし始める。伝承に基づく論証の決定的問題点は、その信憑性が怪しく、いつまで遡るのかが全くわからず、後続者や第三者が再検証できないということである。歴史の論文を普通に読んだり書いたりしていた私にとっては、およそ学問の成果とは言い難いものばかりであった。

それなら自分で調べてみるしかないと、古代中国の歳時記から始まって、中世の有職故実《ゆうそくこじつ》書や公家の日記、江戸時代から現代に至る各種辞典や歳時記に到るまで、手当たり次第に読み漁ること三〇余年。次第に従来の伝統的年中行事の解説書の内容に誤りが多いことがわかってきた。本当のことを書き残しておかないと、誤った伝統的年中行事理解が「本当」のことになってしまう。それだけは何としても阻止しないといけない。そんな切羽詰まった思いから、これまでに集め整理してきた材料により、史料で裏付けられた伝統的年中行事について書き記したわけである。

伝統的年中行事に関するネット情報を読んでいて気になるのは、「意外と知らない……」「……の豆知識」「……を御存知ですか」「……のうんちく」「……の正しいやり方」という表現がやたらに目につくことである。余程書いている内容に自信があるのだろうと思って読んでみると、決まって「……と伝えられています」ばかりで、「御存知ないでしょうから、教えてさし上げます」と言わんばかりである。もちろん本当に知らない事実を正しく教えてもらえるならば、そのくらいは気にならないが、いい加減な内容ならば、鼻について仕方がない。もちろんそう言う私自身もこの書では生意気な表現をしてはいる。しかし原典史料で確認できないことは絶対に断定しないし、他人の褌《ふんどし》で相撲をとるような、自分で確認もせずにさも知っているかのような書き方は絶対にしていない。確実な根拠がない場合は、推定であることを明確にしている。もし先行者の業績を借用する場合は、必ずその名前や出典を記して敬意を表している。また内容に間違いや勘違いがあれば、批判は素直に受け容れるつもりである。

本書の特色は、一度既成の通説を離れ、確実な史料や根拠を明示しつつ、伝統的年中行事の本来の姿を伝えようとしていることである。ただ余りにも引用する文献史料が多く、難解なものも多いので大変に読みにくいのであるが、根拠となる史料とその出典を明記するのが本書の眼目であるので、その点はご容赦願いたい。わかりやすくて短い史料については本文中に原文のまま引用しているが、難解なものは現代語訳になおしてある。また原典史料を自分で確認してみたい方のために、インターネットで閲覧するための情報を明記してある。史料の出典を明らかにしていることは、画期的なことと自負している。本書の内容にはきっと誤認・誤解もあるとは思うが、伝統的年中行事研究のための史料集的役割は果たせるものと思う。

学問・研究の成果とは誰もが再検証できなければ、それを共有することができない。第三者が再検証できないものは、単なる思いつきと同じである。「……と伝えられています」と書きながら、その伝えられているというものを読者が読むことができなければ、書いた人が創作したものと区別はできないからである。多くの読者が本書をきっかけに、自分で根拠を確認し、納得の上で伝統的年中行事の本当の姿を理解していただけることを切に願っている。

令和三年八月

阿部　泉

凡例

○本書は研究目的の論文ではないので、史料を引用するに当たり史料の厳密な正確さよりもわかりやすさを優先し、表記を改めた部分がある。ただし、漢字を仮名にしたり、仮名に漢字を当てはめたりしているだけで、文そのものを改めることはしていない。
○漢文は書き下し文に直してある。漢字と片仮名交じりの文の場合は、片仮名を平仮名に直した。
○史料の漢字は常用漢字とし、仮名遣いは歴史的仮名遣いであるが、濁点や句読点を補った部分もある。
○史料の引用部分は、太めの教科書体を用いて表した。
○国会図書館デジタルコレクションや各地の図書館などが写真版をネット上で公開しているものについては、読者が検証できるように出典や史料の掲載されているコマ数を表示している。ただし「国会図書館デジタルコレクション」については、長くなるので省略して「国会」と表記している。
○例えば（国会『華実年浪草』冬三27左3行）は、インターネットで「国会図書館デジタルコレクション華実年浪草」と検索し、冬の部の巻三を開き、その第27コマの左ページ三行目に掲載されていることを表している。漢数字・上中下・初などは巻を、算用数字はコマや行や歌番号を表している。
○国会図書館デジタルコレクションには、同一の典籍について複数のサイトがあることがあり、本書に表記したコマの数では該当する記述に到達しないことがしばしばある。しかし間違いなく検索して閲覧しているので、いろいろ試してほしい。
○『枕草子』については一般には三巻本を底本としたものが多く読まれているが、江戸時代には能因本がよく読まれていたため、本書では、能因本を基準にして史料を引用している。三巻本とは引用する史料が含まれる段の数が異なる場合があるので、インターネットで「枕草子章段対照表」を検索し、書き出しの部分を参考に、該当する段を探し出せる。なお小学館『日本古典文学全集　枕草子』が能因本を底本としている。
○本書で数多く引用している川柳で『誹風柳多留』に載せられているものについては出典を確認済みである。『誹風柳多留』四五24」という表示は、四五編の24丁に載せられていることを示している。しかしそれ以外ではどうしても原典で確認できなかったものもある。それらは古川柳研究家である渡辺信一郎氏の『江戸の庶民生活・行事事典』からの引用である。同氏の著書は出典まで正確に記載されていることに特徴があり、史料集としての権威を保っている。結果的には孫引きになってしまうが、御容赦願いたい。その業績と見識に最大限の敬意を表しつつ、借用させていただく。

もくじ

I

正月

一　門松

門松の年神依代起原説

門松とは、正月に家の門戸に立てられる松や竹を用いた正月飾のことである。門松の起原について伝統的年中行事の解説書などには、「年神を迎えるための依《よ》代《しろ》」と説明されている。依代とは神霊が出現するときの媒体となるもののことで、早い話が門松は年神を迎えるための目印というわけである。

「年神」とこそ言わないが、正月の祭とは、やって来る「魂《たま》」を祀るものであるという理解は、古くから存在した。

『詞《し》花《か》和歌集』に

「魂まつる　年の終りに　なりにけり　今日にや又も　あはむとすらむ」

という歌があり、『徒然草』に

「亡き人の来る夜とて、魂祭るわざは、この頃都にはなきを東の方《かた》にはなほする事にてありしこそ、あはれなりしか」

と記されている。

その祖霊信仰に陰陽道《おんみょうどう》の歳徳神《としとくじん》や牛頭天王《ごずてんのう》や素朴な農耕神信仰などの要素が融合し、江戸時代には正月に歳徳神（年神）を迎えて祀る信仰があったことは、多

※『詞花和歌集』160　…………。

※『徒然草』19段　…………。

くの文献で確認できる。しかし門松が出現する平安時代に、松が年神の依代となっていたことを示す平安時代の文献史料など一つも存在しない。近現代の民間伝承として、古老がそのように語ったということはあるかもしれないが、門松は平安時代には出現しているのだから、起原という以上は平安時代の史料的根拠でなければ、検証のしようがないではないか。

門松の年神依代起原説は民俗学者が提唱し始めたことである。和歌森太郎はその著書『花と日本人』(草月出版・一九七五)の中で次のように述べている。

「門松は、いわゆる年(歳)神とか歳徳神の祭りを、年棚《としだな》、歳徳棚を前にして行うために、門口や棚の上に、その神霊を依りまさしめる代《しろ》として据《す》え立てたものである」(第七章　心の花・新春の花)。

この書物は雑誌『草月』(草月流の機関誌)に連載された文章をまとめて単行本としたものであるため、華道や生け花に関係ある多くの人が読んだ。そのためその影響は大きく、門松の年神依代起原説は一気に流布するようになった。

和歌森太郎(一九一五〜一九七七)…日本史学者、民俗学者。日本民俗学会代表理事、日本風俗学会理事長などを歴任。東京教育大学名誉教授。著書に『日本民俗学』ほか。

門松は長寿のシンボル

松が選ばれた理由を明らかにするためには、松がどのように理解されていたかを、古代の文献史料により検証しなければならない。松を詠んだ古歌は枚挙に暇《いとま》がなく、それらの歌には、松が長寿のシンボルであるという理解が共通している。それは早くも『万葉集』に見られる。

「たまきはる　命は知らず　松が枝《え》を　結ぶ心は　長くとぞ思ふ」　※『万葉集』1043………。

これは大伴家持《おおとものやかもち》が安積皇子《あさかのみこ》の長寿を祈った歌で、「命の長さはわからないものであるが、松の枝を結ぶ私の心は、あなたが長生きして欲しいということである」という意味である。

松が長寿のシンボルであるという理解は、平安時代になっても共有されていた。『古今和歌集』以来の勅撰和歌集には賀歌の巻が立てられているが、そこに詠まれる松の歌はほとんど長寿に関わるものである。当時「松は千年《ちとせ》を契る」と称して、松の樹齢は一〇〇〇年であるとされていた。唱歌「荒城の月」の歌詞に「千代の松ヶ枝」とあるが、『万葉集』にも「千代松樹」という表現があり、松が長寿のシンボルであることは古来一貫している。　※『万葉集』990………。

平安時代には、正月に「子《ね》の日の遊」「子の日の小松」「小松引《こまつひき》」と呼ばれる遊楽が行われていた。新年早々、その年最初の子《ね》の日である初子《はつね》の日に野に出て若菜を摘む。そしてまだ小さい若松を根ごと引き抜き持ち帰って植え、長寿を祈念するのである。そのことを詠んだ歌をあげておこう。

「野辺に出《い》でて　子の日の小松　引き見れば　二葉に千世《ちよ》の　数ぞこもれる」　※『堀河院百首歌』27・32………。

「君が世の　千歳を野辺に　子の日にして　松の齢を　かぞえ尽さん」

他にも平安時代には、初子の日の小松引を詠んだ歌は、数え切れないほど残っている。このように新年早々に「千年《ちとせ》を契る」小松を抜いて持ち帰る風習が、門松の起原となるのである。

西行の『山家集』には、おそらくは立春に門に「小松」を飾ることを詠んだ
「門ごとに　立つる小松に　飾られて　宿てふ宿に　春は来にけり」
という歌があるが、現在でも関西地方では「根引の松」と称して、子の日の小松そのままに、根が付いた小松が門松として飾られることがある。

門松の起原

門松の存在が確認できる最初の文献は、一二世紀の『本朝無題詩《ほんちょうむだいし》』という漢詩集に収録された、惟宗孝言《これむねのたかとき》という官吏の「長斎之間以詩代書是江方子」という詩である。その中に「門を鎖《とざ》して賢木《さかき》を貞松に換《か》ふ」という詩句があり、自分自身で「迎来（近来？）世俗皆松を以て門戸に挿《さ》す。而して余、賢木《さかき》を以てこれに換《か》ふ。故に云ふ」という注釈を付けている。つまり「最近は門松を門戸に挿《さ》す風習があるが、私は松に換えて榊《さかき》を挿している」というのである。これによって一一世紀中頃には門松を立てる風習が広まっていることを確認できる。

また前掲の一二世紀の『堀河院百首歌』に「門松」を詠んだ
「門松を　営み立つる　そのほどに　春明け方に　夜やなりぬらん」
という歌がある。

また平安時代末期の流行歌の歌詞を集めた『梁塵秘抄《りょうじんひしょう》』には、門松が長寿を祈念することを表す次のような歌がある。
「新年春来れば　門に松こそ立てりけれ　松は祝ひのものなれば　君が命ぞ長か

※『山家集』5 ……。

※肥前松平文庫蔵『本朝無題詩』157末尾 …。

※惟宗孝言（一〇一五～？）……。平安時代中期～後期の官吏、漢詩人。

※『堀河院百首歌』1109 ……。

※『梁塵秘抄』一春12 ……。

らん」

以上の歌でも明らかなように、門松は長寿のシンボルとして一一世紀には始まり、一二世紀には普及していたことが明らかなのである。

私は数年かけて古歌を主題別に自分で分類整理した膨大な資料を手許に持っているが、松が神霊降臨の依代となっている歌は一首もない。見落としがあるかもしれないが、広く共有されていなかったということはまず間違いない。

門松を立てる風習は、中世以後にはさらに広まった。鎌倉時代末期の『徒然草』には、

「(元日は)大路のさま、松立てわたして、はなやかに嬉しげなるこそ、またあはれなれ」

※『徒然草』19段……。

と記され、室町幕府の足利義政の頃の年中行事を記録した『年中恒例記《ねんじゅうこうれいき》』には、

「十二月二十六日、今日御立松つくり申候也、……近年は晦日《みそか》に作申也」

※国会『年中恒例記』40……。

と記されている。

以上のように日本の文献では門松の起原は一一世紀まで遡れるが、中国最初の正史である『史記』の亀策《きさく》伝には、「松栢《しょうはく》は百木の長にして、門閭《もんりょ》(村の入り口の門)を守る」と記されている。また『荊楚歳時記《けいそさいじき》』という六世紀に成立した、中国の長江中流域一帯である荊・楚地方(現在の湖北省・湖南省付近)の年中行事を記録した書物の注釈には、正月には門に「松柏《しょうはく》」を懸けることが記されている。ただし中国の「柏」とは柏槇《びゃくしん》のことで、柏餅の柏ではない。中国でも正月に松を飾る風習はその後も長く

続いたようで、大正十一年（一九二二）の中国の民俗調査報告書である『支那民俗誌』には、『荊楚歳時記』の記述そのままに、満州や蒙古では正月に松や柏（柏槇）の枝を飾る風習があったことが報告されている。このような中国の風習が日本に影響を与えたのか、日本の門松は日本独自のものなのかはよくわからない。

門松と竹

現在の門松は見かけ上は竹が主役になっているものもある。門松に竹が添えられた時期は、はっきりとはわからない。一二世紀に後白河法皇の命により土佐光《とさみつ》長《なが》が描いた『年中行事絵巻』には、軒下に身長をやや越える松が立て並べられている場面がある。ただ竹は全く見当たらないから、少なくとも鎌倉時代初期までは、竹が添えられることはなかったようだ。

室町時代後期の『世諺問答《せいげんもんどう》』という有職故実書には、門松の起原を問う質問に対して、

「門の松立つる事は、むかしよりありきたれる事なるべし。……その門の前に松竹を立侍り、松は千歳を契り、竹は万代《よろずよ》をかぎる草木なれば、年のはじめの祝事に立て侍るべし」

という答が記されている。

著者の一条兼良《かねよし》は一五世紀半ばから後半に活躍した公卿で、「無双の才人」と称された大学者であり、有職故実には特に詳しかったから、その記述は十分に信

※**国会『支那民俗誌』上88**

※**後白河法皇**（一一二七～一一九二）
日本の第七七代天皇。

※**土佐光長**（生没年不詳）
平安時代後期の宮廷絵師。

※**国会『年中行事絵巻』一25**

※**国会『世諺問答3巻』6・7**

※**一条兼良**（一四〇二～一四八一）
室町時代前期から後期にかけての公卿・古典学者。

用することができる。門松に竹が添えられるようになるのは、現在のところ室町時代まで遡ることは間違いない。ただし竹が松と並んで長寿のシンボルと理解されるのは、

「色変へぬ　松と竹との　末の世を　いづれ久しと　君のみぞ見む」

という歌があるように、平安時代以来のことである。

※『拾遺和歌集』275、承平四年、藤原穏子五十賀屏風歌‥。

江戸時代の門松

平安時代以来の門松理解は江戸時代にも継承されている。江戸時代初期の京都の詳細な歳時記である『日次紀事《ひなみきじ》』（一六七六）には、年末の歳の市について「山人、稚松翠竹（若松と青竹）を売る。松を子《ね》の日の松と称す。竹を飾竹といふ」と記されている。『日次紀事』は著者が自分で調査したことをもとに書いた歳時記で、孫引きが少なく信用できる史料である。歳時記とは著者個人の主張を説くものではなく、当時の風習の集大成であるから、歳時記に門松が「子の日の松」と称して売られていると記述されていることは、それが当時の共通理解であったことを意味している。同じことは江戸時代中期の季語の解説書である『華実年浪《かじつとしなみ》草《ぐさ》』（一七八三）にも記されていて、門松は平安時代以来の子の日の小松に由来するという理解が、江戸時代にも共有されていたことを確認できる。子供のための節供解説書である『五節供稚童《おさな》講釈《こうしゃく》』（一八三三）には、「正月門松立つる事は、松は千歳、竹は万代を契るものゆゑに、門に立てて千代よろづを祝ふなり」と記

※国会『日次紀事』十一月十二月　34‥。

※国会『華実年浪草』冬三　27左‥。

※国会『五節供稚童講釈』初一・二　7右‥。

され、長寿のシンボルと理解されている。このように江戸時代になっても門松が年神の依代であるという理解は見当たらない。

また江戸時代になると、門松の絵画史料がたくさん残されている。

『諸国図《ず》会《え》年中行事大成』（一八〇六）には、

「門松飾藁《わら》、今日より十五日まで、門前左右に各松一株竹一本を立、上に竹二本を横たへ、飾藁《わら》を付、これに昆布、炭、橙、蜜柑《みかん》、柑子《こうじ》（小蜜柑の一種）、柚《ゆず》、橘《たちばな》、穂俵《ほたわら》（海草のホンダワラ）、海老、串柿、楪《ゆずりは》、穂長《ほなが》（裏白）を付る。……また根引松を門に立、間口に応じ注連縄《しめなわ》を張り、そのほか裏口、井戸、竈《かまど》、神棚、湯殿、厠《かわや》に至るまで松を立、輪飾とて注連を輪にして懸るなり」

と記されている。

左右に松と竹を各一本ずつ立て、上に「簪《かんざし》」と呼ぶ竹を横たえ、それに「前《まえ》垂《だれ》」と呼ぶ注連縄を張り、その中央に各種の縁起物を飾るのである。このような「門」の形をした門松は、余程裕福な家に立てられたのであろう。

『長崎歳時記』（一七九七）には、「商家の内富《とめ》るものは、まま門松立て並べたるもあれども、多くは質素を守り、打付松とて枝松を戸口の左右に打付け、竹を立てそへ、注連飾りをす」と記されているように、豪華なものから質素なものまで様々であった。天保年間から幕末にかけて、江戸や大坂の風俗について詳述された『守貞謾稿《もりさだまんこう》』には、現代でもよく見かける三本の太い竹を斜めに削《そ》いで、周囲に松の枝を添えた門松が描かれている。現在でも門松は地域によってその形態は

※国会『守貞謾稿』二六　6　………。

様々であるから、当時も地域による相違があったことであろう。

この削ぎ形門松の由来については、徳川家康と武田信玄が関わっており、家康自身が竹を削いだと説かれているが、これには一応典拠がある。それは『江戸府《えどふ》内絵本風俗往来《ないえほんふうぞくおうらい》』という書物で、江戸時代末期の風俗を、菊池貴一郎という人が明治時代になってから書き、明治三八年（一九〇五）に出版したものである。その冒頭には、以下のようなことが記されている。

徳川家康と武田信玄が戦って家康が敗れた、三方ヶ原の戦の翌年正月のこと、武田方から「松かれて　竹たくゐ（たぐひ）なき　あした哉《かな》」という句が送られてきた。これは「松平（徳川の旧姓）の松が枯れて、武田の竹が比類のないほどに繁る元旦であることよ」という意味である。要するに松平氏（徳川氏）が滅び、武田氏がいよいよ繁栄するという意味である。これは連歌の発句であるから、これに続く附け句を詠んでみよという挑発なのである。これに対して家臣の酒井左衛門尉（酒井忠次）が、「これは『松かれで　武田首なき　旦《あした》かな』と読むべきものである」と答えた。昔は歌には濁点を付けずに書き表し、読む時に必要に応じて濁点を補いつつ読むものであったから、そのように読むことも可能である。そして「竹は葉なしにて、竿に同じ穂先を切り、松をそへる。松の根廻りへ四本の杭を打並て、太縄にて松の根をつなぎ固めたり」という形が、「松、武田の首を打《うち》し俤《おもかげ》なり」として、「御吉例と相な」ったということである。

天保年間の『武家年中行事』（三田村鳶魚《えんぎょ》編『江戸年中行事』所収）には同じ話が

※国会『江戸府内絵本風俗往来』上5・6 ……。

※菊池貴一郎（一八四九～一九二五）……。四代目歌川広重。明治から大正にかけての浮世絵師、画家。

※三田村鳶魚（一八七〇～一九五二）……。江戸文化・風俗の研究家。

※国会『江戸年中行事』144 ……。

正月３日の市街の様子　路上の左方では、小僧や従者に年礼（年始の挨拶）のための粗品《そしな》である年玉《ねんぎょく》を持たせた武士が、互いに挨拶を交わしている。立派な門松のある門の内では、年礼にやってきた武士が記帳をしている。路上の右方では、婦女子が羽根突きに興じている。（『年中行事大成』）

載せられていて、それによれば削ぎ形であることがわかる。ただしどちらの史料にも家康自身が削いだとまでは書かれていない。

この話はおそらく史実ではないであろう。江戸時代には家康は「神君」「権現様」として神格化された存在であり、話もあまりにも出来すぎていて、とうてい信用できるものではない。むしろ江戸時代の末期の『守貞謾稿』に削ぎ形の図を掲

※国会『守貞謾稿』二六　6　……。

げ、「図のごとく、太きそぎ竹に小松を添ふるもあり。……医師などこの制多し」と注釈されていることの方が余程に信用できる。ただし以上のような逸話が伝えられていたのは事実であるから、「……と伝えられている」という伝統的年中行事解説に特徴的な表現は、このような場合にこそ相応しい。

門松を飾る日と除く日

門松を飾る日については、二九日は「二重苦」に通じるとか、晦日《みそか》に飾るのは「一夜松」と称して飾ってはいけない日とされている。しかし古くはそのような禁忌《きんき》は存在しなかった。室町幕府の年中行事を記録した『年中恒例記』と江戸時代前期の『日本歳時記』(一六八八)には晦日の三〇日(旧暦には三一日は存在しない)、江戸時代末期の『江戸府内絵本風俗往来』には二八日、江戸の歳時記である『東都歳時記』(一八三八)や『東都遊覧年中行事』(一八五一、『江戸年中行事』所収)には二八日か二九日、天明年間の上野国《こうずけ》高崎付近の風俗を叙述した『閭里《りより》歳時記』(『民間風俗年中行事』所収)には二九日から翌日の晦日にかけて、前掲の『武家年中行事』には江戸城の門松は二九日、江戸時代後期文化年間の全国的風俗調査である『諸国風俗問状答《しょこくふうぞくといじょうこたえ》』の和歌山からの報告には三〇日、滝沢馬琴の『馬琴日記』には二八日に立てるとされている。明治時代末期の『東京年中行事』(一九一一)には、「二十日にもなれば、もう気の早い家にては門松を立て飾る」と記されている。要するに門松を立てる日については、それぞれの地域によって風習があったであろうが、基本的にはいつ立てようと全く自由であった。

なお本書ではこれ以後もしばしば『馬琴日記』を引用するが、滝沢馬琴は『俳諧歳時記』の著者であり、殊更《ことさら》に年中行事には造詣《ぞうけい》が深かった。そのため馬琴が自宅ではどのように年中行事を行っていたかは、当時の生活習慣を知る手掛かりになるからである。

取り除く日は、正月飾などを焼く左義長《さぎちょう》やとんど焼きの前日というのが基本である。『諸国図会年中行事大成』『日本歳時記』『東都歳時記』には一四日、『守貞謾稿』には「江戸も昔は、十六日に門松注連縄等を除き納む。寛文二年（一六六二）より、七日にこれを除くべきの府命（幕命）あり。今に至りて七日これを除く。

※国会『守貞謾稿』二六　23右　……。

これ火災しばしばなる故なり。京坂は今も十六日にこれを除く」と記され、江戸では七日、京坂では一六日となっている。『馬琴日記』には七日、『東京風俗志』には六日、『東京年中行事』には一四日となっている。左義長は小正月の一五日に行われることが多いため、全体としてはその前日の一四日が多い。

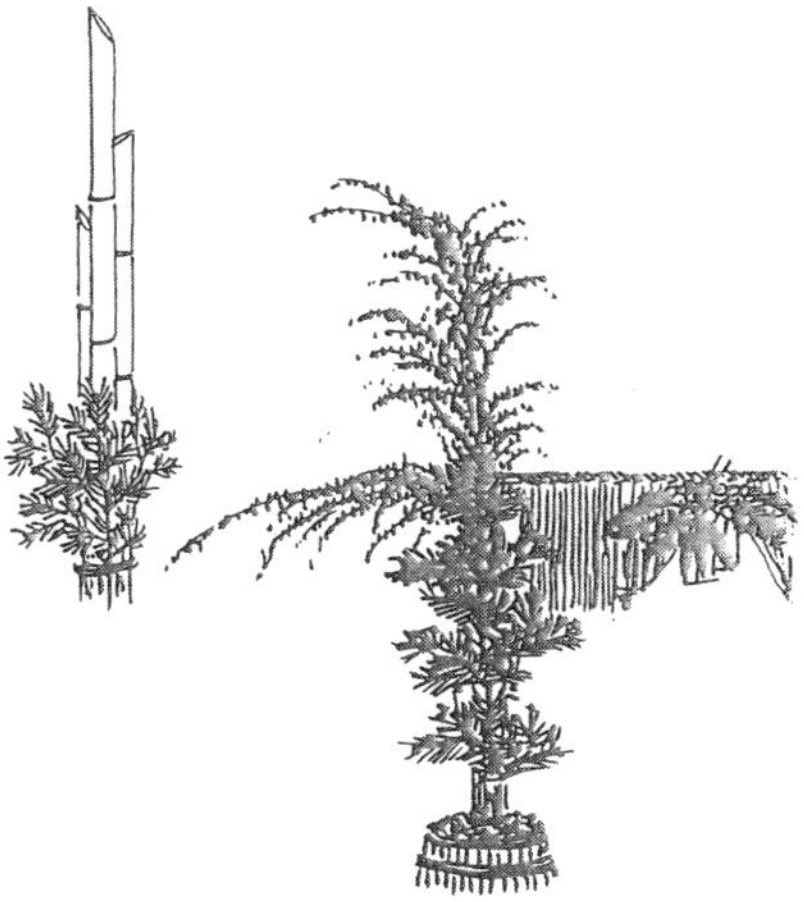

削ぎ竹の松飾りの図　枝葉のついたままの丈の長い竹を松の根本を薪で囲んだ台にさして固定している。その竹にさらに横に結わえられた竹があり、それには力士の回しに下げるような前垂れを下げ、中央には裏白《うらじろ》・譲葉《ゆずりは》・海老・橙《だいだい》・蜜柑《みかん》・串柿《くしがき》・昆布・炭・穂俵《ほだわら》などを飾る。この図では右側の門松は描かれていない。実際にはp.21の図のように、左右対称に立てられる。3本の竹を削いだものに小松を添えた形は現在でもよくみられる。（『守貞謾稿』）

「爆竹《とんど》之図」 正月 15 日に門松や正月飾を持ち寄って燃やす行事は、「左義長」とか「とんど焼き」と呼ばれた。青竹を燃やす爆裂音で悪鬼を祓うことは「爆竹」と呼ばれ、『荊楚歳時記』には正月元日に行われると記されている。日本では建長 3 年（1251）1 月 16 日に後嵯峨上皇が爆竹を見たことが『弁内侍日記』に記されている。図の右上に「爆竹」と書いて「とんど」と振り仮名が付されているように、とんど焼きの起原は、正月の爆竹にあると考えられる。（『年中行事大成』）

二　鏡餅

鏡餅の年神依代起原説

正月に床の間に据えたり神仏に供える餅は、「鏡餅《かがみもち》」と呼ばれている。「鏡」という呼称は、その形が昔の鏡のように円形であり、また餅の神聖さが鏡の神聖さに通じるためであろう。伝統的年中行事の解説書には、鏡餅の起原について「年神の依代《よりしろ》」「年神の霊魂の象徴」として供えられたと説明されている。もちろん近現代なら、そのように古老が語ったということはあるだろう。神棚に供えるのだから、年神の依代と考えられたのも無理はない。しかし鏡餅の存在が確認される平安時代に、鏡餅を年神の依代と理解している文献史料は何一つ存在しない。

江戸時代末期に、国学者で幕府の右筆《ゆうひつ》でもあった屋代弘賢《やしろひろかた》が、風俗に関する質問状を諸国に送り、それに対して送られてきた答申を編纂した『諸国風俗問状《しょこくふうぞくといじょう》答《こたえ》』には、全国各地の二〇の領地からの報告が記されている。その質問の一つに歳徳神に関する風俗があるのだが、恵方《えほう》に歳徳神を祀る棚を吊《つ》り、鏡餅を供えるという報告はたくさんある。しかしそれ以上でも以下でもなく、鏡餅が年神（歳徳神）の依代であることが推測される記述は皆無である。

また大小を二段に重ねることについて、月と太陽、陰と陽を表し、丸い形は家

※**屋代弘賢**（1758～1841）……江戸時代後期の江戸幕府御家人・国学者。

庭円満を、重なることは円満に年を重ねること、また夫婦和合の意味が込められていると説明されることがある。確かに太陽と月を象徴するという理解は、江戸時代には確認できる。前掲の『五節供稚童講釈』には、

「二ツ重ねるは日月に象《かたど》り、陰陽に象り、夫婦親子にも象りたるものなり」

と記されていて、いろいろな解釈が行われていたことは事実である。ただしそれが鏡餅が出現する古代まで遡るわけではない。

※国会『五節供稚童講釈』初一・二8右中下段

鏡餅の起原

そもそも餅や鏡餅はいつ頃からあったのであろうか。文献上では、奈良時代の初期に編纂された『山城《やましろ》国風土記』に、次のような話が記されている。

「秦伊侶具《はたのいろぐ》という裕福な人が餅を射たところ、餅は白鳥になって飛び去り山の峰に舞い降りた。するとそこから稲が生えてきたので、そこに社を建てて稲荷《いなり》と名付けた」。


これは伏見稲荷神社の起原説話であるが、似たような話は『豊後《ぶんご》国風土記』にも記されている。どちらも、裕福な者が驕《おご》って餅を射たところ、白鳥になって飛び去ってしまったという話で、弓の的《まと》にしたというのであるから円形であったことであろう。また粗末にしてはいけない神聖な物であったことがわかる。

鏡餅は平安時代には、『源氏物語』や『栄花物語』に見られるが、「餅鏡」と書いて「もちいかがみ」（もちひかがみ）と訓《よ》まれていた。ただし平安時代末期の

『類聚雑要抄《るいじゅうぞうようしょう》』（一一四六頃）という書物には、「御鏡餅」という呼称も見られる。同書には「御鏡餅三枚　日別一枚」とも記されている。するとこの鏡餅は段重ねではなく、一枚であったかもしれないし、日ごとに一枚重ねるものだったかもしれない。また同書には、「鏡餅上に置く物」として、「譲葉《ゆずりは》一枚、蘿蔔《すずしろ》（大根）一株、押鮎《おしあゆ》一隻、三成橘一枝」が挙げられている。譲葉や大根や鮎や三つ実の付いた橘の枝を置くというのであるから、かなり大きくて扁平な鏡餅であったことがわかる。

※国会『類聚雑要抄』一7・8……。

鏡餅の目的

餅鏡が実際にはどのような物と理解されていたか、それがわかる場面を『源氏物語』や『栄花物語』の中から拾い出してみよう。『源氏物語』の「初音《はつね》」の巻には、光源氏の正妻である紫の上の御殿六条院の元日の様子が叙述されている。「歯固《はがため》の祝ひして、餅鏡をさへ取り混ぜて」と記されているから、「歯固の祝」の席に餅鏡が供えられていた。歯固についてはこの後で詳述する。

人々が餅鏡に向かって新年の祝い言を唱えていると、そこへ光源氏が現れて「どのようなことを祈り願っていたのか聞かせよ」と問う。そこで中将の君が「今からもう（あなた様の千年の栄が）見えるようだなどと、餅鏡にもお祝い申し上げておりました」などとめでたい言葉を述べる。原文では「鏡の影にも語らひはんべりつれ」となっていて、餅鏡に向かって祝詞を述べる風習があったことがわかる。

また摂関家の繁栄を物語風に叙述した『栄花物語』の「蕾花《つぼみ》」の巻には、

「それにつけてもあな美しと見奉らせ給ひて、抱き取り奉らせ給ひて、もちひかがみ見せ奉らせ給ふとて、聞きにくきまで祈りいはひ続けさせ給ふ事どもを……」と記されている。

三条天皇の皇女である禎子《ていし》内親王（後に後三条天皇の母）が生まれた翌年の長和《ちょうわ》三年（一〇一四）正月に、天皇がまだ幼い内親王を抱き上げ、餅鏡を見せながらその前で祈る場面である。『源氏物語』と『栄華物語』の記述には、餅鏡に向かって長寿の祈りの言葉を唱えることが共通していて、鏡餅が長寿を祈念する餅であったことがよくわかるのである。

そのことは別の史料からも論証できる。前掲の『類聚雑要抄《るいじゅうぞうようしょう》』には鏡餅の上に橘《たちばな》を載せると記されていたが、橘の実は不老不死の霊果であると伝えられていた。『古事記』『日本書紀』には、橘について次のような神話が記されている。

「ある時垂仁《すいにん》天皇が田道間守《たじまもり》に、『非時香果《ときじくのかくのみ》』と呼ばれる不老不死の果実を常世《とこよ》の国から採って来るように命じた。彼は一〇年の歳月をかけてようやく持ち帰ったのであるが、天皇は既に亡くなっていたので、彼はその果実を陵墓《りょうぼ》に供え、その場で嘆き悲しんで死んでしまった。そして今橘と呼んでいるのがその『非時香果《ときじくのかくのみ》』である」というのである。

要するに橘は不老不死の霊力を持つ常世《とこよ》の果実と理解されていた。そうであればこそ、長寿を祈念する呪物である鏡餅の上に置かれたのである。

江戸時代には橘ではなく橙《だいだい》に代わっていたが、現在一般に理解されているように「代々」に通じるからという理由からではなかった。橙の実には面白い特徴があり、一度は橙色に色付いても、そのままにしておくと再び青色に戻ってしまう。それが若返ることに通じるというので縁起物と理解されていたのであって、不老不死の橘と同じことなのである。なお室町時代随一の碩学《せきがく》である一条兼良が著した『花鳥余情《かちょうよじょう》』にも、歯固の餅の上に大根と橘を載せると記されている。もっとも『花鳥余情』は『源氏物語』の注釈書であるから、平安時代の風習であろう。

※国会『花鳥余情』五4右9行……。

また室町時代、興福寺多聞院《たもんいん》の僧侶の日記である『多聞院日記』には、天文一一年（一五四二）元日の「大円鏡」（大きな鏡餅？）の図があり、一重の扁平な丸い餅の上に丸い「タチ花」（橘）が五個、「ホタワラ」（ほんだわら）が五筋のせられているから、鏡餅の上に橘をのせることは室町時代まで確認できる。

※国会『多聞院日記』一140……。

餅鏡の古い用例を調べてみると、「餅鏡に向かう」とか「餅鏡を見る」という表現が圧倒的に多い。餅鏡は食べることが第一義ではなく、また単に飾っておく物でもなく、それに向かい合ってめでたい歌や祈りの言葉を唱え、長寿を祈るための呪物であったのである。

これまた一条兼良が著した『世諺問答《せいげんもんどう》』には、

「さて正月のかがみにしてむかふ時は、古今集に入たる、あふみ（近江）のやかがみの山をたてたればかねてぞみゆる君が千年は、といふ歌を誦《じゅ》するなり、この歌は、延喜の御門《みかど》の御時、近江の国より大嘗会《だいじょうえ》の御べたてまつりし時、大伴の黒

※国会『世諺問答3巻』11・12……。

主がよめる歌なり、源氏初音の巻にも、この歌の詞をひきてかけるなり」

と記されている。

鏡餅に面して坐る際に、唱える歌があるというのである。「あふみ（近江）のや……」の歌は醍醐天皇の大嘗祭で近江国から献上されたもので、『古今和歌集』に収められた。以来この歌を唱える風習が生まれ、『源氏物語』にも引用されている。

江戸時代後期の『五節供稚童講釈』にも前掲の『世諺問答』と同じように、「鏡餅に座る時は、この歌（あふみ（近江）のや……）を三遍唱へて身を祝へば、その年仕合《しあわ》せよしと、昔より言ひ伝ふ」と記されていて、平安時代以来の鏡餅理解は、江戸時代まで継承されていることが明らかである。

※国会『五節供稚童講釈』初一・二8左上段 …。

このように鏡餅が年神の依代という理解は、鎌倉・室町・江戸時代でもなお見当たらない。ただ江戸時代には歳徳神の神棚に鏡餅を供え、また松の内が明けると餅を神棚から下ろして鏡開きをして食べる風習があったことは事実であるから、鏡餅が年神の霊魂の象徴と理解された可能性はある。しかしそれをそのまま平安時代にまで遡らせて、起原説とすることはできないのである。

歯固

餅鏡は年頭に長寿を祈念するための呪物であったが、歯固の餅もほぼ同じようなものである。歯は齢《よわい》（年齢）に通じるので、年頭に固い物を囓《かじ》って歯を丈夫にすれば、長生きできるというのである。そのような風習は日本独自のものではなく、中国に起原がある。『荊楚歳時記』の「正月」には元旦に「膠牙餳《こうがとう》を進む」と記され、さらに「膠牙とは蓋《けだ》し以て其れをして牢固不動ならしむるなり。膠固の義を取るなり」と注釈が付けられている。「膠牙」とは「固い歯」という意味で、いつまでも歯がぐらつくことなく長寿であるようにと、固い餳《あめ》（飴）を勧めるのである。

日本では飴ではなく餅が用いられ、「歯固の餅」と称された。前掲の『世諺問答《せいげんもんどう》』には、「歯固といひて、餅鏡にむかふ事は、いかなることぞ」という問に対して、「答、人は歯もつて命とするがゆゑに、歯といふ文字をばよはひともよむなり、歯がためはよはひをかたむる心なり」と記されている。

このような歯固理解は江戸時代まで受け継がれていて、江戸時代前期の年中行事解説書である『民間年中故事要言《みんかんねんじゅうこじようげん》』（一六九七）には、「元日に餅鏡を用て歯固といふなり。人は歯を以て命とする故に、歯といふ文字をよはひとも読なり。歯固は齢《よわい》（年齢）を固むる意なり」と記されている。

場合によって歯固と言い、また餅鏡（鏡餅）とも言うが、鎌倉時代の藤原定家の日記『明月記』には、年始の記事に「歯固鏡を見る」と記述されて、歯固と鏡餅を合わせたような表現をしている。同じような記述はその他にも多くの古文献に見られるから、両者は事実上同じ物と理解してよいであろう。

ただし前掲の『類聚雑要抄』には歯固の配膳図が載せられていて、鹿や猪の肉、鮎・鯛・鯉などの魚類、大根や蕪《かぶ》、瓜や茄子《なす》の漬物が、一際大きい鏡餅と共に並

※国会『世諺問答3巻』11・12

※早稲田大学蔵『年中故事要言』一14

※藤原定家（1162～1241）
平安時代末期から鎌倉時代初期にかけての公家・歌人。

※国会『明月記』二203左上段正月二日

※国会『類聚雑要抄』一7

江戸時代の歯固鏡餅の図　三方の上に裏白を敷き、その上に鏡餅を二つ重ね、さらに譲葉・菱餅（？）・橙・海老がのせられている。（『五節供稚童講釈』）

んでいる。そうであれば、「餅鏡」（鏡餅）という場合は餅その物を指し、「歯固」という場合は餅をも含めた供御《くご》を指すといった程度の差異はあったかもしれない。餅を実際に食べたかどうかはわからない。肉や魚や野菜などの「歯固の具」は食べたであろうが、既に述べたように、餅の上には譲葉や大根や鮎や三つ実の付いた橘の枝が置かれていて、供えておくこと自体に意味があるようにも見えるからである。

歯固の膳に餅と共に並べられる物は「歯固の具」と称された。『枕草子』には「木は……譲る葉……よはひ（齢）延ぶる歯固めの具にもして……」と記されている。もちろん譲葉は食べるわけではないが、それ以外の肉・魚・野菜は食べるためのものである。大根は後に雑煮の具として必ず入れられることになるのであるが、季語の解説書である『華実年浪草《かじつとしなみぐさ》』（一七八三）には、『源氏物語』の注釈書である室町時代の『河海抄《かかいしょう》』を引用して、「河海抄に曰く、歯固の具に大根を用る事あり。その故にや、一名をかがみ草（鏡草）と云ふ」と記されている。

※『枕草子』四七段……………。

※国会『華実年浪草』春一25左……。

ただここで一つ指摘しておきたいことがある。前掲の貴族達の日記に、餅鏡や歯固の餅は「吉方」に供えるという記述が見えることである。吉方は「恵方《えほう》」とも呼ばれ、陰陽道の歳徳神のいる方角である。この歳徳神は後には農耕神や祖先神など様々な信仰対象を吸収しながら、江戸時代には「年神」とも呼ばれるようになる。そして江戸時代には正月に恵方に神棚を吊《つ》り、鏡餅を供えることが普通に行われていた。その様な風習を根拠として鏡餅の年神依代説が説かれるのであろうが、恵方に餅を供えるのは、平安時代の餅鏡・歯固餅の長寿を祈念する風習に起原があるのである。なお歯固と鏡餅の関係については、金孝珍《キムヒョジン》氏の「平安時代の歯固・餅鏡の基礎的考察」という論文に詳しいので、参照されたい。

鏡開

室町時代、興福寺多聞院の僧侶の日記である『多聞院日記』には、天文一一年（一五四二）元日の供物の略図が載せられていて、折敷《おしき》の上に赤き餅、串柿、剥《むき》栗《ぐり》、橘、柑子《こうじ》、煎米《いりごめ》、穂俵《ほだわら》、赤豆《あかきまめ》（小豆か?）、野老《ところ》などが描かれている。江戸時代には武家では鎧甲《よろいかぶと》などの具足《ぐそく》（甲冑などが一式完備したもの）と共に供えたので、「鎧餅《よろいもち》」とか「具足餅《ぐそくもち》」と呼ばれることもあった。『湯土問答《とうどもんどう》』（一七八三）という書物に、林羅山《はやしらざん》の『羅山文集』に「鎧餅其起未だ知らず」という記述があると記されているので、鎧餅は室町時代の後期には始まっていたかもしれない。農家では田の神や農耕具に供え、商家では大福帳や蔵に供えるなど、身分や分限《ぶげん》に応じそれぞれのやり方で供えるものであった。

現在では鏡餅は一般的に「三方《さんぼう》」と呼ばれる儀礼用の木製の台に白い和紙を敷き、さらに紙垂《しで》や裏白という羊歯《しだ》の葉や譲葉などを敷き、その上に二段に重ねた鏡餅を載せ、さらにまたその上に橙《だいだい》という蜜柑の一種をのせる。勝栗（搗栗《かちぐり》）、串柿、昆布、熨斗鰒《のしあわび》、鯣《するめ》、伊勢海老などを飾ることもある。

鏡餅は松の内は飾っておくべきものであった。それで松の内の明けた後は神棚や床の間から下げて食べることになる。その頃には鏡餅にはひびが入って割れやすくなっている。これを細かくして食べる風習が「鏡開」である。小さい鏡餅ならすぐに割れるが、大きなものになるとなかなか割れない。江戸時代の鏡餅は概

※国会『多聞院日記』一—140……。

して現代のものより大きく、『馬琴日記』には「七升どり鏡もち」さえ見られる。これを細かくするのは手間がかかったであろう。しかし刃物を用いて切ることは禁忌であった。それで力まかせにしても細かくできなければ、木槌《きづち》などで砕く。そして細かくした鏡餅は、これを雑煮・汁粉《しるこ》・善哉《ぜんざい》・掻餅《かきもち》や霰《あられ》に調理して食べるものであった。

　刃物を使わないことについて、一般には「縁起物を切るのは縁起が悪い」などと説明されている。しかしこれは誤りという程のことではないが、正しくもない。『雍州府志《ようしゅうふし》』（一六八二〜一六八六）には「斬殺の詞《ことば》を忌む」、『日次紀事』（一六七六）には「特に刀を以てこれを截《き》ることを忌む」と記されているように、武士にとっては刃物で切（斬）ることは「死」を意味する。それで鏡餅を「切る」とも「割る」ともいうことを避け、敢えて忌言葉で「開く」と言った。会合を「閉会」すると言わずに「お開き」というのと同じ事で、本来は鎧餅を刃物で切ることを忌み嫌った武家の風習が、民間にも広まったことなのである。武家屋敷には民間の女性が「作法見習」と称して奉公に上がることが多く、武家の風習はすぐに庶民に伝わる社会構造になっていた。『五節供稚童講釈』には「武家を見習ひて、町屋にも鏡開とて祝ふ事とはなりぬ」と記されている。

　鏡開の起原はわからないが、江戸時代初期には正月二〇日に行われていた。武家では二〇日の鏡開きを「刃束《はつか》を祝ふ」と称し、女性は「鏡台の祝」として鏡餅を鏡台に供え、それを「初顔《はつかお》祝ふ」と称していた。『日本歳時記』（一六八八）に

※大和文華館蔵『雍州府志』２３９右７行…。

※国会『日次紀事』正月二月25…。

※国会『五節供稚童講釈』初一・二22右中段…。

鏡開きと若水汲み　上部に鏡開きの場面が描かれている。鏡餅にいくらひびが入っているにしても、これほど大きな餅は簡単には割れない。下は、若水汲みの場面で、井戸や新調した手桶《ておけ》にも注連縄《しめなわ》・譲葉《ゆずりは》・裏白《うらじろ》が飾られている。若水は年男が正装して汲むものであった。（『五節供稚童講釈』）

は「廿日《はつか》を祝ふと、初顔祝と詞おなじきゆへに」と記されている。刀は男性にとって、鏡は女性にとって身を護る大切なものであったから、そのように呼んだのであろう。初めは二〇日の行事であったが、第三代将軍徳川家光が四月二〇日に亡くなったた

※国会『日本歳時記』二12中央……。

め、以後は月命日の二〇日を避けて一一日に行うこともあった。なお鏡餅を手で細かく砕くことを「搔《か》く」と称したため、その餅は「搔餅《かきもち》（缺餅・欠餅）」と呼ばれた。「おかき」と呼ばれることもあるが、これは女性が使った女房言葉である。

　右ページの図に「若水汲み」が描かれているので、ついでに少々触れておこう。若水は現在では邪気を除くために元日に汲むものとされているが、本来は「若返りの水」であって、『万葉集』に詠まれている。ただし年始に汲むものとはなっていない。年始に汲むようになるのは平安時代で、『延喜式』という法令集の「主《もん》水式《どしき》」に、立春早朝に汲むと定められている。室町時代の『世諺問答《せいげんもんどう》』という有職故実書では、まだ立春に汲むことになっているが、江戸時代には正月元旦に汲むようになっている。現在の太陽暦では元日と立春は一ヶ月以上隔たっているが、旧暦では相近接していたから、それほど問題とはされなかったのであろう。江戸時代には、年末に井戸に蓋をしておいて、元日早天に正装した年男が、新調した輪飾をかけた手桶を持ち、恵方に向いて水を汲んだ。そしてその水を用いて雑煮をつくり、福茶を点《た》てて長寿を祈念したのである。

※『万葉集』627・628・1034・3245…。

三　年　玉

年玉の年神霊魂分与説

年玉の起原について、伝統的年中行事の解説書にはだいたい次のように説明されている。

「正月に神棚に供えられる餅は、年神が宿る依代《よりしろ》である。それで家長がその餅を年神に代わり、年神の祝福の象徴として家族に分け与える。これが年玉である。つまり年玉とは、本来は年神の霊魂の象徴である餅のことであった」というのである。

「玉」は同音の「魂・霊」に通じることから、「年玉」を「年神の霊魂」と理解しているわけである。民俗学的には古老の話としてそのように各地に伝えられているのであろうが、それはこの現代に採録された資料であって、起原に関わるものではない。

『諸国風俗問状答《しょこくふうぞくといじょうこたえ》』に収められた若狭《わかさ》国小浜藩からの報告には、「歳徳神の事……何によらず年玉の貰《もら》ひ物等を備（供）へおく家も御座候」と記されている。

※国会『諸国風俗問状答：校註』199右‥。

もし歳徳神に供える餅が年玉であるというのなら、それとは別に「年玉の貰ひ物等」を供えるというのでは、辻褄《つじつま》が合わないではないか。

年玉は年始の祝儀の粗品

年玉に関する近世の文献史料は数多く残っている。『日葡辞書《にっぽじしょ》』（一六〇四）という日本語とポルトガル語の辞書には、「Toxidama（トシダマ）、新年の一月に訪問したおりに贈る贈物」と記されている。北村季吟《きぎん》という国学者が著した『増《ます》山之井《やまのい》』（一六六三）という俳諧書には「としだま、年始の持参礼物をいへり」、『日次紀事』（一六七六）には「凡《およそ》新年互に贈答の物、総じて年玉と謂《い》ふ」、『俳諧歳時記栞草《しおりぐさ》』（一八五一）にも、「新年の賜《たまもの》と云なるべし」と記されている。

滝沢馬琴の『馬琴日記』には、正月の半ば頃まで連日のように知人が「年礼《ねんれい》のためとし玉持参」と記されている。一般的には歳暮は下位の者から上位の者へ、年玉はその逆と理解されているが、流行作家として著名な馬琴に、連日のように年玉をもった上位の来客があるとも思えない。年玉は上位の者が下位の者に与える物という理解は、当時はなかったのである。余りにも多いのでこの辺で止めておくが、年始の挨拶である「年礼《ねんれい》」に添える品物を年玉という史料は書ききれない程ある。

このような年玉の理解は、明治時代になっても続いている。明治時代中期の『東京風俗志』（一八九九）には、「商家などには華客《とくい》さきざきを賀し、年玉とて染手《そめて》拭《ぬぐい》、摺暦《すりごよみ》、或は品物などを配りて、相変はらずの御贔屓《ごひいき》を頼みありくも多し」と記されている。また明治時代後期の『東京年中行事』（一九一一）にも、

※**北村季吟**（一六二四～一七〇五）……。江戸時代前期の歌人、俳人、和学者。

※**国会『日次紀事』正月二月41中央**…。

※**国会『俳諧歳時記栞草』25年玉**…。

※**国会『東京風俗志』中10左**……。

町家の年礼　正月２日、大店《おおたな》の主人が年始の挨拶である年礼に小僧を連れて歩いている。小僧が胸の前にかかえている風呂敷包には、年玉の品物が盛られていると、説明にある。（『江戸府内絵本風俗往来』）

「年玉・年賀……普通の人々の間に於ても、年礼《ねんれい》と同時に、その家の小供《こども》にお年玉といって手土産を贈ることが行はれて居るが、最も盛に行はるるのは、平生《へいぜい》出入りの商人が年礼の序《ついで》に、得意先に配って歩くお年玉で有らう。そのお年玉の種類は素《もと》より一定して居るのではないが、多くは自分の商売品中のものか、或はそれに関係の品で、乃至《ないし》は手拭、略暦、盃《さかずき》なんどが最も普通のもので有る」

と記されている。

※国会『東京年中行事』上32・33…。

現在では新年の挨拶に「お年賀」「お年始」と称してタオルやカレンダーを配ることがあるが、これこそがかつての年玉なのであって、断じて年神の霊魂を表す餅ではない。

年玉の品物

それなら年玉は実際にはどのような物だったのであろうか。文献史料から拾い出せる物は、総じて各々の身分に相応しい物や、家業で取り扱う物、あるいは縁起物が多い。何を年玉として配るかにより、その家の身分や家業がおよそわかるのである。

『日次紀事』には、「商家は必ず得意先に年玉を持って新年の挨拶に行くこと。医者は普段扱っている丸薬や軟膏《なんこう》類」、また「諸民に至りては各作業の物を相贈る。高貴の如きは太刀、馬代、時服等、贈答の物、枚挙に及ばず」と記されている。

また江戸時代末期の風俗を叙述する『江戸府内絵本風俗往来』には、「年玉の進物の大方は扇子《せんす》なり」と記され、正月二〇日以後になると、この扇の入っていた空箱を買い集めに来る者さえいたという。『諸国風俗問状答』の陸奥《むつ》国信夫《しのぶ》郡・伊達《だて》郡の報告には、「寺社山伏役人ゑは銭、その余は扇子紙品なり。……医師の礼。年玉は丸薬なり」と記されている。『馬琴日記』からは、落雁・煎餅・扇子・かんざし・白粉・茶碗・粟餅・砂糖・納豆などを拾い出せる。納豆は僧侶の配る年玉の定番である。芭蕉の門人である許六に「糞とりの　年玉寒し　洗い蕪」とい

※国会『日次紀事』正月二月41中央：。

※国会『江戸府内絵本風俗往来』上19・下9左上段：。

※国会『諸国風俗問状答：校註』331右：。

う俳諧がある。都市近郊の農民が、糞尿肥《ふんにょうごえ》を汲み取らせてもらう代わりに、野菜を置いてゆくことを詠んでいるのだが、これなどは年玉が家業を表すよい例であろう。

その他に江戸時代の様々な文献から、鼠半紙《ねずみばんし》（漉《す》き返した灰色の半紙）・箸・貝杓子《かいじゃくし》・樽酒・茶・保存のきく昆布・干鱈《ほしだら》・するめ・牛蒡《ごぼう》・蒟蒻《こんにゃく》・軽粉《けいふん》（白粉）・瓜・蝋燭《ろうそく》・掛軸・熊皮などを拾い出すことができた。『風俗画報』二二四号（一九〇一）には、明治時代の年玉の品が列挙されている。それによれば、「菓子・砂糖・酒類・鰹節・海苔・蜜柑・柿・林檎《りんご》・昆布・茶・玉子・小間物（花簪《はなかんざし》・頭掛・香油・石鹸の類）・呉服・手拭・扇・紙類・筆墨類・文房具・陶器類・漆器類・盆栽・挿花・桶類・籠類・その他日常品」などがあげられ、陶器類が最も多いと記されている。江戸時代より種類は増えているが、日常の品であることに変わりはない。個々の場合なら現金や餅のこともあったかもしれない。しかし本来の年玉は子供への贈り物や餅ではなく、大人の社会の付き合いや主従関係の中で、新年の挨拶に添える品物だったのである。

四　正月の縁起物

正月飾の縁起物

めでたい吉事を祈念したりそれを祝うための呪物を縁起物というが、日本の伝統的年中行事には実に多くの縁起物がある。日本語には音節の少ない言葉や同音異義語が多いため、その特徴を活かして洒落《しゃれ》を効かせたものが実にたくさんある。また何か別の物に擬《なぞら》えたり見立てたりして、祝意を表現するものもたくさんある。

正月の祭に関わるそのような縁起物を拾い出してみよう。ただしここでは江戸時代の文献史料の裏付けのあるものに限ることにする。史料的裏付けがあるということが本書の眼目である以上、それがない場合は採り上げるわけにはいかないからである。裏付けとなる史料は、主に『日次紀事』『和漢三才図会』『本朝食鑑』『華実年浪草《かじつとしなみぐさ》』『諸国図会年中行事大成』『俳諧歳時記』『俳諧歳時記栞草《しおりぐさ》』『五節供稚童講釈』などの書物から拾っているが、煩雑になるのでここではいちいち出典まで明記しないこともある。

「裏白」はウラジロと呼ばれる羊歯《しだ》の一種で、葉の裏面が白っぽいことからそのように呼ばれている。裏が白いことは心に裏表がなく、清廉潔白を表していると説明されるが、そのような理解は江戸時代にはない。『風俗画報』一五九号

（一八九八）には、「心明白にして後暗《うしろぐら》きことなければ裏白」と記されているから、明治時代以後に牽強付会《けんきょうふかい》されたものであろう。江戸時代には、葉が「四時（一年中）死《かれ》（枯）」ないことから「嘉祝《かしゅく》」のものとされ、年ごとに葉を広げ「雪霜にも負けず」冬も枯れないので、そこに祝意を読み取り、「鳳尾草《ほうびそう》」とも呼ばれた。またシダは独特の葉の形により「羊歯」「歯朶《しだ》」とも表記されるが、「歯」は「齢」に通じ、「朶」は枝のことである。そして枝が長いので、「齢が延びる」ことを意味すると理解された。室町時代の百科事典である『壒嚢鈔《あいのうしょう》』には「歯朶と書《かく》。よはいのえだ（齢の枝）と書る祝の心か」と記されている。また左右の葉が対になっていることから夫婦円満の象徴であり、「夫婦相生《あいおい》の義にとる」「夫婦仲よく離れざること」と記されている。伝統的年中行事の叙述には、江戸時代の文献を読まなければならないことがよく理解できる例である。

※国会『壒嚢鈔』114左……。

「譲葉《ゆずりは》」は江戸時代には注連飾《しめかざり》の材料となったり、鏡餅の下に敷かれるなど、正月の縁起物として色々な場面に用いられている。新芽が伸びてくると古い葉が自然に落ち、落葉樹でありながら常緑木であり、葉の途切れることがない。それで一般には「譲る」という訓によって、親子継承の象徴と理解されている。江戸時代の歳時記類には「子孫相譲て長久を祝す」「父子相続を祝ひて」と記され、「親子草」と呼ばれることもあった。

ただし古い史料では「弓弦葉」（ゆづるは）という表記が多く、親子継承という理解は全く見当たらない。実際ユズリハの葉の形は、弦を張った弓のように見える。『枕草子』には、「木は……譲る葉……亡き人の物にも敷くにやとあはれなるに、またよはひ（齢）延ぶる歯固めの具にもして」と記されていて、古来、精霊への供物の下に敷いたり、長寿を象徴する歯固の材料となるものと理解されていた。また鎌倉時代の『新《しん》撰《せん》六《ろく》帖《じょう》題《だい》和《わ》歌《か》』という類題和歌集には、「譲葉」の題で「年毎に　撫づとはすれど　ゆづるはの　甲斐こそなけれ　老のしほみは」という歌があり、譲葉で身体を撫でると若返るという俗信があったことがわかる。このように譲葉は新年に若返りを祈念する嘉祝の呪物と理解されていた。それが後に「譲葉」の表記が主流となり、その祝意が変化したのである。この場合は、伝統的年中行事解説の叙述に当たり、ものによっては江戸時代の文献史料でも不十分で、古代の文献史料まで検証しなければならないことをよく示している。

※『枕草子』四七段……………。

※宮内庁書陵部蔵『新撰六帖題和歌』344右9行…。

「穂俵」はホンダワラという海藻の一種である。茎の各所に小さな卵形の気泡が付いていて、これが浮力を産み出し、海底から直立したり浮いたままで流れ藻となることがあり、海浜によく打ち上げられている。この気泡の形が米俵に似ていることから「米俵のかたちにつくりて穂俵と名づく」として縁起物とされた。現在では乾燥させて昆布と一緒に注連飾の素材になっているが、食用にもなる。

※国会『華実年浪草』春一39左…。

「橙《だいだい》」は柑橘類《かんきつるい》の一種で、鏡餅の上に置かれたり、注連飾に付けられている。一般には「だいだい」が「代々」に通じるからと説明され、譲葉と同じように親子継承のシンボルと理解されているが、本来の祝意ではない。『和漢三才図会』（一七一二）には、

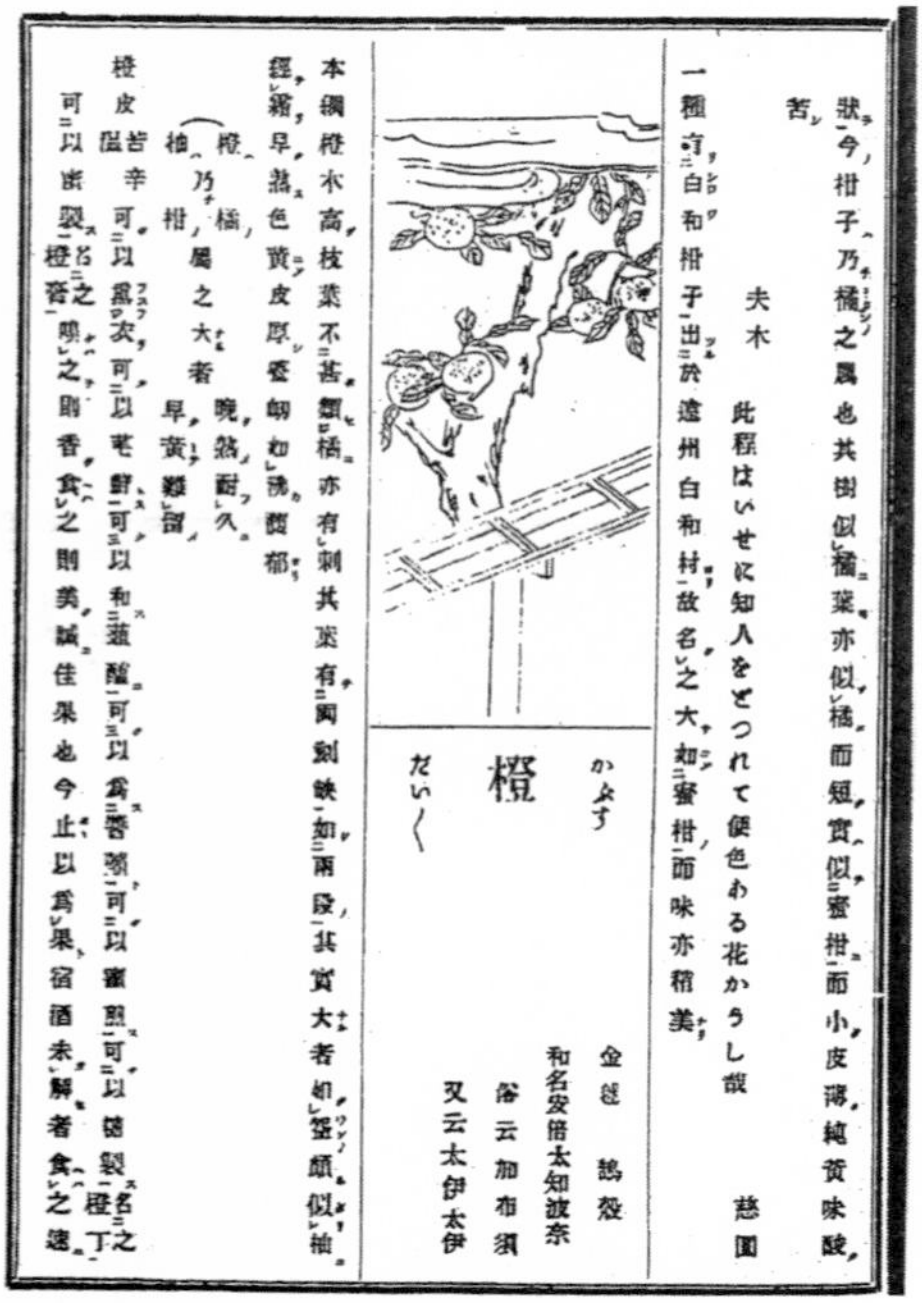

橙 苦みと酸味があり、食用にはならないと、説明されている。（『和漢三才図会』）

※国会『和漢三才図会』下520・521 ：。

「春に至りて色濃く久きに耐ゆ。夏復《また》青く変じて、新旧弁ずべからず。故に俗に呼びて代々と名づく。噉《くら》はずといへども、以て歳始の嘉祝の果とするなり」

と記されている。

翌年の春には橙色が濃くなるのに、夏にはまた青くなってしまい、新しい実と前年からの実が区別できなくなってしまう。それで「代々」と呼ばれ、食べられないのにめでたい物とされるのである。後に親子継承という理解が伝えられたこと自体は事実であるが、青く変色して若返ることが縁起物とされた本来の理由である。「鏡餅」の話で既に述べたように、平安時代から室町時代には橙ではなく、不老不死の霊果と信じられていた橘の実が載せられていたことを考えると、「代々続く」ということよりも、本来は若返りや長寿の呪物だったのである。

御節料理の縁起物

御節料理には実に多くの食材があり、みなそれぞれにもっともらしい祝意の理由付けがある。例えば蓮根は「前《さき》を見通す」と説明されるが、このような理解は江戸時代の文献からは探し出せない。おそらく明治時代以後に牽強付会されたものと思われるので、ここでは裏付けとなる史料的根拠のあるものに限ることにする。

「きんとん」は江戸時代から「金団」と表記され、現代では金運を表すとされている。『守貞謾稿』には「栗の粉で団子状に丸め、中に砂糖を入れる。人前で食べると中の砂糖が出て来て顔にかかるので、用心して食べる。また黄色であることから金団という」と記されている。「金色の団子」という意味であろう。

※国会『守貞謾稿』後一29……。

文化文政期の随筆『街談文文集要《がいだんぶんぶんしゅうよう》』には「キントンは……今の団子にて、大きさ当四銭ばかりの丸みあるべし」と記されているから、四文銭（直径二九㎜）ほどの大きさで丸い物であったことを確認できる。現在の金団とは形状も材料も異なるが、栗金団にその痕跡が残っているようだ。また各種の文献史料では江戸時代の初期から末期に至るまで菓子に分類されていて、正月の御節料理ではなかった。

「芋頭」は「いものかみ」と訓《よ》まれ、現在の八頭《やつがしら》のことである。一般には「八」が末広がりを連想させることや、人の上に立つ頭《かしら》になれるようにという祝意があると理解されている。「頭」とは本来は、江戸時代までは大学頭《だいがくのかみ》・玄蕃頭《げんばのかみ》・杢《もくの》頭《かみ》・雅楽頭《うたのかみ》などの例があるように、官僚組織の責任者のことでもあり、出世を意味するものであった。現在でも建設業者の棟梁《とうりょう》などに対する敬称として用いられている。また家長の雑煮には子芋ではなく必ず頭芋《かしらいも》を入れる風習もあった。また八頭は里芋のようにはっきりと子芋が分岐するわけではないが、それでも塊のまま分岐するので、「多子《たし》の義」と理解された。

「昆布」は一般には「喜ぶ」に通じると理解されている。蝦夷地の特産物であることから平安時代には「夷布《えびすめ》」、また幅の広いことから「広布《ひろめ》」とも呼ばれた。この場合の「布」は「若布《わかめ》」や「荒布《あらめ》」の「布《め》」と同じく、幅の広い海藻類を意味している。「夷」とは本来は古代中国東方の異民族の総称で、日本では古代の東北・北海道地方の異文化を持つ人々を意味する言葉であったが、七福神の「恵比寿」と同音であり、また「広」が末広がりを連想させることから縁起物とされた。また「昆布は悦《よろこ》ぶといふ義を含む。結昆布はむつび悦ぶ意」とも理解され、「結び」が正月の異称である「睦月《むつき》」に音が通じるとも記されている。御節料理の昆布が結《むすび》昆布になっていることには、それなりの理由がある。

「海老《えび》」は、一般には赤い色がめでたく、ひげが長く腰も曲がっていても活発に動くことが、長寿の象徴と理解されている。本来は「鰕・蝦」と書くべきものであるが、「海老」の方が通用する。「海老」を音読みすると偕《とも》に老いることを意味する「偕老《かいろう》」と同音となり、夫婦が共に長寿となることを祝う意味もあった。『風俗画報』第二二四号（一九〇二）にも「義を偕老に取り、夫婦の長寿を祝す」と記されている。

「野老」とは、里芋に対するいわゆる山芋のことで、「ところ」と訓《よ》む。御節料理には欠かせない材料であるのに、その祝意は現在ではあまり知られていない。ひげ根が多いことからこれを老人のひげに見立て、長寿の象徴と理解されたのであるが、ひげが長寿の象徴といえばすぐに「海老《えび》」を連想する。それで「海老」に対応して「野老」と表記されることに洒落が効いているのである。『華実年浪草』には『和漢三才図会』を引用して「野老……鰕（蝦）を以て海老として（野老と）共に嘉祝《かしゅく》の食物に充《あ》つ」と記されている。御節料理では、是非とも海老と野老をセットで並べてみたい。紅白の彩りがめでたさを増幅してくれることであろう。

※国会『華実年浪草』春一42……。

「数子《かずのこ》」が鰊《にしん》の卵であることは誰もが知っている。蝦夷地ではかつては処理しきれない程の鰊が獲れ、数子だけを取り出して塩に漬け、年末の歳暮として贈り合う習慣があり、残りは身欠鰊《みがきにしん》や肥料である〆粕《しめかす》に加工されていた。「数子」と呼ばれるのは、もちろん「多子の義」に理解されたためである。

「田作」はカタクチイワシの稚魚を乾燥させたもので、「ごまめ」とも呼ばれ、祝意を込めて「五万米鰮《ごまめいわし》」とも表記された。数子と共に御節料理の中でも特に重視される祝肴《いわいさかな》三種に数えられているのは、江戸時代から一貫して御節料理に数えられているからであろう。江戸時代には鰯は乾燥させて、「干鰯《ほしか》」と呼ばれる効率の良い肥料に加工されていた。江戸時代には自前の肥料ではなく、購入する肥料を意味する「金肥《きんぴ》」の一つとして、農家には重宝されたものであった。豊作につながるものとして「田作」と呼ばれ、縁起物になったという理解は、江戸時代以来変わっていない。江戸時代の膨大な口語辞典である『俚言集覧《りげんしゅうらん》』（一九世紀前半）には、「たつくり……今ホシカ（干鰯）といひて田のこやしにするなれば田作と云なり」と記されている。

※国会『俚言集覧』中282左……。

「搗栗《かちぐり》」は、殻付きのままで乾燥させた栗を臼で搗《つ》き、殻と渋皮を取り除いたもののことで、長期保存が可能で栄養価も高いため、戦時の保存食としてよく用いられていた。中世には節分で大豆と共に撒かれたり、出陣に際して打鰒《うちあわび》・搗栗・昆布の三品を食べ、「打ち勝ち喜ぶ」を意味する出陣の儀に用いられる伝統があった。以来「搗《かち》の訓を勝の字にかへて、諸勝負の利あるを悦てこれを用ふ」と理解されて、祝儀には欠かせない縁起物となった。

※国会『華実年浪草』春一40……。

「串柿」は干柿《ほしがき》をいくつも並べて串刺しにしたもので、「柿《かき》と抓《かき》との和訓近き故、万物を抓《かき》とる義にとり」と記され、福を掻き集める熊手と同じように理解されていた。『華実年浪草』には、「その形状、串海鼠《くしこ》（米俵に擬えられる乾燥させたナマコ）に似たる故に嘉祝の物と為す」とも記されている。前掲の『多聞院日記』には、天文一一年（一五四二）元日の供物の略図には、干柿を一〇個ほど串で貫いた「串柿」が描かれている。また当時の公家の日記には、干柿を贈答した記録が散見するので、正月に串柿などを供える風習が先にあり、江戸時代に「福を掻き集める」という理由付けがされたのではないかと思う。

※国会『華実年浪草』春一40……。

※国会『多聞院日記』一140……。

「黒豆」は現在の御節料理に欠かせないが、その呼称は江戸時代の歳時記や明治時代中期の『風俗画報』『東京風俗志』、後期の『東京年中行事』には見当たらない。その代わりに「煮豆」「坐禅豆」や「開豆《ひらきまめ》」はよく見られる。開豆は多くの歳時記に「水煮の大豆」と記されていて、「開」という呼称に祝意が表されている。江戸時代には「ひらく」は「かえる（かへる）」の忌言葉であった。ただし『嬉遊笑覧』（一八三〇）の「煮染豆・坐禅豆」の項には、『調味抄』という料理書を引用して、「黒豆丹州（丹波《たんば》国）笹山よし。押して汁煮染などいへり。正月殊更にこれを設けて、式正のやうなれど、昔酒の肴《さかな》に絶ず用ひたる遺風なり」と記されているから、正月には黒豆の煮物を「坐禅豆」と称して食べていたことは確認できる。あるいは「開豆」も黒豆を煮たものであるかもしれない。

※『俚言集覧』下109右……。

※国会『嬉遊笑覧』下225……。

黒豆は現代では一般に「健康でまめまめしく働く」ことを表すものとされているが、江戸時代の歳時記類では、煮豆にはそのような理解は全くない。また現代では黒色に魔除の霊力があるという説明もよく見かけるが、赤色ならともかく、黒色に魔除けの霊力があるという理解は歴史的にも存在せず、最近になってから後付けされたものであろう。

「牛蒡《ごぼう》」は室町時代から御節料理の材料として使われ、叩《たたき》牛蒡に調理されることが多い。しかし江戸時代の御節料理には専ら「開牛蒡」が「開豆」とセットでよく見られる。開牛蒡は歳時記類には例外なく「煮ずして生の牛蒡」と説明されている。その切り揃えた形状が算木《さんぎ》に似ているということからか、「算木牛蒡」とも呼ばれている。見た目は叩牛蒡と似ているが、生のままというところが異なっている。また「開」に祝意を表すことは、開豆と同じであろう。ただし「たたき牛蒡は　数の子の　縁の下」という川柳があるから、御節料理に叩牛蒡があったことは確認できる。『諸国風俗問状答』にも各地から重箱に詰める「たたき牛蒡」が報告されている。

※『誹風柳多留』一五一19…………。

明治時代になると縁起物の理由付けに変化が見られる。『風俗画報』一五九号（一八九八）には、「家督を子孫に譲るとてゆづり葉、代々相続せんとて橙《だいだい》、心明白にして後暗きことなければ裏白、分に安じ所を得るとてところ（山芋・野老）、熨斗《のし》は身代をのし、焼炭は住みよき地にすみ、昆布はよろこんぶ、串柿は宝をかきよせ、海老は偕老《かいろう》、榧《かや》搗栗は何やかやに付け欲を制して己に克《か》つ」と記されている。ここでは、橙は果実の色が若返ることには触れられていない。裏白については「心明白」という現代に行われている理由付けが、ようやく確認できる。野老については、鬚根《ひげね》のことが全く触れられていない。熨斗鰒《のしあわび》は古代以来、伊勢神宮などの神饌《しんせん》となっていたことが起原であって、「身代をのす」こととは全く関係がない。これらのことは、概して現在一般に説かれていることが明治以来のものであり、江戸時代と明治時代の間には、伝統的年中行事の理解に、大きな断絶があったことを示している。重箱に詰める御節料理として『諸国風俗問状答』には「組重之事　数の子、田作、たたき牛蒡、煮豆等通例、其外何様の品候哉」という質問が予め設定されているように、この四品は江戸時代の御節料理で全国共

※国会『諸国風俗問状答：校註』77…。

通の最も基本的なものであった。『風俗画報』二三四号（一九〇一）には、重箱に詰める御節料理として「煮豆に勝栗凍蒟蒻《しみこんにやく》を入れたるもの、照田作、数の子、開き牛蒡を通例とせり」と記されている。黒豆は開豆や煮豆から変化したものであろう。現在では「祝肴三種《いわいざかな》」と称して、関東では田作・数の子・黒豆が、関西では黒豆の代わりに叩牛蒡が上げられているが、これらの四品は江戸時代以来しっかりと受け継がれているのである。ただし「祝肴三種」という言葉は江戸時代には見当たらない。

なお『華実年浪草』を国会図書館デジタルコレクションで検索すると、その春の部、巻一の三〇～四〇コマ辺りには、正月の縁起物について詳細な解説が集約されているので、閲覧をお勧めする。

五 雑煮

雑煮の呼称と起原

雑煮の「雑」という文字は「粗雑」という意味ではなく、色々な種類を表す「雑《くさぐさ》」という意味で、餅と共に各種の具材を入れるので「雑煮」と呼ばれる。季語の解説書である『華実年浪草』（一七八三）には、「多種を交へ煮る故に雑煮と称するか」と記されている。かつての雑煮には実に多くの具材が添えられていた。『料理物語』（一六四三）という書物には、餅の他に豆腐・芋（里芋）・大根・煎海鼠《いりこ》（ナマコを茹《ゆ》でて乾燥したもの）・串鰒《くしあわび》・平鰹《ひらがつお》・茎立《きくたち》（青菜の一種）などを具として入れていたことが記されている。

『諸国図会年中行事大成』には、「大低京師《けいし》辺の俗間には、餅、蘿蔔《すずしろ》（大根）、芋《いも》魁《かしら》・芋子《こいも》・結昆布・開牛房《ひらきごぼう》・打鮑《うちあわび》（熨斗鰒）・煎海鼠《いりこ》・串鮑《くしあわび》等を加へて羹《あつもの》となし、多種をまじへ煮るが故に雑煮といふ。餅は歯固の意なるか」と記されている。

大根が必ず入れられるのは、平安時代以来、長寿を祈念する「歯固《はがため》」という儀礼の具材として、鏡餅と共に正月には欠かせないものだったからである。現代の雑煮の具材は江戸時代の雑煮と比べて貧弱である。現代では鰒や煎海鼠《いりこ》は高価で無理としても、大根くらいは必ず入れておきたい。ただし理由を説明しないと理

※国会『華実年浪草』春一38……。

※国会『続群書類従』一九 管弦部・蹴鞠部・鷹部・遊戯部644右……。

解してもらえないであろう。
「雑煮」という呼称が現れるのは室町時代で、『山内料理書』（一四九二）という書物には、「夏肴くみ之事」と題して、膳の中央に「雑煮」が置かれた図が載せられている。これが今のところ雑煮の最古の文献で、ここでは夏の料理となっていて、正月の特別な料理とは理解されていない。室町幕府の年中行事を記録した『年中恒例記』（一五四四）には、一二月二七日に「煤掃《すすはき》」（煤払《すすはらい》）を行う際に、「御すすはきの御祝」として雑煮が振る舞われたことが記されている。

正月の雑煮については、また山科言継《やましなときつぐ》という貴族の日記『言継卿記《ときつぐきょうき》』には、天文二年（一五三三）正月二日に雑煮を食べたことや「歯堅祝」をしたこと、天文三年（一五三四）正月一日には、「雑煮祝例年の如くこれ有り」と記されている。同書には他にも正月に雑煮を食べた記述が数え切れない程ある。『多聞院日記』には、「天文十一年（一五四二）正月朔日（一日）……初コンサウニ（初献雑煮）」と記されていて、正月元日を雑煮で祝う風習がかなり広まっていることを確認できる。しかし年末の煤払にも食べる記述があり、正月だけとは限っていない。もっとも当時は煤払は祝事であったから、正月同様、祝意を表す雑煮であったのであろう。江戸時代初期の『日葡辞書《にっぽじしょ》』（一六〇四）には「Zoni」の項があり、「正月に出される餅と野菜で作った一種の煮物」と記されているから、元日に食べることが始まったのは室町時代後期で、桃山時代には一般にも広がり始め、江戸時代には広く庶民も正月に食べるようになったと考えられる。

※国会『続群書類従』十九 管絃部・蹴鞠部・鷹部・遊戯部609右……。
※国会『年中恒例記』41……。
※国会『言継卿記』第一 114・153……。
※国会『多聞院日記』一 140右……。

一般的に「雑煮」という呼称については、以下のように説明されている。室町時代には「保臓《ほうぞう》」と称し、「内臓をいたわり健康を保つ」ことを意味していた。それが「いろいろな食材を煮炊きする」ことから同音の「烹雑《ほうぞう》」と表記されるようになり、さらに「同じ意味をもつ雑煮」と表記されるようになった。だから雑煮の「ぞう」は本来は「臓」のことである、というのである。NHKの番組「チコちゃんに叱られる」でも、「雑煮の雑ってなに?」と題して同様に解説されていた。一部に「保臓」という表記と理解があったことは事実である。また公家衆は「烹雑」と称していたことも、文献史料で確認できる。しかし雑煮はそれが出現した最初から「雑煮」と表記されていたのだから、「保臓」から「烹雑」を経て「雑煮」となったという説は、誤りと言うほかはない。

また、雑煮の起原について、柳田国男は九州地方に雑煮を「直会《なおらい》」（祭儀後に神に供えた物を下ろして参列者が飲食すること）と呼ぶ地域があることを根拠に、年神に供えた餅を下ろして食べることが雑煮の起原であると説いていて、これが雑煮起原のほぼ定説となっている。しかしそれが起原であることは認めることはできない。既に述べた様に、雑煮は初めは正月に食べる物とは限っていなかったからである。

※国会『食物と心臓』103～……。

様々な雑煮

前掲の『料理物語』には、味噌仕立てとすまし仕立てがあったと記されているが、現在でも地域により様々なタイプがある。丸餅は九州・四国・中国・近畿地方に多く、四角の切餅は関東・東北地方で一般的で、東西の中間地帯は両方のタイプが見られる。また関東以北と九州では、焼いた餅を入れる。汁の仕立ては、近畿が白味噌で、東海・北陸以北と中国・四国以西ではすまし汁が一般的である。

関東と関西の相違は江戸時代以来のもので、『守貞謾稿』には、

「京師《けいし》（京都）の雑煮、戸主の料には、必らず芋魁《いもがしら》（親芋）を加ふと云へり。大坂の雑煮は味噌仕立なり。五文取り（一皿五文の安倍川餅）ばかりの丸餅を焼き、これを加ふ。小芋、焼豆腐、大根、乾蚫（干鰒）、大略この五種を味噌汁にて製す。……江戸は切餅を焼き、小松菜を加へ、鰹節を用ひし醤油の煮だしなり」

※（国会『守貞謾稿』二六6・7……）。

と記されている。現代では関東で鶏肉を入れることが多いが、江戸時代には見当たらない。『風俗画報』二二四号（一九〇一）には、「最近は鴨・鶏肉を入れる様になった」と記されているが、鶏肉を入れるのは、江戸時代の鴨肉を入れる「鴨雑煮」から変化したものかもしれない。

六　小豆粥と赤飯

一五日の七種粥

正月一五日のいわゆる小正月《こしょうがつ》には、小豆粥《あずきがゆ》を食べる風習がある。これは古くは小豆を中心とする七種類の穀物を入れた粥で、「七種粥《ななくさがゆ》」とも呼ばれた。音は同じ「ななくさ」でも「七草粥」とは内容が全く異なり、「七種粥」と「七草粥」は本来は全く異なる行事食である。しかし古くから「七種粥」と書いても内容は「七草粥」であることがあり、しばしば混同されている。

正月七日の「七草粥」も一五日の「小豆粥」も起原は中国にあり、六世紀の『荊楚歳時記』には一五日の小豆粥について、「正月一五日に小豆粥を作り、箸に挟んで蚕の神を祀る」ことが記されている。また冬至にも「日の影を量《はか》り、赤豆粥《あずきがゆ》を作りて以て疫を禳《はら》ふ」と記されている。現在も各地の神社などで、一月一五日に煮えた粥を棒でかき回し、持ち上げた棒についた米粒の数、あるいは篠竹の細い管を粥と一緒に煮て、管の中に入っていた米粒の数で、その年の天候・災害・収穫などを占う粥占《かゆうら》が行われているが、これは『荊楚歳時記』に記された神事が日本に伝えられて変化したものである。

同志社大学の森田潤司氏の研究（『季節を祝う食べ物　新年を祝う七草粥の変遷』）

によれば、正月一四日に大仏殿に七種粥を供えた記録が正倉院文書にあるとのことであり、正月一五日の七種粥は奈良時代には行われていたことは間違いない。また一〇世紀初めの『延喜式』という法令集の「主水式《もんどしき》」という部分には、正月一五日に供える七種粥の材料として、米・粟・黍《きび》・稗《ひえ》・葟《みのごめ》・胡麻・小豆の七種の穀物と、調味料として塩があげられていて、塩味だったことがわかる。この七種の穀物には、その後多少の出入りがあったようで、鎌倉時代の有職故実書である『年中行事秘抄』には、「七種粥、小豆・大角豆《ささげ》・黍・粟・葟子《みのごめ》・薯蕷《やまいも》・米」と記されている。

※国会『延喜式』校訂下272・273……。

※国会『年中行事秘抄』15右……。

　小豆だけでなく七種類の穀物などが揃っているのは、正月七日の七草のように「七」という陽の数によって、邪気を祓う威力をさらに強めようという意図があるのだろう。ただあくまでも本来は小豆が中心だったようで、『土佐日記』には「正月……十五日。今日、小豆粥煮ず。口惜しく……」と記されている。船旅の途中、風雨を避けて港に停泊中であったため、自由に炊事もできなかったようだ。また前掲の「主水式《もんどしき》」には、正月一五日に下級官吏に賜る七種粥の材料（「同日雑給粥料」）には、米と小豆と塩だけと定められていることでも、七種粥は小豆粥が発展したものであるとわかる。

　正月一五日の小豆粥には餅を入れることがあった。旧暦では一五日は満月か、それに限りなく近い月齢で、満月を望月《もちづき》ともいうことから、餅を入れるようになったのであろう。

『枕草子』には「正月一日は……十五日は餅かゆの節供《せく》まゐり……」と記されていて、餅入りの粥であったことがわかる。

※『枕草子』三段 ……………。

『守貞謾稿』にも「正月十五日、……三都（江戸・大坂・京都）ともに今朝、赤小豆粥を食す。京坂はこの粥にいささか塩を加ふ。江戸は平日粥を食せざる故に、粥を好まざる者多く、今朝の粥に専ら白砂糖をかけて食すなり。塩は加へず」と記されている。

※国会『守貞謾稿』二六28左 ……。

江戸では普段から粥を食べる習慣がないため、粥があまり好まれない。そのため粥を食べる時には、砂糖をかけるというのである。現在でも関東では粥は病人の食べる物と思っている人が多いのに対して、関西では粥は立派に日常の献立として通用している。関東と関西の現在の粥事情の相違は、江戸時代以来のものなのである。『東京風俗志』にも「十五日粥」と称して正月一五日に小豆粥を食べる風習が記されていて、その後も現在まで変わることなく伝えられている。明治四三年に東京で生まれた義父は、子供の頃は毎月一五日にはいつも小豆飯を食べていたという話をよくしていた。これはもちろん正月一五日の小豆粥の名残である。

※国会『東京風俗志』中15右 ……。

冬至の粥については、『荊楚歳時記』に「冬至の日、……赤豆粥を以て疫を禳《はら》ふ」と記され、その目的がはっきりと疫病を祓うことであるとされている。正月一五日の豆糜《とうび》（豆の粥）も、冬至の「赤豆粥」と同じようなものと考えてよいであろう。

鴨長明の著作かどうか疑わしいものの、『四季物語』には「赤は陽の色をか、せ

※国会『続群書類従』三二上216右下段 …。

給ふ御事にて、あづきの御かゆ給はらせ給ふとぞ。冬の陰の余気を陽徳にて消させ給ふ御心なるべし」と記されている。意味は「赤は陽の色を表しているので、小豆の粥を下さるという。冬至の後も残る陰の力を、陽の色である赤いものの威力によって消し去るという意味であろう」というもので、赤は祝意を表す色というよりは、本来は陰陽思想に基づく魔除けの色なのである。

赤飯の由来

一般には、弥生時代には赤米が栽培されていて、それが赤飯の起原であると説明されることがある。そのことを説いたのは柳田国男であり、すっかり定説のようになっている。昭和三三年（一九五八）、彼は神戸新聞に「故郷七十年」と題して回顧談を連載したのであるが、その中に「赤米のこと」という文章がある。その中で次のように述べている。

「……小豆を何故大事にするようになったか。これは私の奇抜な解釈だが、小豆を使いはじめたのは、おいしいからではなく、もっと他に理由があったのではないか。……小豆御飯のお米の色と、赤米だけで炊いたのと、色が大変よく似ているのである。物忌みの忌日の特徴をつけ、食べる人に今日から常の日とは違うということを意識させるため、もとは赤米を炊いたのが、在来の赤米がだんだん少なくなって来たので、それによく似た小豆御飯を炊くことになったのではないかと私は考えている。そうして小豆を盛んに栽培する区域と米作地帯が同じであり、小豆御飯の米の色と赤米を炊いた御飯の色とが大変近いということが、問題に対する一つの暗示ではないかと思っている」。

彼が正直に認めているように、あくまでも「奇抜な解釈」や「暗示」なのであって、確たる根拠があるわけではない。

近年は赤米を「古代米」と称して、弥生時代には赤米を食べていたという説が流布している。確かに稲の野生種の多くは赤米である。また米糠《こめぬか》を赤くする遺伝子と白くする遺伝子では、赤の方が優性であるという遺伝学的研究もあるとのこと。しかし日本の原始時代の米が赤米であったとする考古学的確証は何一つなく、学問的には赤米が赤飯の起源であると認めることはできない。ただし藤原京や平城京の遺跡などから発見された木簡の中には、「赤米」「赤搗米」と書かれたものがいくつもあるので、七〜八世紀に赤米が栽培されていたことは事実である。この頃の米を「古代米」というなら、古代には赤米が栽培されていたということは間違いではない。しかし直ちに水稲栽培の開始にまで遡るかどうかは全く別のことであり、「古代の赤米」というイメージだけが独り歩きしてしまっているのである。平安時代になると、赤米は文献上から完全に消えてしまう。平安時代の食糧について詳細を極める『延喜式』にすら片鱗もない。

赤飯が文献上確認できるのは、平安時代末期から鎌倉時代末期の公家の調理の故実を記録した『厨事類記《ちゆうじるいき》』という書物である。赤米が存在していたのに記録として残らなかったのか、それとも一旦は途絶えてしまったのか、これだけの材料では断定しかねるが、柳田説のように「もとは赤米を炊いたのが、在来の赤米がだんだん少なくなって来たので、それによく似た小豆御飯を炊くことになった」とするには無理がある。その『厨事類記』には「七日若菜……十五日御粥、三月三日御節供赤御飯、……五月五日赤飯、……七月七日索餅《さくべい》……九月九日赤飯……」と記されていて、三月三日・五月五日・九月九日の節供には、赤飯が供えられたことを確認できる。

※国会『群書類従』十二飲食部…。

現代では、慶事には黒胡麻と塩を振りかけ、南天の葉を添えた赤飯を食べる風習がある。これは江戸時代以来のことで、江戸時代の国語辞典である『和訓栞《わくんのしおり》』には、赤飯には必ず南天の葉を敷くこと、百科事典である『和漢三才図会』には炒った塩と黒胡麻（「炒鹽黒胡麻」）を少し添えることが記されている。また「髪置きに　庭の南天　坊主にし」（髪置きとは七五三の三歳の祝いのこと）という川柳があるように、江戸時代の慶事には、南天の葉を添えた赤飯を互いに贈り合う風習があった。しかしそれは単にめでたいからだけではなく、奇数の月と日が重なる重日は節供となるめでたい日であるが、陰と陽が逆転する不安定な日でもあるから、行動を慎んで邪気を祓うために、小豆飯、つまり赤飯を食べたのである。ただし井原西鶴の『好色一代女』（巻四「栄耀願男」）には「大重箱に南天を敷き、赤飯山のやうに詰め」と記される場面があり、前掲の『倭訓栞』にも「葉をしく」と記されているから、葉を上にのせるのではなく、赤飯の下に敷いたのかもしれない。

※国会『和訓栞』二88……。

※国会『和漢三才図会』下902左末尾…。

※『誹風柳多留』一〇二6……。

※国会『好色一代女』四17左端……。

『嬉遊笑覧』（一八三〇）には『萩原随筆』という書物を引用して、「京師《けいし》（都）にては吉事に白強飯を用ひ凶事に赤飯を用る事、民間の習慣なり」と記されている。赤という色に祝意があるという理解では、葬儀などに赤飯を振る舞えば不謹慎であると言われかねない。しかし赤色は本来はめでたい色というよりは、魔除けの色であったから、凶事の時こそ邪気を祓うために赤飯を食べる風習があった。これを「縁起直し」という。この風習は現在でも各地に残っている。江戸時代以来、南天の葉を「難を転じる」と理解して添えたのも、凶事にも食べたことの何よりの証拠なのである。そもそも慶事にだけ食べるならば、今さら「難を転じる」必要などないではないか。

※国会『嬉遊笑覧』下247・248…。

東北大震災の時に、災害救助で活躍する自衛隊員が赤飯の缶詰を食べていて、こんな時に赤飯を食うなと批判されたことがあった。自衛隊用の食料は、空から投下可能で、腹持ちがよく、高カロリーでなければならない。そういう点で赤飯の缶詰は打って付けである。被災者には風呂や温かい食事を提供しながら、自分たちは入浴もせずに冷たい食事で黙々と働く自衛隊員に対して、食事のことでけちを付けるなどあまりにも情けない。救助してくれる自衛隊の赤飯に苦情を言うことは、難転（南天）の葉ではなく、難癖を付けていることになるので、自衛隊の援護射撃もしたくなる。

II

節供

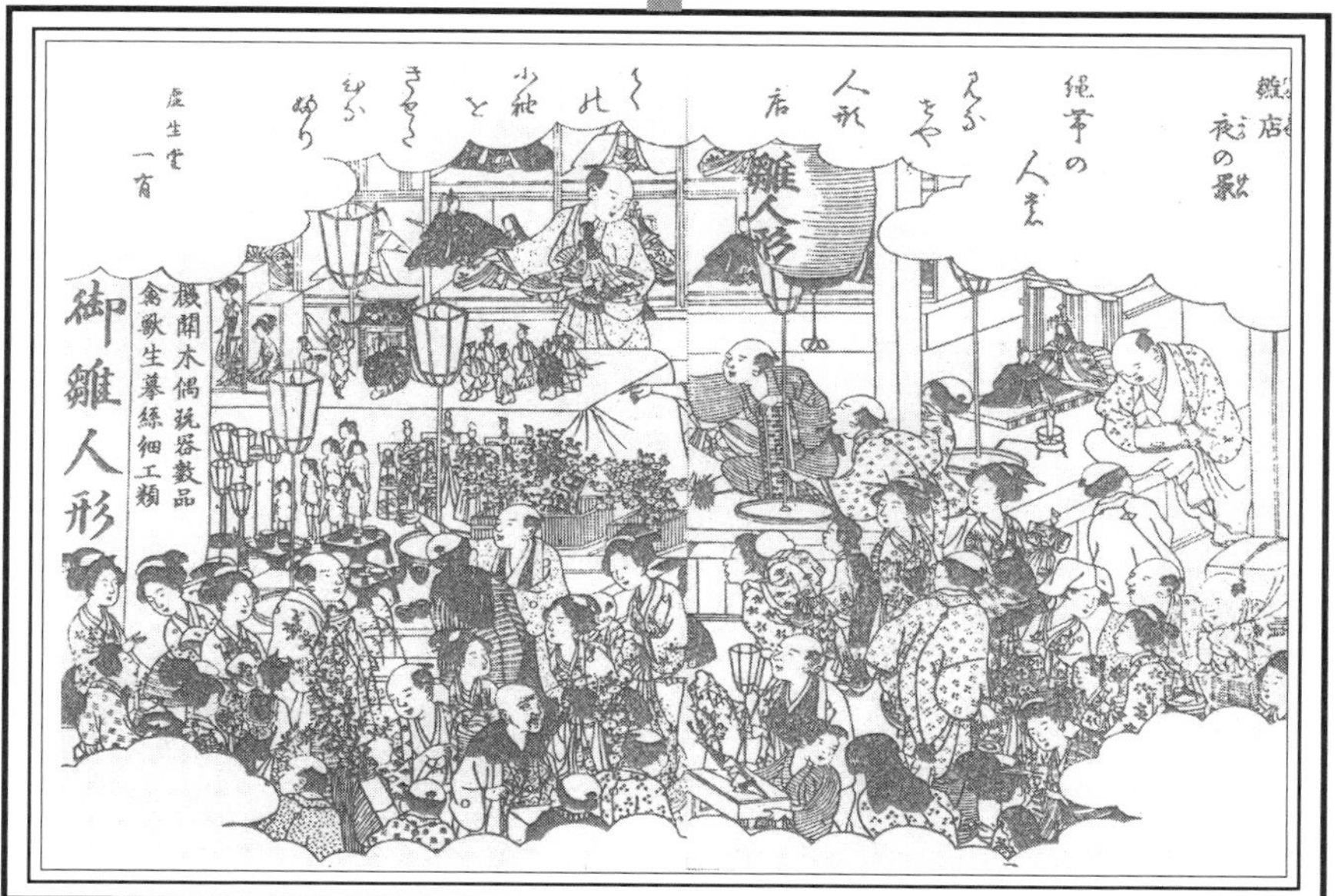

一　節供とは

節供と節句

辞書で「節句」と検索すると、一般に「季節の節目」とか「季節の変わり目に行われる祭」というように説明されている。「節」とは部首が竹冠《たけかんむり》であることでもわかるように「ふし」が本来の意味で、時の流れを区切る時節、さらには季節というような意味にも拡大された。またその区切りの日はしばしば祝祭日となることがあるので、戦前に天皇誕生日を「天長節《てんちょうせつ》」、建国記念の日を「紀元節《きげんせつ》」と呼んだように、祝祭日という意味にも拡大された。

「節」は古くは「せち」と訓《よ》まれた。また節日には饗宴《きょうえん》が行われ、それは「節《せち》会《え》」と呼ばれた。神や天皇や貴人にさし上げる飲食物を「供御《くご》」というが、節会の供御は「節供《せちく》」と呼ばれた。『枕草子』では「せく」とも表記されている。そして後に節供が節日そのものを指すようになるのだが、江戸時代にはもっぱら「節句」という表記の方が優勢となり、現在では圧倒的に「節句」が主流となってしまった。しかし本来は単なる句切り・区切りの節日ではなく、供御を伴う節日のことであるから、「節句」という表記は本来のものではない。それで本書では原則として「節会・節供」と表記している。

※『枕草子』四六段
「節は五月にしくはなし……」…。

節供の種類

それなら「節会」「節供」にはどのようなものがあったのだろうか。奈良時代の初期に律令制の根本法典として制定された『養老令《ようろうりょう》』の「雑令《ぞうりょう》」の末尾には、「凡《およそ》正月一日、七日、十六日、三月三日、五月五日、七月七日、十一月大嘗日《だいじょうび》、皆節日と為《な》す」と記されている。九月九日が節供となっていないが、それは大宝《たいほう》二年（七〇二）の文武《もんむ》天皇の勅《ちょく》により、九月九日は祖父である天武天皇の忌日であるとして節日から除かれたためであって、本来は九日も「節日」であった。

平安時代には、元日節会（一月一日）、白馬節会《あおうまのせちえ》（一月七日）、踏歌節会《とうかのせちえ》（一月一六日）、上巳節会《じょうしのせちえ》（三月三日）、端午節会《たんごのせちえ》（五月五日）、相撲節会《すまいのせちえ》（七月七日、後に七月下旬）、重陽節会《ちょうようのせちえ》（九月九日）、豊明節会《とよあかりのせちえ》（一一月新嘗祭《にいなめのまつり》の翌日）など、多くの節会があった。現在では伝統的年中行事の解説書やネット情報には、「五節句《ごせっく》」と称して、正月七日の人日《じんじつ》、三月三日の上巳《じょうし》、五月五日の端午《たんご》、七月七日の七夕《たなばた》、九月九日の重陽《ちょうよう》を指すと記されている。しかしこれらは、江戸幕府が年始嘉節大小名諸士参賀式統令によって幕府の式日として定めたものであって、古代からこの五つに限られていたわけではない。

しかも明治六年（一八七三）から太陽暦が採用されると、これらの「五節句」は太政官布告第一号によって廃止された。これが伝統的年中行事の継承に大打撃を与え、文明開化の風潮の中で、伝統的年中行事は見る影もなく廃《すた》れてしまった。

※国会『令義解《りょうのぎげ》』十一39……。

※国会『徳川禁令考』巻三十……。

※代わりに神武天皇即位日（後に紀元節）と天皇誕生日（天長節）が祝日となった。……。

第九十一號ヲ以テ神武天皇御即位日ヲ紀元節ト稱ス

第二百二十一號ヲ以テ六月二十八日ヨリ三十日マテノ休暇取消九年太政官第二十七號達ヲ以テ一六休暇ヲ廢シ日曜日ヲ以テ休暇ト爲ス

陸軍省第七番布八年陸軍省布第百六十九號ヲ以テ改訂

〇

太政官

〇第一號（一月四日）（布）

今般改暦ニ付人日上巳端午七夕重陽ノ五節ヲ廢シ　神武天皇即位日天長節ノ兩日ヲ以テ自今祝日ト被定候事

〇第二號（一月七日）（布）

自今休暇左ノ通被定候事

一月一日ヨリ三日迄　六月二十八日ヨリ三十日迄　十二月二十九日ヨリ三十一日迄

每月休暇是迄ノ通

但大ノ月三十一日ハ休暇ニ非ス

〇第三號（一月七日）（布）

明八日陸軍始ニ付午前十時日比谷陸軍操練場ヘ　行幸明後九日海軍始ニ付同刻海軍省ヘ　行幸被仰出候事

〇第四號（一月九日）（布）

全國鎭臺配置別表ノ通御改定相成候條此旨相達候事

（別表）

六管鎭臺表

鎭臺	營所	常備諸兵	海岸砲	常備合計	管府縣	人口石高	同上合計
第一 東京	東京 小田原 甲府	歩第一聯隊 騎第一第二大隊 砲第一第二小隊 工第一小隊	品川一隊 横濱一隊	歩三聯隊 騎二大隊 砲四小隊	東京 神奈川 埼玉 入間 足柄 静岡 山梨 府二 縣六	二百十八万石	府一 縣十七

明治六年一月　太政官　第一號　第二號　第三號　第四號

三

太政官布告第１号　明治６年（1873）１月４日付けの布告。

明治時代の後期頃から次第に復興されるようにはなるが、江戸時代の姿がそのまま復活したわけではなかった。本書では江戸時代の文献史料を多数引用しているが、それは明治時代に廃れる前の、本来の伝統的年中行事の姿を明らかにしたいからである。

古来、奇数の一・三・五・七・九が月と日で重なる重日《じゆうにち》には、節会が行われていた。日本に伝えられた古代中国の陰陽思想《おんみょうしそう》では、この世界と万物はすべて陰と陽の二つの「気」という力のバランスで成り立っていると説明される。陰と陽は互いに補完するべき関係であって、対立する関係ではない。また本来はどちらかが優位というものでもない。しかし言葉の印象が先行して、どうしても陽が優位であると見なされる傾向がある。そして奇数は陽で偶数は陰とされるため、陽の月の数と陽の日の数が同じになる日、つまり陽の重日は節会に相応しい日と考えられるようになった。またそのような日には陽の気（力）が極まり、一転して陰が生じると考えられ、それが不吉につながるとして、邪気を祓《はら》うために節会が行われたという理解もある。どちらにしても陽は吉であり、陰は不吉であるという理解が前提となっているのである。

節供はもちろん旧暦によるから、そのまま現代の新暦に当てはめると季節がずれてしまう。正月七日は七草の節供、三月三日は桃の節供、五月五日は菖蒲《あやめ》の節供、七月七日は七夕の節供（笹の節供）、九月九日は菊の節供とも呼ばれるように、季節の草花と密接に結び付いているから、その草花にふさわしい時期でなければ

※日本では歴史的に奇数が好まれる傾向がある。七五三・三三九度・三三七拍子・七つ道具、五七五七七の三十一《みそひと》文字、御三家、三夕、三景、三筆、三冠などの三好みのほか、祝儀や不祝儀にも奇数の金額が好まれるなど、いくらでも例がある。

不自然なことになる。そういうわけで、これらの節供を新暦で行うと、本来の節供の季節とずれてしまうことになる。明治時代の前半に伝統的年中行事が一時的に廃れた原因の一つは、明治六年の太陽暦採用と「五節供」の廃止にあるのだから、一月遅れの節供の方がかえって本来の季節感をよく感じ取れることもある。芹《せり》を摘めない人日の節供（七草）、桃の花がまだ咲かない上巳の節供、菖蒲の葉は新暦五月でも採れるとして、五月雨《さみだれ》が続いて星空が見えない七夕、菊の花がまだ咲かない菊の節供では、いくら行事食があっても寂しい限りである。

二　七草の節供

人日の節供

「五節句」の最初は正月七日の「人日《じんじつ》」の節供である。しかし「人日」という字《じ》面《づら》を見ても、その内容はさっぱりわからない。伝統的年中行事の解説書には、概ね次のように解説されている。「古来中国では、正月の一日を鶏の日、二日を狗《いぬ》（犬）の日、三日を羊の日、四日を猪《いのしし》（豚）の日、五日を牛の日、六日を馬の日とし、それぞれの日にはその動物を殺さないようにしていた。そして、七日を人の日（人日）とし、犯罪者の刑罰は行わないことにしていた」という。

しかしそのように解説している解説者自身も、何のことかよくわかっていないことであろう。実はこの解説は『荊楚歳時記《けいそさいじき》』が典拠となっていて、その文をそっくりそのまま現代語に直して載せているのである。『荊楚歳時記』には次のように記されている。

※『荊楚歳時記』→巻末資料……。

「正月七日を人日と為《な》す。七種の菜を以て羹《あつもの》を為《つく》る。……『問礼俗』を按ずるに曰く、正月一日を鶏と為《な》し、二日を狗《いぬ》と為し、三日を羊と為し、四日を猪と為し、五日を牛と為し、六日を馬と為し、七日を人と為し、陰晴（曇と晴）を以て豊耗《ほうこう》（豊作と凶作）を占ふ。正旦（元日の朝）、鶏を門に画《か》き、七日、人を帳に帖る。今、一日は鶏を殺さず、二日は狗を殺さず、三日は羊を殺さず、四日は猪を殺さず、五日は牛を殺さず、六日は馬を殺さず、七日は刑を行はざるも、またこの義なり。古は乃《すなわ》ち鶏を磔《はりつけ》し鬼を畏れしむ（怖がらせる）。今は則《すなわ》ち殺さず」。

※東洋文庫『荊楚歳時記』守屋美都雄による注釈。

『北斉書《ほくせい》』という書物には、六世紀の東魏《とうぎ》の皇帝が「人日」と名付けられた理由を多くの官僚に尋ねたところ、誰もわからなかったと記されているくらいであるから、今となってはますますわけがわからない。とにかく指定された日にはその動物を殺さないというのは、裏返せばそれ以外の日には普通に殺して食べていたということであろう。

『荊楚歳時記』には「正月七日を人日と為《な》す」と記されているから、幕府が正月七日の節供を「人日の節供」と呼んだことは間違いではないが、古来日本で伝えられてきた正月七日の節供の風習は、「人日」という言葉とは全く無関係である。要するに日本では言葉としては「人日の節句」でも、内容は「七草の節供」なのである。

若菜摘と長寿の祝

『万葉集』が若菜を摘む少女に呼びかける雄略《ゆうりゃく》天皇の歌で始まっているように、早春の若菜摘《わかなつみ》は日本古来の風習であった。古い和歌には若菜摘の歌がたくさん残されている。初めは早春の若菜摘の目的は食料の採取であり、春を迎える素直な喜びの表現であったが、平安時代になると、瑞々《みずみず》しい若菜を摘んで食べることにより、次第にそのような若々しい生命力を身に付けようという意味を持つようになった。そして自分が食べるだけではなく、長寿を寿《ことほ》ぐ歌を添えて親しい人に贈るようになった。百人一首に収められてよく知られている「きみがため　春の野に出《い》でて　若菜摘む　我が衣手《ころもで》に　雪は降りつつ」という歌は、そのような歌の一つである。また『源氏物語』の「若菜上」の巻には、源氏が四〇歳となったことを祝うために、若菜が献上されたことが記されている。因みに当時の長寿の祝いは「初老」とされる四〇歳から始まり、以後は一〇年ごとに祝われるものであった。このような長寿の祝を算賀《さんが》という。

それなら若菜を摘んだり食べることが、なぜ長生を寿ぐことになるのだろうか。それは「葉を摘む」と「年の端《は》を積む」（「年の端」とは年齢のこと）の「葉」と「端」の音、また「摘む」と「積む」の音が共通するため、葉を摘むことに年を積み重ねて長生きをすることを掛けているからである。「春の野の　若菜ならねど　君がため　年の数をも　つまんとぞ思ふ」という歌は、そのような若菜摘の目的をよく表している。

※『古今和歌集』21　光孝天皇
小倉百人一首15　……。

※初老を国語辞典で調べると、「四〇歳の異称」と記されている。平均寿命の延びた現代ではとうてい「老年」とは言えないが、「人生五〇年」と言われた頃なら、四〇歳は十分に老年である。……。

※『拾遺和歌集』285　伊勢　……。

七日の七草

一般には七草粥《かゆ》を食べるのは無病息災を祈るためと理解されている。春の七草にはみな消化を助ける薬効があるから、胃腸を労《いたわ》ることにはなるのだろう。しかし若菜を食べることの本来の目的は長寿の祈念《きねん》であって、厄除《やくよ》けや養生ではなかった。鎌倉時代中期から室町時代初期にかけて叙述された『拾芥抄《しゅうかいしょう》』という百科事典には、「正月七日。俗に七種の菜を以て羹を作る。これを食ふ人、万病無きなり」と記されているから、鎌倉時代には本来の目的からずれてしまっている。養生などは現代人が後で取って付けた理屈に過ぎないのである。

※国会『拾芥抄三巻』一4…………。

正月七日の七草の風習の起原はもともとは中国にあり、先の『荊楚歳時記』には「正月七日……七種《ななくさ》の菜を以て羹《あつもの》（熱い汁物）と為《な》す」と記されている。このような「七日の七草」の風習が日本古来の若菜摘の風習と習合し、平安時代までに次第に整えられていったものである。

※七草については、同志社大学の森田潤司氏の「『季節を祝う食べ物』（二）新年を祝う七草粥の変遷」という論文があり、インターネットで閲覧できる。……。

文献上の正月七日の宴の記録は、何と『日本書紀』の景行《けいこう》天皇五一年正月戊子（七日）に見られるが、史実であるか疑わしく、そのような記述があるという紹介に留めておこう。続いて推古《すいこ》天皇二〇年（六一二）に宴を催した記述があるが、この頃なら史実と認められるであろう。その後、天智《てんじ》・天武《てんむ》朝にはしばしば行われ、持統《じとう》朝には毎年のように行われた記録があるから、『荊楚歳時記』が奈良時代に伝来する以前、遅くとも推古朝には正月七日の節会の風習が伝えられていたことになる。

正月七日に若菜の羹を食べることの文献上の初見は、伊勢神宮の行事や儀式について記述した『皇太神宮《こうたいじんぐう》儀式帳』（八〇四）である。それには「七日、新菜《わかな》御《おん》羹《あつもの》作り奉り、太神宮并荒祭宮《あらまつりのみや》に供奉《そなえたてまつ》る」と記されているから、遅くとも奈良時代末には始まっていたであろう。

※国文学研究資料館『皇太神宮儀式帳』63……。

室町時代の有職故実《ゆうそくこじつ》書『公事根源《くじこんげん》』（一四二三年頃）には、宇多《うだ》天皇の寛平《かんぴょう》年間（八八九～八九八）に、内膳司《ないぜんし》（天皇の食事を掌る役所）から初子《はつね》の日に若菜が献上されたこと、醍醐《だいご》天皇の延喜《えんぎ》一一年（九一一）正月七日に後院（上皇や皇太后の御所）から献上されたことが記されている。また鎌倉時代中期の有職故実書である『師《もろ》光《みつ》年中行事』には、醍醐天皇の延喜一八年（九一八）正月七日に、内膳司から天皇に七種の若菜の羹を供したことが記されているから、九世紀には宮中の行事にもなっていた。

一一世紀に書かれた『枕草子』には、「正月一日は……七日、雪間の若菜摘み青やかに」（第三段）、また同じく「七日の日の若菜を、人の六日もてさわぎ取り散らしなどするに……」（第一三四段）と記され、六日や七日に人々が大騒ぎをしながら若菜を摘む様子が記されている。

さて『荊楚歳時記』には「七種」と記されていても、その種類はわからない。今日では一般に芹《せり》・薺《なずな》・御形《おぎょう》・繁縷《はこべ》・仏座《ほとけのざ》・鈴菜《すずな》（蕪）・清白《すずしろ》（大根）とされているが、平安時代にはまだ一定していなかった。鎌倉時代の『年中行事秘抄』という書物には現在の七草がそろっているから、平安から鎌倉時代にかけて、次第に整ったのであろう。現在では一般的に七草を詠み込んだ「せり なずな ごぎょう はこべら ほとけのざ すずな すずしろ これぞ七草」という歌は、南北朝時代の公卿である四辻善成《よつつじのよしなり》の著した『河海抄』が最初であるというのが定説となっている。確かに『河海抄』には七草の名前は載っているが、歌にはなっていない。

※国会『公事根源』18・19 ……。

※国会『続群書類従』十上『師光年中行事』171左 …。

※国会『年中行事秘抄』9 ……。

※国会『河海抄』七11左 ……。

またよく似た「せりなづな　ごぎやうはこべら　仏のざ　すずなすずしろ　是は七種」という歌が南北朝期の『梵灯庵袖下集《ぼんとうあんそでしたしゆう》』という連歌学書に載せられている。なおよく似た「七草の歌」は江戸時代初期の『日本歳時記』（一六八八）や『民間年中故事要言』（一六九七）に載せられている。

七草粥

さて若葉の羹《あつもの》が七草粥に変わったのはいつ頃であろう。前掲の『拾芥抄《しゆうかいしよう》』（鎌倉時代中期～室町時代初期）や『世諺問答《せいげんもんどう》』（一六世紀中頃）ではまだ「羹《あつもの》」であるから、おそらくは室町時代の末期に粥に変化したのであろう。

江戸時代には七草の行事について多くの書物に記録されているが、平安時代の様子とはかなり異なっている。一九世紀中頃の『守貞謾稿』には具体的に記述されているが、長いので現代語に要約してみよう。

「正月七日の朝、三都（江戸・京・大坂）では七種《ななくさ》の粥を食べる。七草の歌には、『芹、なづな、ごぎょう、はこべら、ほとけのざ、すずな、すずしろ、これぞ七種』と詠まれている。七日の早朝に、俎《まないた》になづなを置き、その横に庖丁・菜箸《さいばし》などの七つ道具を添え、庖丁を持ってなづなを叩き刻みながら囃子詞《はやしことば》を唱える。曰く、『唐土の鳥が、日本の土地へ、渡らぬさきに、なづな七種、はやしてほとと』と言う。……残る六つの道具を順番に持ち、同じ言葉を繰り返し唱えはやす。京坂ではさらに蕪を、江戸では小松菜を加えて煮る。余ったなづなを茶碗に入れ、これに指

※国会『日本歳時記』一30　……。

※早稲田大学蔵『年中故事要言』二4　…。

※日本語とポルトガル語の辞書『日葡辞書《につぽじしよ》』（一六〇四）には「Nanacusa」の項があり、「正月に使う七種の野菜で、それをつぶして味噌（Miso）と共に煮込み、新年の祝いとして食べるもの」と記されていて、まだ粥にはなっていないが、長崎では粥になるのが遅れた可能性もある。　…。

※国会『守貞謾稿』二六22　……。

を浸して爪を切る。これを七草爪ということである。『新編武蔵国風土記稿』巻一　葛飾郡之一には、「菜《な》、東葛西領小松川辺の産を佳作とす。世に小松菜と称せり」と記されていて、小松菜は江戸の名物であった。

この囃子詞《はやしことば》にいう「唐土鳥《とうどのとり》」について、『荊楚歳時記』には「正月（人日）の夜、鬼鳥度《わた》るもの多し。家々床を槌《う》ち戸を打ち、狗《いぬ》の耳を捩《ね》じ、燈燭《とうしょく》を滅し、以てこれを禳《はら》ふ」と記されている。「人日の夜に飛んで来る鬼鳥（鬼車鳥）を、床や戸を打って大きな音を立てたり、犬の耳を捩《ねじ》って鳴き声を出させて追い祓う」というのである。犬の耳を捩《ねじ》って吠えさせるのは、犬が鬼鳥に噛みついたことがあるので、その怪鳥が犬を恐れていると信じられていたからである。また七草をはやす際に、俎《まないた》になずななどを置いて包丁などの七つ道具で叩いて大きな音をたてるのは、『荊楚歳時記』に記されている風習そのままである。

この怪鳥は梟《ふくろう》のこととされ、人家に侵入して禍《わざわい》を起こしたり、人の爪を好んだりすると理解されていた。大正時代に南満州鉄道株式会社の文化事業として調査・出版された『支那民俗誌』（一九二二）には、宋代の『事文類聚』（一二四六）を引用して「鬼車鳥……最も好むものは人の爪である。それ故人々は此の夜指の爪を切って、これを家の内の地面を掘って埋めるといふ」と記されている。『荊楚歳時記』には鬼鳥が爪を好むとは記されていないから、『荊楚歳時記』とは別にこのような風習が日本に伝えられたのであろう。『守貞謾稿』には、この日この怪鳥を追い祓い、ようやく爪を切ることができるようになると記されている。それ

※鬼車鳥
中国の伝説上の怪鳥。東晋の小説集『捜神記』に「羽衣女」と記されている。…。

※国会『支那民俗誌』　上152右　…。

※国会『守貞漫稿』二六22　……。

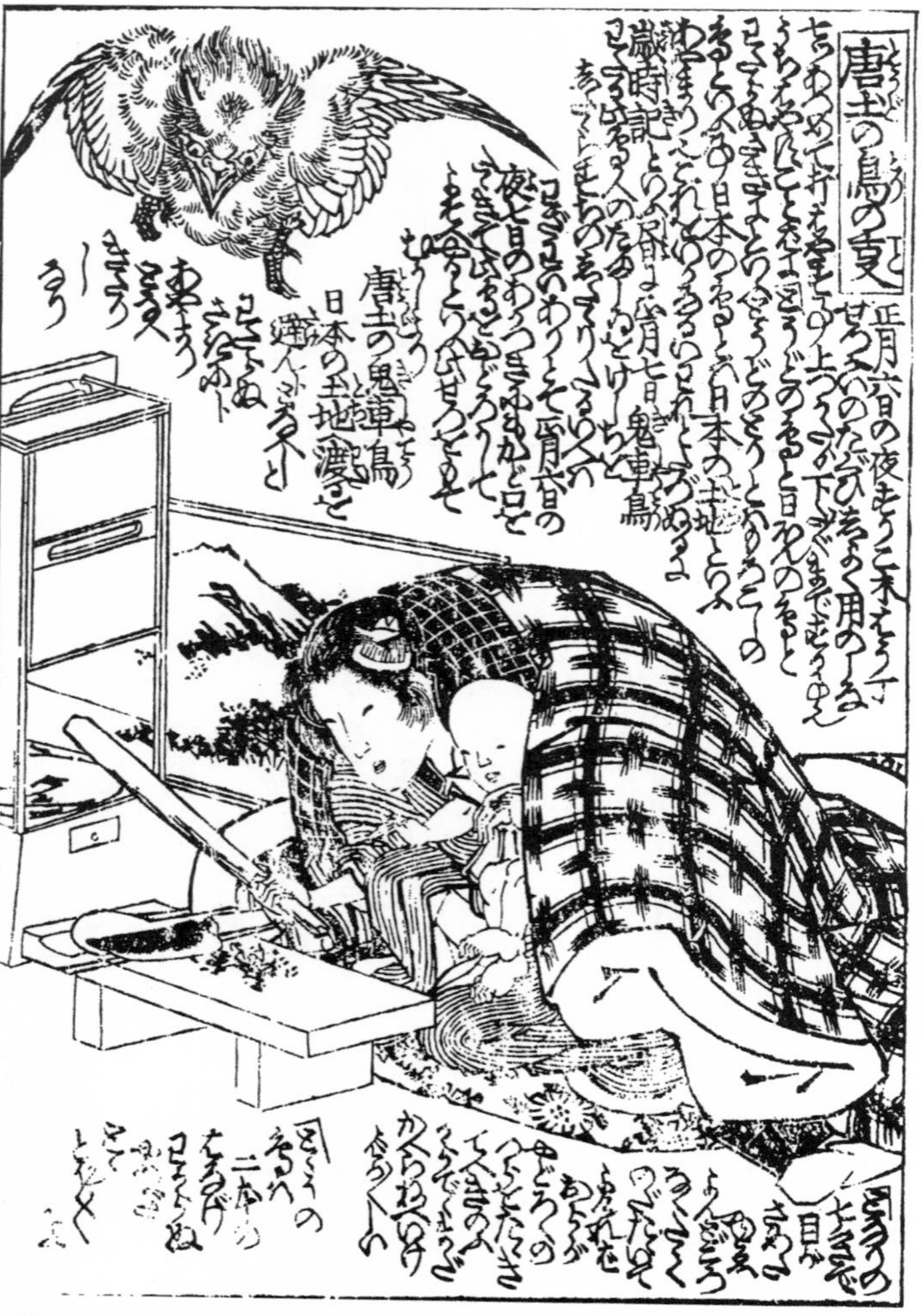

七草叩きと鬼車鳥の到来　正月７日の早朝、隣家の七草をはやす音で目を覚ました妻女が、「叩いてよければ、おらが宿六の面《つら》を叩きてへ。きのふから出て、まだ帰らねえ。いけ馬鹿々々しい」と言い、赤子を抱きながら七草を叩いている。左上部には唐土の鳥（鬼車鳥）が描かれている。（『五節供稚童講釈』）

で七草の日に切る爪を「七草爪」「七日爪」といい、この日に爪を切る女性を描いた浮世絵が残されている。

一般には、夜に爪を切ると親の死に目に会えないとか、親より先に死ぬから親不孝となるので忌むべきであると言いならわされている。そのわけは、夜の爪切りは「世を詰める」、つまり早死にすることになるからとか、薄暗くて危ないなどと理由付けされている。しかし元をたどれば、人の爪を好む怪鳥「鬼車鳥」は夜行性で、人が夜に爪を切ると家に入って来て、禍を起こすと信じられていたことによっている。それで夜には爪を切らないようにという俗信が生まれたのである。

囃子《はやし》詞《ことば》の文言については、様々な文献史料や採録された民俗学的資料があるが、「唐土の鳥が日本の土地へ渡らぬさきに」という部分はほぼ共通している。この部分については一般に民俗学的視点から、農作物に害虫や疫病が流行しないように、害鳥を追い払う「鳥追《とりおい》」という風習の名残と説明されている。しかし鳥追説を証明する江戸時代の文献は何一つない。そもそも大きな音を立てて「鬼車鳥」という鳥を追い払うことは『荊楚歳時記』に記されていて、日本に伝えられる以前からの風習である。『俳諧歳時記栞草』には、「七種を打に、唐土の鳥が日本の土地へ渡らぬさきにと唱るは、この鬼車を忌む意《こころ》なり。板を打は、鬼車鳥の止《とど》まらざるやうに禳《はら》ふなり」と、はっきり「唐土の鳥」が「鬼車鳥」であると記されている。『五節供稚童講釈』にも全く同じことが記されている。

※国会『俳諧歳時記栞草』40七草…。

※国会『五節供稚童講釈』初一・二13…。

歳時記というものは個人の著作というよりも、当時の風習の集成されたものであるから、広くそのように理解されていたのであって、鳥追とは無関係である。ただ「唐土鳥」が『荊楚歳時記』の「鬼鳥」由来であることを知らない庶民が、日本の風習である鳥追と結び付けて理解したということはありうるだろう。

明治時代には七草粥の行事はすっかり廃《すた》れていた。『東京風俗史』（一八九九）や『東京年中行事』（一九一一）にはほとんど廃れていると記されている。『風俗画報』一五七号（一八九八）には、江戸時代以来の七草粥を行う家は、「旧弊家なりとて人皆これを笑ふ」とさえ記されていて、伝統的年中行事は文明に逆行する恥ずべき事と言わんばかりである。

七草の行事に限ったことではないが、現在行われている伝統的年中行事は、明治時代に一旦はほとんど行われなくなり、後に復活したものである。そのため、江戸時代以前の文献史料による裏付けが不可欠なのである。

三　上巳の節供

上巳の節供の起原

旧暦三月三日の節供は「上巳《じょうし》の節供」と呼ばれる。「上巳」の「巳」とは十二支の六番目の「巳《へび》」のことであるから、「上巳」とは「月の最初の巳の日」という意味である。それで三日とは限らないのであるが、中国の三国時代（三世紀）には三月三日に固定され、日本にもそのまま伝えられた。

『荊楚《けいそ》歳時記』には「三月三日、四民並びに江渚池沼《こうしょちしょう》の間に出で、清流に臨みて流杯曲水の飲を為《な》す。『韓詩』を按ずるに云く。……今、三月桃花水の下、招魂《しょうこん》続魄《ぞくはく》するを以て歳穢《さいあい》を除くと」と記されていて、三月三日に人々が水辺の桃の花の下で身を清め、酒を飲むとされている。

桃は中国原産の果樹で、『荊楚歳時記』の「正月」に「桃は鬼の悪《にく》むところ」と記されているように、邪気を祓う呪力を持つとされていた。また前漢の武帝《ぶてい》について記した『漢武故事《かんぶこじ》』という書物に、「西王母《せいおうぼ》という仙人の庭には三〇〇〇年に一度実がなるという桃があり、その実を食べると三〇〇〇年も長生きをする」という「三千年《みちとせ》の桃」の故事が記されているように、不老長寿の霊力を持つ神仙の果実と信じられていた。

※「三千年《みちとせ》の桃」のめでたい故事から、桃の花のように美しく長寿であることを祈念して、古くから女性に「三千代《みちよ》」という名前が付けられた。橘《たちばなの》諸兄《もろえ》や光明皇后の母である県《あがた》犬養《いぬかい》三千代はよく知られている。

このような桃の理解は早くから日本に伝えられ、『古事記』の神話では、黄泉《よもつ》国《くに》という死後の世界に行った伊邪那岐命《いざなぎのみこと》は、鬼に追われながらも黄泉比良坂《よもつひらさか》（生者の世界と死者の世界の境界）まで逃げ、桃の実を投げつけて鬼を退けたことになっている。また節分の「追儺《ついな》」という儀式では、桃の弓と葦《あし》の矢で鬼を退けるとされている。鬼を退治する桃太郎も同じことである。

奈良から平安時代、宮中や貴族の私邸では、この日に中国の風習を採り入れて、「曲水の宴《きょくすい》」が行われることがあった。禊《みそぎ》をした後に屈曲した流水に盃を浮かべて流し、詩歌を詠んでその出来を競うもので、杯に桃の花を浮かべて飲むこともあった。『万葉集』には、その編者の一人である大伴家持《おおとものやかもち》が、自邸で催した曲水の宴について詠んだ歌が収められている。

※日本における曲水の初見は、『日本書紀』の顕宗《けんそう》天皇元年、二年、三年（五世紀末）の三月上巳の日である。その後、推《すい》古《こ》・持統《じとう》朝にも記述がある。……。

※『万葉集』4153 ……。

罪穢を水に流す

上巳の節供の本質は、水辺で心身の罪穢《つみけがれ》を祓《はら》い清めることにあった。水で罪穢を洗い流して清めることは「禊《みそぎ》」と呼ばれて神話にも記されているし、今でも神仏を参拝する前には、御手洗《みたらし》の水で手を洗い口を濯《すす》いで清めることが行われている。祓い清められた人の身代わりに罪穢を負ってくれるものは、「人形《ひとがた》」「形代《かたしろ》」、古くは「阿末加津《あまかつ》」（天児）「這子《ほうこ》」「撫物《なでもの》」とも呼ばれた。そしてこの「人形」に息を吹きかけたりそれで身体を撫でると、その人の罪穢が人形に移り、その人形を川や海に流すと身心が清められると信じられていたのである。また水に流さずに、身代わりの護符としてその傍らに長く置かれることもあった。
一〇世紀の『賀茂保憲女集《かものやすのりのむすめ》』という歌集には、「大幣《おおぬさ》に　かき撫で流す　あまがつは　いくその人の　淵を見るらん」という歌が収められている。この「大幣」とは、罪穢を祓うために神前に供える幣帛《へいはく》のことで、「身体を撫でて罪穢を移し、水に流す大幣のあまがつは、これまでにどれ程の人の世の辛い淵を見てきたことであろうか」という意味である。ただしこの歌は夏越《なごし》の祓で詠まれた歌である。また『源氏物語』の「須磨《すま》」の巻には、源氏が須磨の海岸で陰陽師を呼んで祓《はらえ》を行い、罪穢を託した人形を舟に乗せて海に流す場面がある。このような風習は現在でも各地の神社で、特に六月末の大祓の祝詞が奏上される夏越の祓で行われている。人の形に切り抜いた形代に名前を書いてもらって集め、祓禊の神事の後に水に流すのである。

人の罪穢を身代わりに負ってくれる天児《あまがつ》は、『源氏物語』の「薄雲《うすぐも》」「若菜《わかな》上」の巻にも記されていて、幼児の側に置かれていた。『嬉遊笑覧《きゆうしょうらん》』（一八三〇）という百科事典的な随筆には、「天児とは這子《ほうこ》のようなものであり、身代わりとなって諸々の凶事を引き受けるもので、幼児が三歳になるまで用いられる。『源氏物語』には、源氏の正妻である紫の上が明石の君の生んだ幼児のために、天児を作ったとされている」と記されている。

天児について江戸時代中期の有職故実書である『貞丈雑記』には、「あまがつと云ふ物は小児の守りなり。ねりの絹にて人形を縫ひ、綿を入れたる物なり。

※国会『嬉遊笑覧』下75……。

……はうこと云ふも、あまがつの事なり。あまがつは小児這《は》ひありく形に作り、常に這はせてうつぶしにしておく物なり」と記されている。

人形が幼児の魔除けの呪物とされていたことは、他にも様々な史料で裏付けられる。粘土や桐の挽き粉を生麩糊《しょうふのり》で練った物を型抜きして作られた、「赤物」と呼ばれる郷土玩具の人形や張子がある。魔除のために赤く塗られていることが共通していて、鯛を抱える金時（鯛金《たいきん》）や熊にまたがる金時（熊金《くまきん》）、みみずく、牛（べこ）、達磨などがよく知られている。これは疱瘡《ほうそう》を避けたり治療するために、幼児の病床に置かれることがあった。『馬琴《ばきん》日記』の天保二年（一八三一）三月九日には、滝沢馬琴が疱瘡《ほうそう》にかかった孫のために「為朝《ためとも》の紅絵」を見舞ったことが記されている。赤く彩色されたこのような絵は「疱瘡絵」とも呼ばれ、赤物の人形と同じように疱瘡除けの効能をもつと理解されていた。

身代わりとなって凶事を引き受けた人形を水に流す風習は、流し雛《びな》という形で伝えられている。鳥取県で行われるものが有名であるが、近年では観光目的に各地で行われている。しかしそのほとんどは最近になって始められたもので、江戸時代以来途切れることなく伝えられたものではない。前掲の『嬉遊笑覧』には、相模《さがみ》国の流し雛の風習について記されている。わかりやすい史料なので、あえてそのまま原文を紹介しておこう。

「相模愛甲《あいこう》郡敦木《あつぎ》の里にて、年毎に古ひなの損じたるを児女共持出て、さがみ河に流し捨ることあり。白酒を□銚子携へて河辺に至れば、他の児女もここに来り、

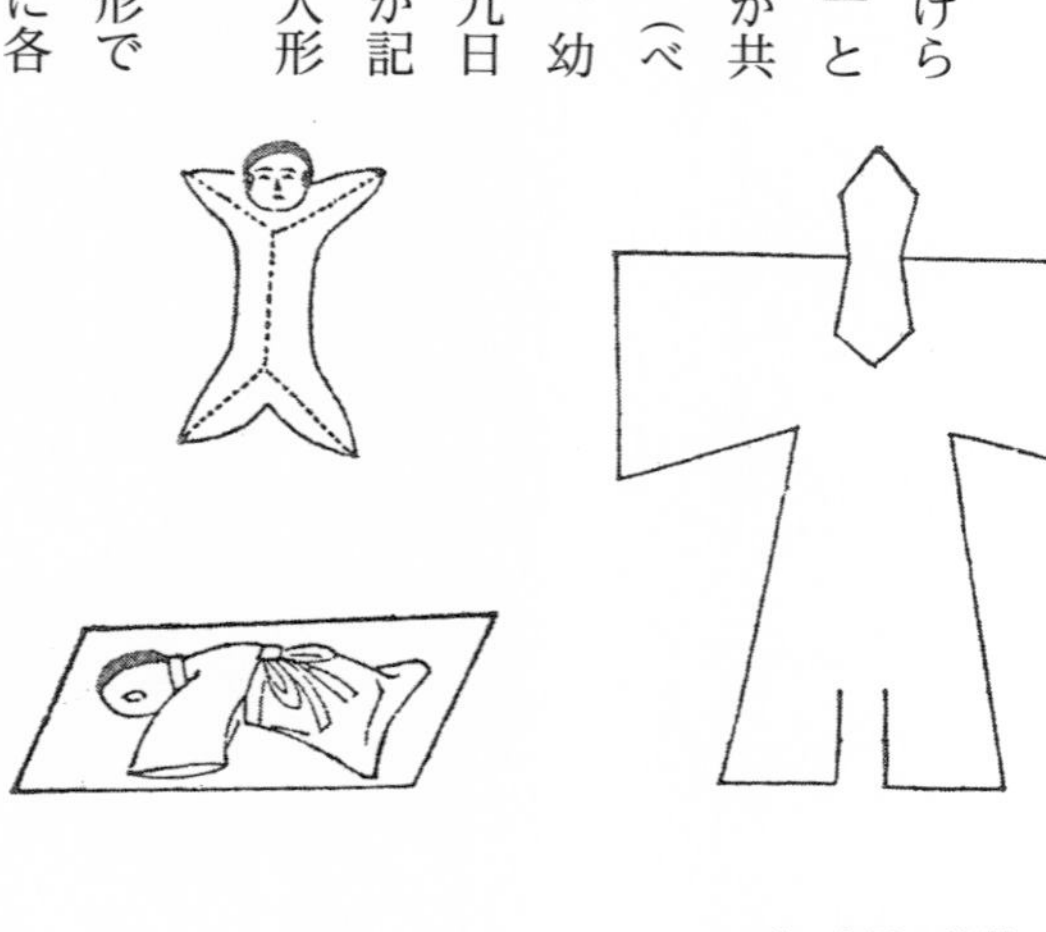

「かたしろ」と「這子」 かたしろ（右）は紙を２枚重ねて二つに折り、折り目を上にして図のような形に切り抜いたもの。這子はやはり紙で上の図のように作り、衣装を着せてしとねの上に置いた。（いずれも『貞丈雑記』による）

互にひなを流しやることを惜みて、彼白酒をもて離杯を汲かはして、ひなを俵の小口などに載て流しやり、一同に哀み泣くさまをなすことなり。此あたりのひな、内裏ひなに異なることなし。其外に藤花をかつげる女人形多し。おもふにひなを河水に流すは、もと祓□のことによるなるべし」。

おそらく江戸時代には各地で似たような風習があったと思われる。相模川の例では、実際に飾っていた雛人形その物のようであるが、流雛専用の簡素な雛人形もあったと思われる。しかし次第に手の込んだ立派な人形が作られるようになると、流して捨ててしまうには勿体《もったい》なくなったことであろう。

それとは別に平安時代には、季節には関係なく女児が人形で遊ぶということがあった。そのような遊びは「雛遊《ひいなあそび》」と呼ばれ、『源氏物語』の「若紫《わかむらさき》」の巻には、一〇歳の紫の上が人形遊びをする場面がある。その他にも『枕草子』『宇津保物語』などに記されているから、飯事《ままごと》のような上流階級の女児の遊びだったのであろう。この遊びのための立派な人形と、上巳の節供の人形《ひとがた》が習合し、上巳の節供に流してしまう簡素な人形とは別に、中世には飾るための人形へと変化していったものと考えられる。原本があまりにも達筆すぎて解読に自信がないのであるが、室町時代の万里小路《までのこうじ》時房《ときふさ》という公家の日記である『建内記《けんないき》』の永享一二年（一四四〇）三月三日の記事には、祓のための撫物として人形が贈られたことや、枕辺に置いて罪穢を託し、翌朝寺で祈禱をした後で持ち帰ることが記されている。雛人形が贈られたり、祓をした後に持ち帰っていることは、既に流すには惜しい立派な人

※国会『嬉遊笑覧』下77 ……………。

※大津絵にも描かれた藤娘の人形であろう。文政の頃（一八一八〜三〇年）に歌舞伎舞踊の演目にもなっている。……。

※『枕草子』三〇段には「過ぎにし方恋しきもの、雛遊びの調度」と記されている。……。

※宮内庁書陵部蔵『建内記』22、解読は極めて困難……。

形になっていることを示唆している。

女児の節供

雛人形が公家の装束を着ていることでも明らかなように、上巳の節供は元々は公家の風習であり、初めのうちは京都を中心に行われていた。そして一七世紀半ばの寛永の頃には、民間でも雛人形が飾られるようになる。その頃の『日次紀事』（一六七六）という京都の歳時記には、「雛遊　今日良賤児女紙偶人《ぐうじん》（紙製の人形）を製す。これを雛と称し、これを玩《もてあそぶ》は、元贖物《あがもの》の義にして、乃《すなわ》ち祓の具（道具）なり。或は母子と名づけ、蓋《けた》しこの物を以て母子の身体を撫《な》で、水辺に於てこれを解除し、或は桃花の酒を飲み、また禊《みそぎ》事を修するの徽意（意味）なるものか」と記されている。

※国会『日次紀事』三月五月3……。

「贖物《あがもの》」とは、罪穢を祓ったり罪の許しを得るために神に供える物のことである。江戸時代も初めの頃までは、上巳の節供はもともとは罪穢を祓うことが目的であり、京都では雛人形が祓の呪物であったという記憶が残っていたことがわかる。しかし女児が紙製の人形を作って飾ることにも現れているように、次第に女児の「雛祭」になりつつあることも読み取れる。『日次紀事』とほぼ同時期の『日本歳時記』（一六八八）にも、女児が雛遊をすると記され、座敷に数体の雛人形や菱餅が飾られている挿図が載せられている。

※国会『日本歳時記』三18・19……。

このように雛を作ったり飾って遊ぶという新しい上巳の節供の風習は、次第に女児の成長を祈念する「雛祭」に変化していったことであろう。そして、参勤交代や庶民の自由な旅行・商品流通経済の発達により、江戸や上方から地方にも伝えられた。『長崎歳時記』（一七九七）には、女児の初節供が盛大に祝われている様子が次の様に記されている。

「三月朔日、家々草の餅を搗《つ》き、また団子にて菱（菱餅）を造り、重箱に入て互に配りあふ。……三日……はじめて女子を設けたる家々は、初節句とて男女打あつまり、雛の前にて酒宴を催し相祝す。この日は町々の児女いづれも粧《よそお》ひを凝《こら》し、知るも知らぬも打むれ互に雛ある家に至りて見物す。この時菓子または祝酒を出して飲しむ。……初節句の家には親類知音《ちいん》（知人）よりも、雛または造り花など相送る」。遠く離れた長崎でもそうなのであるから、一八世紀には全国的にすっかり女児の節供になっていたことであろう。

現代の雛祭は女児の幸福と成長を祈念する祭で、『諸国図会年中行事大成』にも「児女の幸福有《あら》んことを祝するなりと」と記されている。

しかし雛祭には現代にはない家事の稽古という目的もあった。一七世紀中頃の風俗を叙述した『むかしむかし物語』（『近世風俗見聞集』第一所収）には、雛人形を飾って食事を調え、諸道具を飾ったり親戚に草餅などを届けさせるのは、「成人して嫁入して世帯を持つ稽古なり。当分の遊びにあらず」と記されている。幕末の『守貞謾稿』にも、「京坂の雛遊びは……庖厨《ほうちゅう》（台所）の諸具を小模してこれを飾る。……児に倹を教へ家事を習はしむるの意に叶《かな》へり」と記されている。『五

※国会『近世風俗見聞集』一15左上段 …。

※国会『守貞謾稿』二六42左 ………。

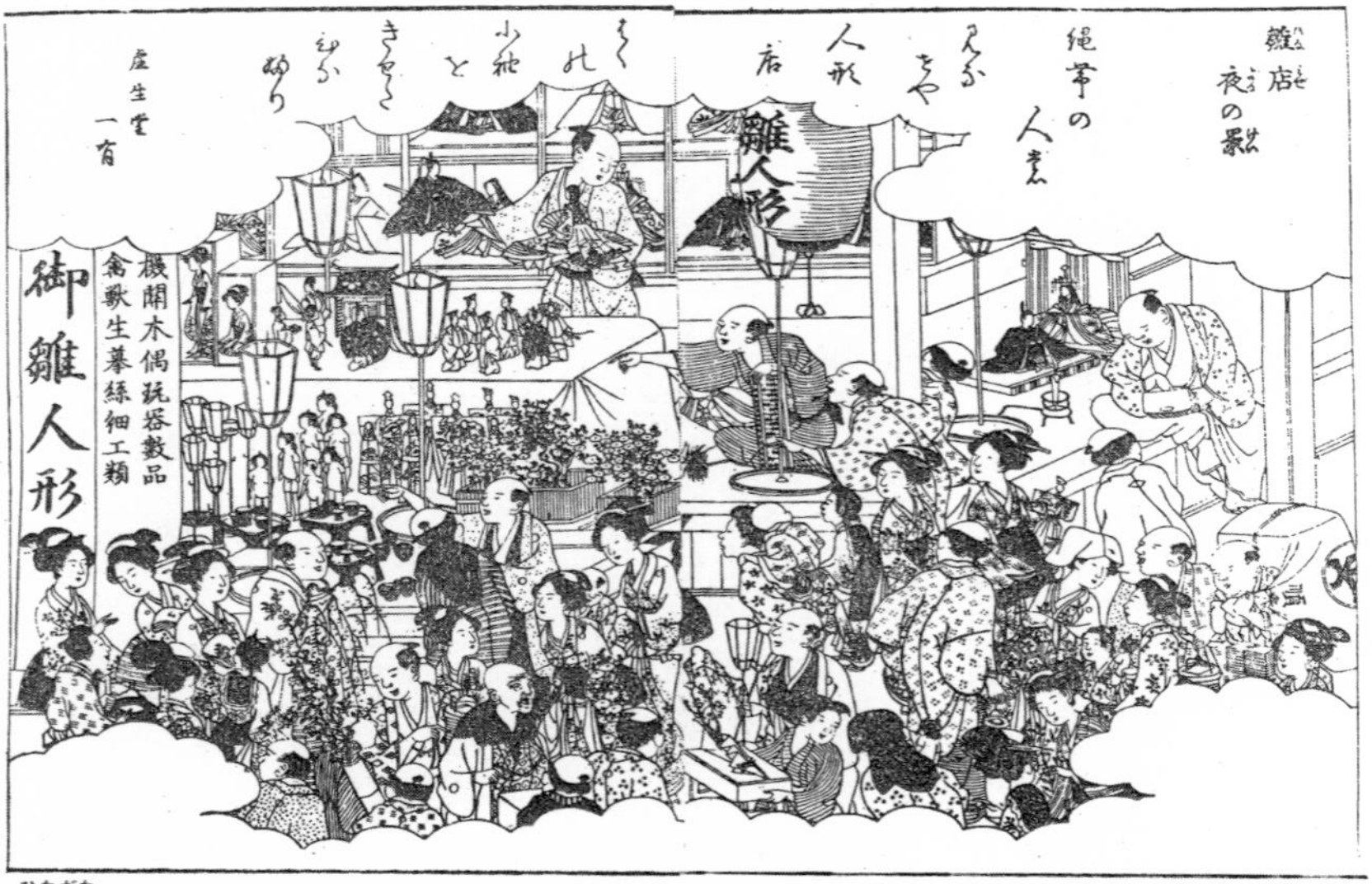

「雛店《ひなだな》夜の景」　２月末から３月２日の夜にかけて、三都では「雛市」が立った。見世棚（店棚）には現在よりも大きい立派な装束雛のほか、紙製の立雛、這子《ほうこ》人形、雪洞《ぼんぼり》、左近の桜や右近の橘、各種の手道具が並んでいる。個別に売られているのは、毎年買い足して充足させる楽しみがあったことを表している。（『諸国図会年中行事大成』）

節供稚童講釈』にも、「女は貴《たか》きも賤しきも、嫁入りしては夫に仕ふるものなれば、幼きより嫁入りして夫をはじめ姑に仕ふる業を雛になぞらへて、手慣れ習ふを本意とするなり」と記されている。おそらく飯事《ままごと》のような遊び方があったのであろう。

※国会『五節供稚童講釈』初三・四19右上

雛人形の飾り方

雛人形の飾り方については、現在では段飾りの豪華なものがあるが、本来は夫婦《めおと》雛一対が基本であった。初めの頃は紙製であったから立雛であり、人形師福田東久氏の研究によれば、坐雛が出現するのは第三代将軍徳川家光の寛永《かんえい》の頃（一六二四〜一六四三）とされている。前掲の『日本歳時記』（一六八八）の挿図には、平置の立雛と坐雛が二体ずつ描かれている。しかし人形の数が増えると、庶民の狭い家では平置では飾れなくなる。段飾にするのは庶民の狭い住宅事情によるもので、広い武家屋敷では座敷に平置にして飾るものであった。

現在の飾り方は江戸時代末期にほぼ整ったものを基本としている。『守貞謾稿』には、三都（江戸・京都・大坂）の雛飾について詳細に記述されているが、長いので現代語に要約してみよう。

「上方の雛遊は、二段程に赤い毛氈《もうせん》を敷き、上段には夫婦一対の小さな雛を置く。階下の左右には随身《ずいじん》二人、及び桜と橘を並べるのが普通である。調度品としては簞笥《たんす》・長持があり、……雛の膳や食事には必ず蛤《はまぐり》を用いる。江戸では正月に蛤を用いるので、雛の膳には必ず栄螺《さざえ》を用いる。江戸では七〜八段もあり、上段には夫婦雛を置き、雛屏風を立て廻す。第二段には官女の類を置く。また江戸では必ず五人囃子《ごにんばやし》といって、笛・太鼓・鼓《つづみ》を合奏する人形を置く。その下の段には、琴・琵琶・三絃・碁・将棊・双六《すごろく》・御厨子棚・黒棚・書棚・見台・簞笥《たんす》・長持・挟箱・

※国会『守貞謾稿』二六42・43……。

初期の雛飾り
座敷の一隅に立雛、座雛各２体の雛が飾られている。『日本歳時記』の図を再掲載したもの。(『五節供稚童講釈』)

鏡台・櫛笥《くしばこ》等の類、皆必ず黒漆塗に牡丹唐草《ぼたんからくさ》の蒔絵のあるのが普通である。また厨房の道具を置くことはあまりない」。

こうして見ると、江戸時代末期の江戸の雛人形は相当に豪華で、現在一般には江戸風の飾り方が普及しているようである。

「夫婦雛」は「内裏《だいり》雛」とも呼ばれる。その呼称は芭蕉の俳諧にも詠まれているから、江戸時代の前期以来のものである。「内裏」は天皇の私的生活の場のことであるから、天皇と皇后を模したものということになる。現在でも「内裏雛」と呼ばれ、男雛の冠は「立纓《りゅうえい》」といって、冠の背に付ける長細い薄布が立っている。これは天皇専用の冠であるが、江戸時代末までは立纓でもわずかに撓《たわ》んでいた。明治天皇の立纓は写真を見ると直立している。しかし江戸時代の絵図を見ると、纓《えい》のない冠を被っている男雛が多く、漠然と貴人の夫婦を模している。江戸時代の夫婦雛は必ずしも天皇皇后を模したものとは限らなかったのである。

内裏雛の配置については、日本では伝統的に「左上位」であったことから、男雛を向かって右、女雛を向かって左に置く「左上位」が本来の正しい配置であると説かれている。しかし江戸時代の絵画史料を見ると、その反対に並べられている絵図も少なくない。要するにあまりこだわっていなかったらしい。また大正天皇の即位式以来、この左右の配置が右上位の欧米流となったため、最近では逆転した配置が多くみられるようになっている。ただし大正天皇の即位式には、皇后は妊娠中のためその場には臨席せず、右上位で天皇・皇后がそろった即位式は、昭和天皇が最初である。それでも京都の伝統文化の残る関西では、左上位で配置されることがまだまだ多い。

欧米では右上位とされ、それが「プロトコール」と称して国際的儀礼慣習となっている。それはオリンピックの表彰式で、二位と三位の並び方にも反映されている。その根拠として、ヨーロッパには騎士道精神があり、左手に楯《たて》を持って女性を守りながら、右手で剣を握り戦ったためなどと説明されることがある。しかし歴史的根拠は何もない。おそらく結婚式場でそのように説明しているのであろ

※右上位は欧米諸国の慣習であって、国際的取り決めがあるわけではない。もとはと言えば、聖書で神が右手に象徴されているためである。英語で右を表すrightが「正しい」という意味をも兼ねるのは、神の働きは常に正義だと理解されたからである。

う。

二段目にはいわゆる三人官女が置かれる。これは宮中に仕える女官で、向かって左から提子《ひさげ》・三方《さんぼう》（または島台）・長柄《ながえ》を持っている順に配置する。中央に坐る女官は、眉を剃ってお歯黒にしているが、これは既婚者であるか年長者であることの徴《しるし》で、女官長といったところ。そうでない二人はまだ眉を剃っていないので、若いことを表している。

三段目にはいわゆる五人囃子《ごにんばやし》が置かれるが、『宝暦現来集』（『近世風俗見聞集』所収）という随筆に「五人囃裸人形は、天明始の比《ころ》（一七八〇頃）より作出して……」と記されている。本来は猿楽能《さるがくのう》の舞台の後方にすわり演奏を担当する四人の囃子方《はやしかた》と、謡《うたい》を担当する一人の地歌《ぢうた》で、それがそのまま五人囃子になっている。並び方は楽器の大きい順に、向かって左から太鼓《たいこ》、大鼓《おおつづみ》、小鼓《こつづみ》、笛、謡《うたい》（地歌）の順に並び、大鼓と小鼓の二人が床机《しょうぎ》に腰掛け、扇を持っているのが謡で、ボーカル担当というわけである。そして全員折り曲げた侍烏帽子《さむらいえぼし》を被る。五人囃子が侍用の烏帽子を被るのは、猿楽能が本来は武家の式楽であったことを示唆している。現在では大相撲の行司が被っているのが侍烏帽子である。

四段目には、天皇や高官・貴人の護衛に当たる武官である随身《ずいじん》が置かれる。雛人形の随身は一般に「左大臣・右大臣」ともいわれるが、これはサトウハチローが作詞した『うれしいひなまつり』という童謡の「赤いお顔の右大臣」という歌詞の影響によるもので、明らかな誤りである。

※国会『近世風俗見聞集』三25
……。

※猿楽能を大成した世阿弥《ぜあみ》は、室町幕府将軍の足利義満《あしかがよしみつ》に特別に寵愛《ちょうあい》された。
……。

そもそも左大臣は律令官制の最高職で、現在でいえば首相級の地位である。右大臣はそれに次ぐ要職であり、弓矢を持って護衛に当たることは絶対にありえない。天皇の護衛に当たる官職は左近衛《さこのえ》と右近衛《うこのえ》で、左近衛と右近衛では、左上位の原則により左近衛の方が格上で、右近衛中将を経てから左近衛中将に任官するのが普通である。それでひげを蓄えている年配者の左近衛を向かって右に、若い右近衛を向かって左に置くのが正解である。

五段目には三人の仕丁《しちょう》が置かれる。仕丁とは本来は律令制において、官庁や皇族・高官のもとで雑役に当たった従者のことである。持ち物として、日傘・履物を乗せる沓台《くつだい》・雨傘のセットか、箒《ほうき》・塵取・熊手などの清掃具を手にすることがある。

仕丁の壇の左右両端には、左近《さこん》の桜と右近《うこん》の橘が置かれる。これは内裏の紫宸《ししん》殿《でん》正面の階段の左右に実際に植えられている桜と橘にならったもので、「左近」「右近」という名称は、紫宸殿で儀式が行われる際に、その場所に護衛役の左近衛と右近衛が陣を敷いて控えたことによっている。内裏雛から見ての左右であるから、向かって右に左近の桜、左に右近の橘を置く。

※最高職は左近衛大将《さこのえのだいしょう》と右近衛《うこのえの》大将《だいしょう》であるが、これらは事実上の名誉職であるから、左近衛中将か左近衛少将と、右近衛中将か右近衛少将と見るべきである。

※源《みなもとの》頼朝《よりとも》は、建久《けんきゅう》元年（一一九〇）に右近衛大将に任官するが、三日で辞任している。後に征夷大将軍《せいいだいしょうぐん》となるが、当時は臨時の職である征夷大将軍より右近衛大将の方が格上であり、後々まで「右大将」とか「故右大将軍」と呼ばれた。

雛人形を飾る日・片付ける日

雛人形を飾る日については立春後の大安がよいとか、雨水《うすい》の日に飾ると良縁に恵まれるなどという解説が多い。しかし雨水は新暦では二月一九日頃であるが、旧暦ではまだ一月であり、そのような風習は江戸時代にはなかった。江戸時代の歳時記類には、飾るべき日についての記述が少ないが、『諸国風俗問状答』の和歌山からの報告には、「二月末より上巳までに祭る」と記されている。『東都歳時記』には二月末から飾ると記され、明治時代末期の『東京年中行事』でさえ、「一週間乃至《ないし》十日も前から飾り初め」と記され、大安や雨水には全くこだわっていない。

※『諸国風俗問状答：校註』315左……。
※国会『東京年中行事』上152右……。

雛人形を片付ける日についても、雛人形を片付けるのが一日遅れるごとに婚期が一年遅れるとか、啓蟄《けいちつ》にしまうのが理想的と説かれている。これは女性が結婚することを「片付く」と表現したことにこじつけたもので、江戸時代の歳時記類にはそのような記述は何一つない。また「啓蟄にしまうとよい」というが、本来の旧暦による雛祭は啓蟄よりずっと後のことであるから、そのようなことが古くから伝えられていたはずがない。

江戸時代には、「錦着て　故郷に帰る　四日なり」「四日には　夫婦別ある　内裏雛」と川柳に詠まれているように、翌日の四日に片付けるとされていたから、早い時期に片付けていたことは事実である。『馬琴日記』の文政一二年三月「四日……ひな仕舞候日から……、明日仕舞せ申可よしこれを申す。これに依り今日仕舞申さず……」と記されている。ただ人形は湿気を嫌うから、よく晴れた日に可能な限り早く片付ける方がよいのであろう。

※『誹風柳多留』四五24……。
※『誹風柳多留』四五30……。

雛祭の蛤

雛祭にはよく蛤《はまぐり》を食べることがある。また結婚式の料理にもしばしば蛤が使われる。それは二枚貝の蝶つがいは、同じ大きさでも他の貝とは組み合わせができないことから、女の子が幸せな結婚をして生涯仲睦まじく過ごすことや、夫婦和合の象徴と理解されているからで、雛祭の蛤を説明する全ての情報にそのように記されている。

江戸時代に、蛤の蝶つがいが夫婦和合の象徴と理解されたことは事実である。『三省録』（一八三二）という書物には、「婚礼に蛤の吸物は、享保中明君（徳川吉宗）の定め置給ふよし。寔《まこと》に蛤は数百千を集めても、外《ほか》の貝等に合ざるものゆえ、婚儀を祝するにこれ程めで度物はなし。それ故の御定なり。……すでに上巳には専《もっぱら》蛤を用て祝儀とす」と記されている。

徳川吉宗の事績を述べた『明君享保録』（一七五八）という書物にも、「竹姫様御再婚之事」と題して、同様のことが記されている。『和漢三才図会』（一七一二）の「蛤」の項には、対になっている殻は蝶つがいがぴたりと合うのに、他の貝殻とは合わないことを、「牝牡《ひんぼ》（女と男）の交に似て能く緊合す」と記され、さらに蛤の殻に絵を描いた貝合《かいあわせ》の遊びに言及して、「婚礼には必ずこれを用て和合の義を象《かたど》る」と記されている。

また江戸時代中期の有職故実書である『貞丈雑記《ていじょうざっき》』にも、「婚入し又二たび婚

※国会『三省録』二16……。

※静岡県立中央図書館蔵『明君享保録』19……。

※国会『和漢三才図会』中167……。

※国会『貞丈雑記』一下34右……。

礼せぬまじなひの心もあり、又いましめの為にもなる故」と記されている。ただし貝合のセットは大変高価な物であり、あくまでも上流階級や裕福な階層の嫁入道具であって、一般庶民が買えるようなものではなかった。

以上のように、蛤は夫婦和合の象徴と理解されていたことは事実であるが、雛祭の蛤はそれとは全く異なる意図で用いられていた。元文《げんぶん》・寛保《かんぽう》・延享《えんきょう》（一七三六〜一七四七年）頃の回想録である『寛保延享江府風俗志』（『近世風俗見聞集』第三所収）には、「三月雛まつりも……蛤貝の膳具（食器のこと）抔《など》にて、挽椀《ひきわん》（轆轤《ろくろ》を挽いて作った高級な椀）持ちたる町人は、漸々指折て員《かぞふ》る程の事なり」と記されている。原典を直接確認してはいないが、『雑交苦口記《まぜこぜにがくちき》』（一七六九）という随筆には、「むかしより雛の膳は白木に丹緑青《にろくしょう》を以絵をかき、椀は蛤貝なり」と記されているそうである。要するに質素なものであったというのである。

「蛤で　あげるが娘　気に入らず」という川柳は、明和の頃（一七七〇年頃）でも蛤が雛の食器であったことを示している。柳亭種彦が著した『還魂紙料《かんごんしりょう》』（「すきかへし」とも、一八二六）には「雛の蛤貝」と題し、「古老の伝へて云。むかしはものごと質素にて雛遊びの調度も、今のごとく美麗なるを用ひず。飯《いい》にもあれ汁にもあれ、蛤の貝に盛て備（供）へけるとぞ」と記され、さらに他にもいくつもの文献史料の根拠を示しながら細かく論証されている。また『嬉遊笑覧』（一八三〇）にも、「雛の調度……然れども貧賤の家には、蛤の貝殻に飲食を盛て供するもまた多しといへり、今その殻をば用ひざれども、必蛤を備ふることは

※国会『近世風俗見聞集』三10右上段…。

※『誹風柳多留』五19…………。

※国会『還魂紙料』2巻25…………。

※国会『嬉遊笑覧』下77左…………。

これによりてなり」と記されている。蛤は雛壇の最も下の段に供えられたようで、「蛤を　積むとこ九条　あたりなり」という川柳が詠まれている。

※『誹風柳多留』三八6………。

『守貞謾稿』には蛤だけでなく栄螺《さざえ》を食べることまで記されている。雛祭に栄螺を供える風習は、明治時代にも行われていた。泉鏡花の小説『日本橋』に、三月四日の夜、芸者に振られた男が、姉の形見の雛人形に供えられていた栄螺と蛤を、生き物を放して功徳を積む放生会《ほうじょうえ》で水に放してやる場面がある。また『東京風俗志』（一八九九）にも、「雛祭……供物は菱餅・葩煎《はぜ》（糯米を炒ってはぜさせた、いわゆる雛霰）・熬豆《いりまめ》などを始め、栄螺《さざえ》・文蛤《はまぐり》をも供ふ」と記されている。もし雛祭の蛤が夫婦和合のシンボルとして供えられるようになったというなら、栄螺を供えることの説明ができない。

※国会『守貞謾稿』二六42左………。

※国会『東京風俗志』中19………。

　それならなぜ雛祭には蛤や栄螺を供えたり、雛の食器としたのであろうか。

　江戸時代には旧暦三月が潮干狩のシーズンで、特に三月三日を選んで行う風習があった。『江府年中行事』（一八〇三?、三田村鳶魚編『江戸年中行事』所収）には次の様に記されている。

「三月……三日……汐干　品川沖、深川沖、まだ汐のみちぬるほどに棹さして、はるかの沖に至る。卯の過《すぎ》がてより引そめて、午ばかりには目のおよばぬほど限りもなく海底忽《たちまち》陸地となれり。干潟の船よりおりたち、蠣《かき》蛤をひろひ、砂中の平目をふみ、みるめ（海松布）をかづきあげて興に入、またすこし引残りたる窪みの浅汐にまどへる小魚をすくひて宴を催す」。

※国会『江戸年中行事』35………。

このように三月三日には市民が挙《こぞ》って潮干狩をする風習があり、「雛祭の蛤」に結び付いたのである。

雛祭で雛の食器として蛤を用いることと、蛤の蝶つがいが夫婦の和合の象徴であることは、本来は全く別のことであった。しかし前掲の『三省録』の記事のように、江戸時代の中期には、「雛の食器」と「女児将来の幸せな結婚の象徴」という理解が、次第に習合し始めていることを確認できる。また雛壇の手前に貝合の貝を入れた貝桶が飾られている図も確認できる。ただし雛祭の蛤が夫婦和合の象徴という理解は、江戸時代の主な歳時記や風俗誌は勿論のこと、明治末期の『東京年中行事』（一九一一）にも見られないから、そのような誤解が広く共有されるようになったのは、大正時代以後のことであろう。

草餅と菱餅

雛祭の行事食といえば、現在ではちらし寿司と蛤の吸い物、そして雛霰《ひなあられ》と草餅ということになっている。ちらし寿司も蛤の吸い物も江戸時代に始まったものであるが、上巳の節供の草餅には、伝説ではあるが中国の紀元前にまで遡る長い歴史がある。

平安時代後期の生活便利帳的簡易百科事典である『掌中歴《しょうちゅうれき》』という書物には、草餅について次のような逸話が記されている。「三月三日草餅、周の幽王《ゆうおう》淫乱にして、群臣愁《うれ》へ苦しむ。時に河上に曲水宴を設け、幽王に向ひて、ある人これ（草

※宮内庁書陵部蔵『掌中歴』19……。

餅）を作り王に貢《ささ》ぐ。王その味を嘗《な》めて美となし、宗（祖廟）に献ずべし。広く周の世大ひに治まり、遂に太平に致ると」。この話はその後多くの書物によって伝えられ、広く知られていた。もちろん史実としては疑わしいが、そのように伝えられたこと自体は歴史的事実である。

ただここでいう草餅の「草」がどのような種類の草なのかは不明である。六世紀の『荊楚歳時記』には、三月三日の上巳の節には、「黍麹菜《しょきくさい》」という草を用いて「龍舌料《りゅうぜつはん》」というものを作り、邪気を祓うと記されている。この「黍麹菜」とは別名を鼠麹草《そきくそう》といい、日本の母子草に当たる。この龍舌料がどのようなものかはよくわからないが、おそらくは米粉に母子草を煮たものと甘味料を混ぜて作ったものであろう。これが、草餅の起原と考えられている。現在では草餅の「草」は、「もちくさ」とも通称される蓬《よもぎ》ということになっているが、しかしもともとは春の七草の一つであるオギョウであった。オギョウは一般には「母子草」と呼ばれていて、全体に白い綿毛が密生しており、花弁の見えない黄色く小さな花が頂部に密集して咲く。植物学者の牧野富太郎によれば、「ハハコグサ」という訓も誤りで、正しくは「ホウコグサ」であるとしている。

『日本文徳《もんとく》天皇実録』という平安時代の歴史書には、「田野に草有り。俗名母子草。二月に始めて生じ茎葉白くして脆《もろ》し。三月三日に属《あ》ふ毎に婦女これを採り、蒸し擣《つ》きて以て餻《もち》と為《な》す」と記されていて、三月三日の上巳の節供に女性たちが母子草を摘み、草餅に作って食べる風習が行われていたことを確認できる。

※国会『文徳天皇実録』一20……。

また草餅は和歌にも詠まれている。

『好忠集』には「母子摘む　弥生の月に　なりぬれば　開けぬらしな　我が宿の桃」という歌がある。「母子摘む弥生の月」という表現には慣用句のような印象がある。『和泉式部集《いずみしきぶ》』には「花の里　心も知らず　春の野に　いろいろ摘める母子餅《もちい》ぞ」という歌がある。

これは和泉式部の子が山芋を贈って来たことに対する返礼として、和泉式部が母子草で作った草餅を贈った時に添えられた歌である。母子草の餅を母が子に贈ったことに機知が効いているのであるが、上巳の節供には、草餅を食べる風習が広く行われていたことを和歌によっても確認できる。

ところがこの草餅の草が、いつの間にか母子草から蓬《よもぎ》に替わってしまう。その時期については、詳しいことはわからない。室町時代中期、連歌を大成した公卿二条良基《よしもと》が著した『餅酒歌合』という滑稽な書物に、酒を好む老僧と餅を好む小僧が、酒と餅の優劣を歌で争うという話が記されている。その中の八番に「親をだに　捨ててうき世を　厭《いと》ふ身の　母子餅《ははこもちい》を　見るぞ悲しき」と詠まれているから、蓬の餅に替わるのは室町時代中期より後のことと考えられる。長崎で出版されたポルトガル語と日本語の辞書である『日葡《にっぽ》辞書』（一六〇四）には、「Yomoguimochi」という見出しがある。江戸時代の初期には既に蓬の草餅になっていたわけで、おそらくは室町時代後期に蓬の餅に替わったのであろう。もっとも全国的に蓬に替わったわけではなく、地域によっては母子草が継続して用い

※宮内庁書陵部『餅酒歌合』12左…。

られている。

そこで問題になるのは、母子草から蓬に替わった理由である。このことについて、和菓子を製造販売する老舗の情報などには、「江戸時代に、母と子を一緒に煮てすり潰《つぶ》し餅にするのは縁起が悪く残酷であるという理由で、蓬に替えられた」と記されている。しかしこれを証明する文献は存在しない。

それどころか『日次紀事』（一六七六）には、母子草を用いることについて「母子倶《とも》に全きことを期す」、『民間年中故事要言』（一七一八）には「母と子と倶《とも》に全からん事を希《こいねがう》こころなり」、つまり母子が共に健康であることを願うからであるとはっきりと記されている。母子が一緒であることに積極的な意義を認めているが、そのことを補強するように、同書の同じページには三月三日の上巳の節供に、女児が紙で人形《ひとがた》を作り、それを「母子と名づけ、蓋《けだ》しこの物を以て母子の身体を撫で」、母子の罪穢を人形に移し、水に流して清める風習があったことも記録されている。この人形は「這子《ほうこ》」とも呼ばれていたこと、また母子草は「ほうこ草」と呼ばれていたのが訛って「母子草」となったという説を併せ考えると、母と子を一緒に煮て磨り潰《つぶ》すのは縁起が悪いからと理解することはできない。

また江戸時代中期の有職故実書である『貞丈雑記』にも、「草餅……ははこぐさと云を母子と取りなしいはふ（祝ふ）成るべし」と記されていて、ここでも母子が共にあることに祝意があると理解されているのである。

それならなぜ蓬に替えられたのであろうか。その理由については、『本草綱目《ほんそうこうもく》

※国会『日次紀事』 三月五月3 ……。

※国会『貞丈雑記』一下28 ……。

啓蒙《けいもう》』（一八〇三）という膨大な博物書には、「ハハコグサ、……古は上巳にこの葉を用て餈《もち》とす。……後その色の濃からんことを欲して艾葉《よもぎ》を以て代《か》ゆ」と記されている。私自身も作ってみたが、確かに蓬の方が色が濃くまた芳香がある。またもともと蓬はその芳香のゆえに邪気を祓う呪力をもつものと理解されていたこと、また野辺で採集するには母子草よりはるかに大量に入手できるということも、替えられた背景となっているであろう。

※国会『本草綱目啓蒙』八30左……。

『守貞謾稿』には草餅について、

「蓬餅……今世は三都（江戸・京都・大坂）ともに菱形に造り、京坂にては蓬を搗《つ》き交へ、青粉を加へて緑色を美にす。江戸は蓬を交ゆるは稀にて、多くは青粉にて緑色に染めしのみなり。……女児産れて初めての上巳前には、親族知音《ちいん》（知人）より、雛調度あるひは人形、その他にても種々祝ひ物を贈る。これに報ふに、この菱餅を遣るを通例とす。……菱餅大小あれども、横長き方にて、尺ばかりを普通とす。草餅本製、母子草、本名鼠麹草《そきくそう》、また仏耳草を搗き交ゆるを本とす。今は諸国ともに蓬を用ゆるは、略か。……菱餅三枚、上下青、中白なり」。

※国会『守貞謾稿』二六43…………。

と記されている。また『諸国風俗問状答』の和歌山からの報告には、青・黄・白の三色、伊勢国白子《しろこ》からの報告には、紅・黄・白の菱餅があることが記されている。この「青」色はもともとは蓬の色であるから、実際には緑色であろう。

※国会『諸国風俗問状答：校註』315・323…。

このように江戸時代の菱餅は緑と白の二色が基本であったが、桃の節供らしく菱餅に桃色が加わったのは、明治時代以後のことであろう。『東京年中行事』

（一九一一）には、「赤白青三色の菱餅を供ふ」と記されている。三色となった菱餅の色について、「ピンクは桃、白は雪、緑は大地」を意味していて、「雪が溶けて、大地に草が芽生えて、桃の花が咲く」ことを表しているとか、江戸時代には白と緑の二色だったことについて、「溶ける雪間から萌え出る若草」を表すとか様々な説があるが、どれもこれも根拠を明示したものはなく、色の印象による安易な思い付きであろう。ピンク色に染めるのに梔子《くちなし》の実を用いるという解説が多いのであるが、梔子は古来黄色の染料であって、ピンクに染まるはずがない。

※国会『東京年中行事』上152左……。

　また菱形であることについて、大地を表すとか心臓を表すとか、これまた根拠の曖昧な解説が見られる。菱餅心臓説は柳田国男がその著書『食物と心臓』において唱えた説で、握り飯や菱餅が三角形であることについて、「自分の想像を言って見るならば、是は人間の心臓の形を、象どって居たものでは無いかといふのである。……是は仮説であって勿論重々の検討を必要とするが……」と述べている。彼は具体的な根拠は何も示していないが、主張の根拠をつぎのように述べている。「食物が人の形体を作るものとすれば、最も重要なる食物が最も大切なる部分を構成するであらふといふのが古人の推理で……」。「餅は最も重要な食物だから、最も重要な臓器の形に倣《なら》ったものである」というだけのことである。柳田国男自身は「想像を言って見るならば」「これは仮説であって」と認めているではないか。しかし伝言ゲームのように「想像・仮説」が脱落し、定説となって独り歩きしているのである。

※国会『食物と心臓』20右………。

雛飾　元禄10年（1697）に鳥居清信が描いた浮世絵を写したもので、右には貝合を入れた貝桶、立雛の前には蛤、左には這子《ほうこ》が置かれている。（『五節供稚童講釈』）

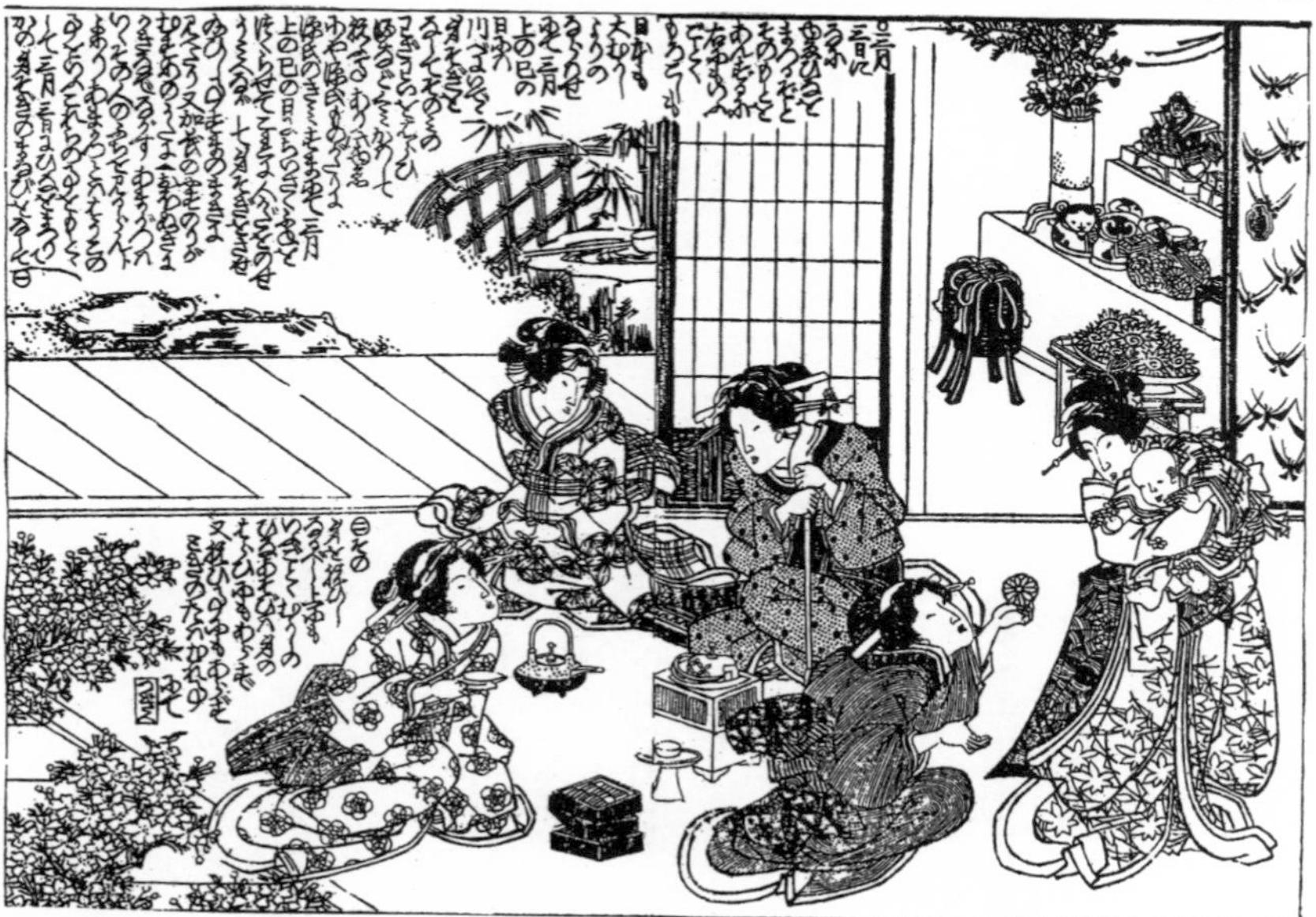

雛飾の供物　雛壇の手前には山盛りの栄螺《さざえ》と貝桶、下段には雌雄一対の犬筥《いぬばこ》（犬の張り子）が置かれている。犬は安産をすることから、安産や幼児の無事を祈念して置かれた。（『諸国図会年中行事大成』）

四　端午の節供

端午とは

「端午《たんご》の節供」の「端」という字は「はじめ」と訓み、物の端《はし》とか始まりという意味で、「午」は十二支の「うま」のことである。十二支は「日干支」といって年にだけでなく日にも当てはめられ、一二日で一巡りするから、端午とはある月の最初の午《うま》の日のことである。また十二支は「月干支」といって月にも当てはめられ、一二カ月で一巡りする。古代中国の暦の原形がほぼできた周《しゅう》代には、一年は冬至《とうじ》を含む旧暦一一月を子《ね》の月としていたから、そこから子・丑・寅と順に数えると、午の月は旧暦の五月に当たる。つまり端午とは、午の月である五月の最初の午の日、という意味になるわけである。そして最初の「午」の日は五日とは限らなかったのであるが、「午」の「ご」という音が「五」に通じ、奇数の重なる日を節日とする陰陽五行説により「端五」「重午」とも表記され、中国の漢代から「端午節」と言えば旧暦五月の五日を指すようになった。

古来、旧暦の五月は悪疫が発生しやすい時期と理解されていた。『荊楚歳時記』にも「五月は俗に悪月《あくづき》と称し、禁多し」と記されている。何かと災難が多いので、それを避けるための禁忌が多いというのである。その旧暦五月には夏至があるが、現代人にとっては「一年で最も昼間が長い日」というだけのことで、特別な行事も感慨もない。しかし往時の人にとっては、季節の物差となる暦は、影の長さの観測によって決められる夏至と冬至を基準にして作られていたから、極めて重要な一日であった。夏至には陽の気が極まって陰の気に転ずる転換点となるので、何かと災難が起きやすい。『礼記《らいき》』の「月令《がつりょう》」に、「是の月や日の長きこと至《きわ》めり」と言われているのはまさにこのようなことであり、それで邪気を祓って災難を逃れるため、さまざまな魔除けの風習が行われたのである。

『荊楚歳時記』には、「五月五日……艾《よもぎ》を採り以て人（人の形）を為《つく》り、門戸の上に懸け、以て毒気を禳《はら》ふ。菖蒲を以て或は鏤《きざ》み或は屑《こな》とし、以て酒に泛《うか》ぶ。……是日、競渡《けいと》（競艇）し、雑薬（各種の薬草）を採る」と記されているが、推古朝には端午の日に薬草を摘んだ記録があるから、『荊楚歳時記』が日本に伝えられる以前に、何らかの形で中国のこのような風習が伝えられたのであろう。

※艾
日本では「艾」は灸《きゅう》に使用するもぐさのことである。もぐさを作るには、蓬《よもぎ》の葉を乾燥させて、臼・すり鉢やコーヒーミルなどで細かくし、葉裏の絨毛《じゅうもう》以外の部分をふるいでこしたり、息を吹きかけて除くと、綿状に絡み合ったもぐさが残る。

薬猟

五月五日は現代では「こどもの日」であるが、全国医薬品小売商業組合連合会が制定した「薬の日」でもあるとのこと。その根拠は推古《すいこ》天皇がこの日に「薬《くすり》猟《がり》」をしたという故事によるもので、『日本書紀』には推古天皇一九年（六一一）の五月五日に、「菟田野《うたの》に薬猟《くすりがり》す。鶏鳴時《あかつき》を取りて藤原池の上《ほとり》に集ふ。会明《あけぼの》を以て乃《すなわち》ち往《ゆ》く」と記されている。その他にも推古天皇二〇・二二年、天智天皇七年の合計四回の薬草採取の記事がある。『日本書紀』によれば未明に行われているが、これは『荊楚歳時記』に「五月五日、鶏未だ鳴かざるの時を以て艾を採り」と記されていることと符合する。

一般にはこの時「鹿茸《ろくじょう》」を採取したとか、これを記念して五月五日を薬日と定めたと説かれているが、『日本書紀』にはそのようなことは一切記されていない。江戸時代の『倭訓栞《わくんのしおり》』という国語辞典の「くすりがり」の項に、「くすりがり……鹿茸を主にて百薬をも採《とる》なるべし」と推定されているだけである。

ただし紀貫之《きのつらゆき》の家集である『貫之集』巻四に、「ほととぎす　鳴けども知らずあやめ草　こそ薬日の　しるしなりけり」という歌が収められていて、五月五日を「薬日《くすりび》」という呼称が早い段階からあったことは確かである。また薬猟だけではなく、五月五日には薬草でこしらえた薬玉を贈ったり懸けたりすることが行われるなど、薬に縁のある日であった。

屈原と端午節の粽

端午の節供の粽《ちまき》の起原について、伝統的年中行事の解説書などには次のように記されている。「中国の戦国時代の紀元前三世紀に、楚《そ》の国に屈原《くつげん》という愛国的詩人・政治家がいた。彼は陰謀により失脚に追い込まれ、国の将来を憂えつつ、紀元前二七八年の五月五日に汨羅《べきら》という川で入水自殺をした。それを悲しんだ人々は、竹筒に米を詰めて川に投げ入れて供養した。ところが紀元後一世紀の後

※鹿茸
春に鹿の角が脱落した後に、新たに生えてきたばかりの若い角。

※国会『和訓栞』一218

※『日本書紀』には鹿茸採取の記述はないが、『延喜式』の巻三七「典薬式」には、「美濃国から熊掌（熊の手）とともに鹿茸が貢進すべきもの」として規定されている。（国会『延喜式』校訂下222）

※屈原（前三四〇〜前二七八）

漢の建武年間に、川のほとりに屈原の霊が現れて、『毎年供物を捧げてくれるのはありがたいが、手許に届く前に蛟龍《みずち》という悪龍に盗られてしまう。だから今後は蛟龍が嫌うという楝《おうち》の葉で米を包み、緑色の糸で縛ってほしい』と言った。それで里人はそれ以来、楝の葉で米を包み五色の糸で縛って川に流した。これが端午節の粽の起原である」という。

この屈原と粽の故事は、屈原没後約七〇〇年以上も後、六世紀に梁《りょう》の呉均《ごきん》が著した怪奇小説『続斉諧記《ぞくせいかいき》』に初めて出現する。そのためその内容はそのまま史実とはとうてい認められない。紀元前一世紀に成立した『史記』巻八には屈原の列伝があるが、彼の命日については一切触れられていない。彼が汨羅《べきら》で入水自殺したことは事実であるが、歴史学上は命日すらわからないのである。

二世紀末の後漢の事物を考証した『風俗通義』という書物には、端午と夏至には角黍《ちまき》（粽）を食べる風習があることが記されている。三世紀に西晋に仕えた部将の周処《しゅうしょ》が著した『風土記』には、「仲夏端午、鶩《あひる》と角黍《ちまき》を烹《に》る」と記されていて、三世紀には角黍（粽）が端午の行事食になっている。また六世紀の『荊楚歳時記』では、「夏至節の日、糉《ちまき》を食ふ」と記されていて、夏至に粽を食べる風習があったことがわかる。そして『風土記』にも『荊楚歳時記』の本文にも、屈原との関係には一切触れられていない。つまり端午節の粽と屈原とは、本来は無関係であったと考えてよい。しかも夏至に食べるという風習もあるとなると、屈原供養起原説では説明できないことになる。

※**呉均**（四六九～五二〇）
梁の官人、文学者。

端午節の粽の屈原供養起原説はとうてい史実とは認められないが、『続斉諧記』以来、屈原と粽の故事が伝えられたということ自体は歴史的事実であるから、それを承知の上で起原説話として紹介することはできるだろう。

日本の粽

端午の節供の粽については、童謡『背くらべ』にも、「柱のきずはおととしの、五月五日の背くらべ、ちまきたべたべ兄さんが、計ってくれた背のたけ……」と歌われている。この粽とは、糯米《もちごめ》や粳米《うるちまい》を笹のような幅広のイネ科の草の葉で包み灰汁《あく》で煮て作る料理で、稲を栽培する東南アジア各地に地域特有の粽がある。日本では茅萱《ちがや》の葉で包むとされたのでこのように呼ばれたとされているが、笹や真菰《まこも》や筍《たけのこ》の皮で包むものもある。主に日本海側では笹で、西日本では真菰や茅萱で、九州南部では筍の皮で包んだものが多い。しかし魔除けの意味は既に忘れられてしまっている。

文献上の粽の初見は『伊勢物語』の五二段で、菖蒲の葉を巻いた飾り粽が贈られてきたので、その返礼に狩の獲物の雉《きじ》を贈ったという話がある。また『拾遺和歌集』には、「五月五日、小さき飾粽を山菅《やますげ》の籠に入れて……」という詞書が添えられている歌がある。当時は端午の節供に粽を贈る風習があったのであろう。平安時代の国語辞典である『倭名類聚抄《わみょうるいじゅうしょう》』には、粽の製法まで記されている。

江戸時代にも粽は端午の節供の行事食となっていた。京都の歳時記である『日

※海野厚作詞・中山晋平作曲　大正八年（一九一九）頃の作。

※歌詞の意味は、羽織の紐の長さだけ伸びたというのではなく、羽織姿の兄と比べると、その紐の位置まで伸びただけだったということである。

※拾遺和歌集1172

※国会『倭名類聚抄』八32

次紀事』（一六七六）には、「市中の家々……各粽を造りてこれを食ふ。或互に相贈る」と記されている。江戸時代後期の京都を中心とした歳時記である『諸国図会年中行事大成』にも、五月五日に人々が粽や柏餅を作り、柏餅については「武家専らこれを用ふ」と記されている。端午に粽を食べるのは専ら上方であり、江戸で柏餅が好まれたのと対照的であるが、その伝統は今も続いている。

※国会『日次紀事』

三月五月38 ∴。

菖蒲と尚武

「菖蒲の節供」とも言われる端午の節供が男児の節供となったことについて、「武士の時代になると、『菖蒲《しょうぶ》』の音が『尚武《しょうぶ》』（武を尚《とうと》ぶ）や『勝武』『勝負』に通じること、また菖蒲の葉の形が刀を連想させることから、端午の節供を祝うことが武士の間で奨励されるようになり、逞《たくま》しい男の子に成長することを祈念する節供に変化した」と説明されることが多い。しかし江戸時代以前には、「しょうぶ」と読んだ例がないわけではないが、菖蒲は「あやめ」と読むのが普通である。

菰粽

笹粽

粽の形

（いずれも『守貞謾稿』）

「武士の時代」がいつなのか曖昧であるが、鎌倉時代以降というなら、鎌倉幕府の日誌風歴史書である『吾妻鏡《あずまかがみ》』に、それらしき記事があってもよさそうなものであるのに、全く見当たらない。五月の記事を全て読んでみたが、鶴岡八幡宮で端午節の神事があること、将軍が参詣する年もあること、幕府の建物の軒に菖蒲を葺くこと、幕府で和歌の会が開かれること、将軍（頼経《よりつね》）が菖蒲枕を用いたことなどの記述がある程度で、武家らしい「尚武」を表すことは何一つ見出せない。

それでも勇ましいことが全くなかったわけではない。『続日本紀』の大宝元年（七〇一年）五月五日には、天皇が競馬《くらべうま》を御覧になったことが記されている。その後しばらくは途切れるが、平安時代には盛んに行われていた。この日、天皇が武徳殿にお出ましになり、近衛府の武人の騎射を御覧になるのが例であり、「騎射《うまゆみ》の節」とも呼ばれた。『続日本後紀』の承和六年（八三九年）の五月五日には「これ端五（午）の節なり。天皇、武徳殿に御し騎射《うまゆみ》を観る」と記されている。また平安時代末期に描かれた『年中行事絵巻』には、出御する天皇の前を疾走する競《くら》馬《うま》の様子が描かれている。この行事は現在では毎年京都の上賀茂神社で行われている。

また平安時代から江戸時代の前期にかけて、印地打《いんじうち》という石合戦が行われることがあった。しかし当たり所が悪ければ死に至る危険な遊びであったため、しばしば禁止令が出されている。さすがに朝廷の行事ではないが、これも端午の節供の勇壮な要素の一つである。桃山時代の京都市中を画いた「洛中洛外図屏風」（上

※国会『年中行事絵巻』十六17……。

※葵祭の神事
賀茂競馬として毎年五月五日に行われる……。

杉本）の右隻中央やや左には、模擬の刀（菖蒲刀）や長刀を振り回し菖蒲合戦に興ずる若者達が描かれている。

江戸時代より前にそのような勇ましい行事が一部では行われていたが、概して端午の節会は早くから廃れていた。鎌倉時代の『年中行事秘抄』には、五月五日の節会が「節会久絶」と記され、後醍醐天皇が著した『建武年中行事』には、菖蒲を軒に葺いたり薬玉を懸けることなどは記されていても、「五月……五日の節、絶て久し」とも記されている。鎌倉時代には端午の節供は寂《さび》れていたというのが実際なのである。

ただ冑《かぶと》に花や菖蒲などを飾る風習は、鎌倉時代には始まっている。室町時代初期に成立した歴史書である『増鏡』巻五の建長三年（一二五一）には、「五月五日、所々より御かぶとの花・薬玉など、色々に多く参れり」と記されていて、宮中に花を飾り付けた冑、あるいは冑に飾る花などが献上されている。『骨董集』（一八一三）という随筆には、これが江戸時代の端午の節供に飾られた菖蒲冑の起原であろうと推定されている。鎌倉時代の女流歌人で、似絵の絵師として知られる藤原信実《のぶざね》の娘にあたる弁内侍《べんのないし》の『弁内侍日記』には、建長四年（一二五二）の同じ日に女房たちが「菖蒲冑」を被ったという記事がある。ただしこれらは宮中でのできごとであって、武士が関わっているわけではない。そして漸く室町幕府の年中行事を記録した『年中恒例記』に「五月……四日……御甲《おんかぶと》の菖蒲、檜皮師《ひわだし》これを進上す」と記されていて、菖蒲冑用の菖蒲が献上されたことが確認できる。

※国会『年中行事秘抄』五七右6行…。

※国会『建武年中行事註解』108…。

※国会『増鏡頭註』上71…………。

※国会『骨董集』一13
なお同書の14コマ目には、鮮明な菖蒲冑の図がある。…。

※国会『年中恒例記』27…………。

菖蒲冑の図　門の左右に菖蒲冑《しょうぶかぶと》が飾られ、毛槍、幟旗《のぼりばた》も立てられているから武家屋敷であろう。軒先には菖蒲と蓬《よもぎ》が前に突き出すように葺かれ、子供が模擬刀や長刀《なぎなた》を持っている。（『日本歳時記』）

「菖蒲」が「尚武」や「勝負」「勝武」を掛けて理解されるようになったのがいつなのか、はっきりしたことはわからない。菖蒲をデザインした菖蒲革が武士好みで武具に多用されているが、その起原は確認できていない。『俳諧歳時記栞草』（一八五一）には男児が菖蒲刀で遊ぶことに関連して、「菖蒲と勝負と和音近し」と記され、『東京年中行事』（一九一一）には、「かくの如く菖蒲の盛んにもてはやされたのは、

※国会『俳諧歳時記栞草』
140菖蒲刀 …。

※国会『東京年中行事』下32 ……。

……菖蒲の音が尚武の音と通ずるが為に、武家時代に至りてはことの外にもてはやされ、遂には菖蒲刀として児童の遊びにまで用いらるるに至ったのである」と記されているが、もっと古い確実な史料がほしいところである。

男児の節供

慶安《けいあん》三年（一六五〇）、江戸幕府は年始嘉節大小名諸士参賀式統令を定めて、「五節供」を幕府の式目としたが、これが端午が男児の節供となる契機となった。江戸時代初期の京都の歳時記である『日次紀事』（一六七六）により、端午の節供の市中の様子を見てみよう。

それによれば、「市中の家々、菖蒲艾葉《よもぎ》を檐《のき》の間に挿し、各粽を造りてこれを食し、或は互に相贈る。また細かく菖蒲の葉を刻み、酒中に入れてこれを飲み、瘟《やまい》を辟《さ》くと云ふ。……また児童、冑・槍・長刀・胞衣・旌旗《せいき》（幟旗《のぼりばた》）を門楣《もんび》（門の上の梁）に飾り、柳の木を以て大小の刀を作る。これを菖蒲刀といふ。男児これを腰にさし、頭巾《ときん》を著《ちゃく》（着）し、山伏の躰に倣《なら》ひ、晩に及びて鴨河辺に出て左右に分列し、礫を擲《なげ》て相戦ふ。これを印地といふ。……女児は菖蒲を頭髪に挿し、長命縷《ちょうめいる》を背後に繋《つな》ぐ。……今夜大人小児、菖蒲枕を用ゆ」と記されている。一七世紀後半には、江戸から遠い京都でもこのような勇ましい風習が行われていたのであるから、江戸ではさらに早い時期に「男児の節供」となっていたわけである。

また『民間年中故事要言』（一六九七）には、「紙冑人朔日（一日）より五日まで、

※国会『徳川禁令考』巻三〇32章 …。

※国会『日次紀事』三月五月38 …。

※菖蒲枕
菖蒲を五～六寸の長さに切って束ねたものに蓬を添え、薄紙で巻いて枕の下に敷く。…。

※早稲田大学蔵『民間年中故事要言』四11 …。

童の遊に紙の冑を作り、或は板にてもこしらへ、亦は張抜（張子《はりこ》）の人形に甲《よろい》させて、弓箭《ゆみや》を持せて、合戦の勢をなさしめて、戸の外に立侍る、これを冑人《かぶと》と云ふ。また紙の旗に色々の絵を書き、または絹にてもこしらえて、これを竿につけて同く立侍るなり。これをのぼりと云ふ」と記されている。『東都歳時記』（一八三八）には、「今日（四月二五日）より五月四日まで、冑人形・菖蒲刀・幟《のぼり》の市立。……その外《ほか》和漢の兵器・鍾馗《しょうき》像・武将勇士の人形等を商ふ」と記されている。

江戸時代後期の『諸国風俗問状答』には、「秋田では子供達が菖蒲と蓬を縄で縛って刀のような形にし、地面を叩いたり、五日の夜明け前に人家の戸を叩いて家人を起こすこと、越後国長岡では、菖蒲を編んだ縄で地面を打ち、大きな音のする方を勝とする遊びがある」と報告されている。

『東都歳時記』の「端午市井図」には、江戸市中の端午の節供の様子がまるで写真のように活写されているので、丁寧に解読してみよう。左下には立派な門構えがあり二本の毛槍が立てられていることからして、武家屋敷であろう。吹き流しと鯉幟が揚げられた竿の頂部には、矢車と籠玉《かごだま》が付けられている。籠玉は六芒星《ろくぼうせい》の籠目紋が連なっていて、魔除けの意味があったと思われる。大きな旗には鍾馗が画かれている。

路上には紙製の小さな鯉幟を売り歩く男や、柏餅を道路に落としてしまった男児、身の丈に余る「菖蒲刀」を持つ男児もいる。台に粽を載せている親子も見える。天秤棒を担いでいるのは、柏餅用の柏の葉を売る商人であろうか。右下には

※国会『江戸歳時記』春夏64 ………。

※国会『諸国風俗問状答：校註』62、152・153 ……。

※国会『江戸歳時記』春夏67 ………。

※鍾馗
中国の民間信仰である道教の神の一つで、髭《ひげ》を蓄えた憤怒の姿で表される。唐代から魔除けの神として信仰され、日本でも平安時代末期以降、邪気を退ける絵として描かれた。……。

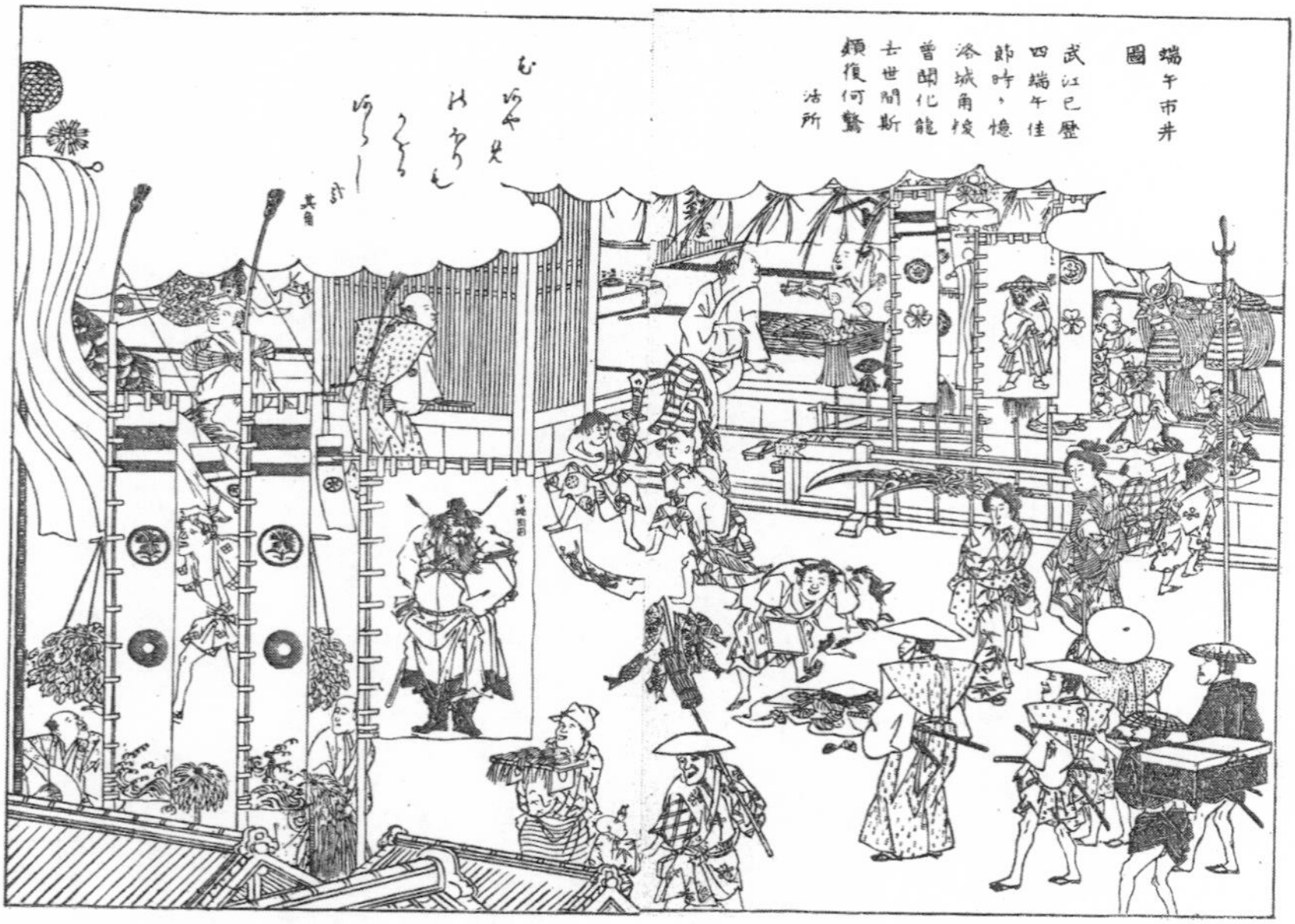

江戸市中の端午の節供の様子　『東都歳事記』に掲載された図。

節供拝賀のため登城する上級武家の行列の先頭が見える。

向かいの商家の軒先には菖蒲の葉と蓬が隙間なく葺かれ、店頭には節供用で小ぶりの幟や千成瓢箪の纏《まとい》が立てられている。右端の鎧兜は菖蒲の葉で飾られた菖蒲冑であろう。幟には上下二つの家紋が染め抜かれているが、上は父方の紋、下は母方の紋であることが多い。「男の子　できて夫婦の　紋が知れ」という川柳はこのことを現している。

このような風習は江戸

※五節供には、在府中の藩主は節供拝賀のため登城することになっていた。江戸時代末に井伊《いい》直弼《なおすけ》が暗殺されたのは上巳の節供の日であったから、水戸浪士たちは確実に遭遇できる日を狙ったのである。

※出典の『柳筥《やないばこ》』四編を原典で確認できなかったため、渡辺信一郎著『江戸の庶民生活行事辞典』より引用。

から始まったもので、端午の節供が武家の節供だったことを示唆している。しかし参勤交代などにより江戸と地方の交流が行われ、江戸の風習が諸藩に伝われば、次第に全国に広まることになる。『長崎歳時記』（一七九七）には、

「市中の端午の用意とて、家々の軒には萱《かや》に蓬《よもぎ》を取そへ葺ならべ、きれのぼりとて、一幅または二幅の木綿のぼり、或は布幟いづれも上に家の定紋を染出し、……多くは男子一人毎に一対をたつ。そのもとには冑立鳥毛鎗《けやり》長刀台笠たて笠青竜刀などの造り物を立ならぶ。また豪家は物すきにて、五百枚千枚の紙幟を拵《こしら》へ、……貧家下賤の族《やから》は、木綿布の類を用ゆる事あたわず。二十枚または三拾枚の紙幟をたつ。また吹きながしあり。あるひは吹貫または鯉の魚風車をつくりて、竹竿の頭上にゆひ付る。右切のぼりのした毎には人々鈴を付るゆへ、風を請てなる音いさまし」

と記されている。

その後明治時代になると端午の節供に限らず、伝統的年中行事はすっかり廃れてしまった。『風俗画報』一五九号（一八九八）には、「（菖蒲を飾ることについて）慣例を逐ふ者はほとんど稀なり。……（鯉幟は）明治以来一時廃絶の姿なりしが、漸次復興し……」と記されるまでになってしまった。現在行われているこどもの日の風習は、一度廃れてから復興されたものであり、江戸時代の端午の節供の風習そのままではないことに留意しなければならない。

※『日本庶民生活史料集成』第十五巻所収。

端午の節供は女性の節供か

以上のように江戸時代の端午は男児の節供であったのであるが、民俗学者が正反対の説を唱えている。柳田国男の弟子である民俗学者の和歌森太郎は、その著書『花と日本人』の中の「花の来世とうつし世と」で、次のように述べている。

「五月五日の節供は、この時代まだ男児のそれではない。サツキとして、サナエをもって田に植える月、サオトメを中心にして、精進のための忌籠《いみごも》りの一夜を過ごすことに由来する節供であったから、どちらかといえば女性にとっての節供なのである。その前日、忌籠りのために、悪邪の魔鬼を追いはらうので、においの強い菖蒲の葉を家の軒に葺いたものである」

というのである。

この書物は雑誌『草月』に連載された文章をまとめた単行本で、華道に関係ある多くの人が読んだ。そのためその影響は大きく、さらに尾鰭《おひれ》が付いておよそ次のような解説が定説のように流布している。

「旧暦の五月は田植の月で、昔は早乙女と呼ばれる若い女性がするものであった。田植は神聖な行事であり、早乙女たちは田植の前に、男性が戸外に出払った菖蒲を葺いた屋根のある小屋に集まり、穢《けがれ》を祓って身を清めた。これを『五月忌《さつきいみ》』と呼び、女性が大切にされる日であった。日本の端午の節供は、この五月忌と中国から伝えられた端午の風習が、習合したものだと言われている」というのである。

誰もが男児の節供と思っているところに、「実はその反対であった」というのは話としては面白く、誰もが興味を覚えることであろう。しかしそのような風習がいつ頃始まりいつ頃まで続いていたのか、その時期については何一つ言及されていない。ただ和歌森太郎の引用部分にある「この時代」というのは、引用部前後の文脈から平安時代と思われる。

この説の鍵は「五月忌」という言葉にある。もちろん現代の古語辞典類には見当たらない。江戸時代の膨大な口語が収録された国語辞典である『俚言集覧《りげんしゅうらん》』（一七九七～一八二九）で検索してみると、「さつき忌　五月の婚を忌むを云……月に初めて逢ふ事を忌むよし、伊勢物語宇津ほ物語などにも見えていと古し……」と記されている。つまり「五月には女性と逢ったり結婚することを忌む」という意味で、『伊勢物語』や『宇津保物語』にも記される古い言葉であるという。『源氏物語』の「蛍」の巻にも「兵部《ひょうぶ》卿宮《きょうのみや》などは……五月雨になりぬる愁《うれ》えをしたまひて」と記されているが、これはその「五月忌」を指している。江戸時代の膨大な百科事典的な随筆『嬉遊笑覧《きゆうしょうらん》』（一八三〇）には「五月忌」という見出しのもとに、「今世も正五九月には婚姻を忌む。これを斎月《いみづき》といふ」と記され、『俚言集覧』とほぼ同様である。そして和歌森説の「五月忌」は、その片鱗さえ見当たらない。「葺《ふ》き籠もりという」とする解説書もあるが、『俚言集覧』にも『倭訓栞』にもそのような言葉はない。とにかく古典的文献史料の中から、早乙女が田植に先立って菖蒲を葺いた小屋に集まって潔斎《けっさい》をするという「五月忌」「葺き籠もり」

※国会『俚言集覧』中91……。

※国会『嬉遊笑覧』下135……。

の例文は、未だかつて一つも提示されたことはないのである。それがないのに、「早乙女たちは田植の前に、男性が戸外に出払った菖蒲をふいた屋根のある小屋に集まり、穢を祓って身を清めた」などと、まるで昨日見てきたかのように具体的な様子がなぜわかるのだろうか。

そもそも軒に菖蒲を葺く風習は、奈良時代には確認できない。『万葉集』には菖蒲を詠んだ歌は一二首あるが、軒に葺く歌は一首もない。「菖蒲を葺いた小屋に女達が忌み籠もる」というなら、それは平安時代以降のことである。ならば平安時代に菖蒲を葺いた小屋に女達が「五月忌」で籠もったことを示す史料はいったい何所にあるというのか。

そのような伝承や民俗的事例があると反論されそうであるが、伝承や現代に採録された民俗的事例では、それがいつまで遡るか全くわからないし、検証のしようがない。ある人が提唱したことでも次の世代になれば伝承になってしまうのだから、伝承があったことを示す古い証拠がなければ、伝承は根拠にはなり得ないのである。学問の成果とは、第三者が再検証可能でなければ認められないのであって、それができなければ単なる思いつきに過ぎない。

確かに田植は女性がするものとされていた。そのことは多くの文献や絵画史料によって確認できる。江戸時代後期の文化年間の『諸国風俗問状答』には全国各地から約二〇の報告があり、そのほとんどに田植の風俗が記されていて、女性が主役であることは確認できる。しかし田植に備える「五月忌」があったことを示唆する史料は何一つない。そもそも田植の時期はそれぞれの地域の気候条件により異なるのであって、端午の節供に行わなければならないのでは、稲の育成に不都合が生じる地域が少なくないはずである。

端午の節供が女の節供であったということの文献的根拠としては、一八世紀の初めに活躍した近松門左衛門の書いた脚本『女殺油地獄《おんなごろしあぶらのじごく》』下巻の冒頭部が示されている。それは「嫁入り先は夫の家、里の棲《す》み処《か》も親の家、鏡の家の家ならで、家といふ物なけれども、誰が世に許し定めけむ、五月五日の一夜さを女の家といふぞかし」という記述である。これは女性にとっては本当に安らぐことのできる場所はどこにもないという「女三界に家なし」という諺《ことわざ》を説明していて、端午の節供の日の夜は「女の家」と呼ばれるというのである。この程度の文献史料から、平安時代の「五月忌」の具体的内容をどうして論証できるのか、誰が考えても飛躍しすぎであることは明々白々である。

江戸時代に五月五日を「女の家」と呼んだのは、実は別な理由があった。前掲の『諸国風俗問状答』（一八一三頃）の三河《みかわ》国吉田藩からの報告には、「五月五日……この日一日は男子出陣の留守にて、家は女の家なりなどいふなり。但《ただ》、これみな武家のみのこと」と記されている。端午の節供は男児の節供だからこそ、留守番するその日の家を「女の家」と呼ぶわけである。そうすると江戸の歳時記である『東都歳時記』（一八三八）に、「五月……六日、今日婦女子の佳節《せつ》と称して遊楽を事とすれども、未《いまだ》その拠る所を知らず」と記されていることがよく理解で

※国会『諸国風俗問状答：校註』120…。

※国会『江戸歳時記』春夏68右……。

きる。五月五日が男児の節供であるからこそ、翌六日は「婦女子の佳節《せっく》」となるが、その由来は不明であるというのである。

「五月忌」という言葉は我田引水のように曲解されているので、根拠にはならない。伝統的年中行事の解説書、特にネット情報には「端午は女の節句」説が氾濫していて、初めて読む人は皆信用してしまう。しかしもともと二〇世紀になって民俗学者によって提唱された新しい解釈であり、その民俗学者さえ根拠となる文献史料を提示していないのである。

端午の菖蒲

前述のように、『万葉集』には菖蒲を詠んだ歌は一二首もある。ただしいずれも「菖蒲」「菖蒲草」と表記して「あやめ」とか「あやめぐさ」と訓ませている。そのうち四首は縵《かづら》にすることを、六首は薬玉に作ることを「玉に貫《ぬ》く」と詠んでいる。また九首は霍公鳥《ほととぎす》と共に詠まれている。この縵《かづら》とは花や枝葉を髪や冠に挿して長寿や魔除けの呪いとするもののことで、菖蒲の他にも柳・梅・桜など様々な例がある。

この縵について、奈良時代の歴史書である『続日本紀』の巻一七には、大変興味深い元正《げんしょう》上皇の詔《みことのり》が記されている。「天平十九年五月庚辰（五日）……この日、太上天皇（元正上皇）詔して曰く。昔は五月の節、常に菖蒲を縵《かづら》として用ふ。比来（近頃）已《すで》にこの事停《や》む。今より而後《じご》、菖蒲縵《あやめのかづら》にあらざる者は宮中に入るなかれ」。

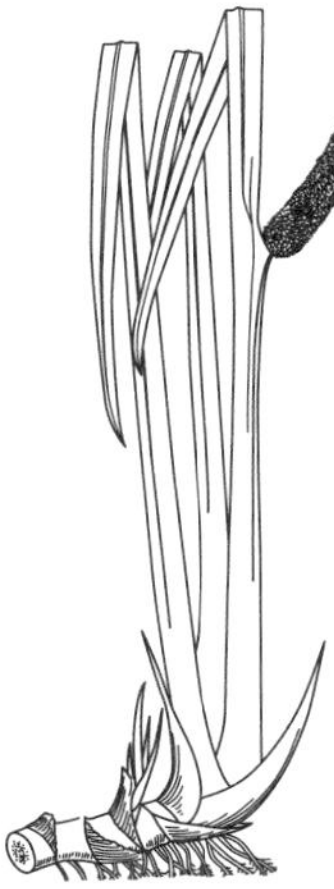

ショウブ

あやめ

ショウブとあやめ　端午の節供には菖蒲が色々な場面で用いられているが、植物としてのショウブを正しく見分けることは簡単ではない。古くは「菖蒲」と書いて「あやめ」とも訓んだため、紫色の花が咲く「花あやめ」だと思い込んでいる人がかなりいる。しかし花あやめの葉はショウブと区別ができないほどよく似ているが、葉や茎に芳香がなく、湿地には絶対に生育しない。こどもの日の風習を描いた絵図には、よくこの紫色のあやめの花が描かれているが、これは本来は端午の節供とは全く関係がない。花あやめと同じような花が咲くカキツバタ（燕子花）は、ショウブと同じように湿地に生育するが、ショウブのように葉の中央部を縦に通る筋がなく、扁平であることで区別がつき、芳香もない。同じような環境に生育するハナショウブはすべて園芸品種であるから、野生には存在しない。

それに対してショウブは茎を揉んで嗅いでみると爽やかに香る。また湿地や池沼に群生する。花は緑色の蒲《がま》の穂かヤングコーンのような形で、花あやめとは似ても似つかない地味なものである。しかもサトイモ科であるというが、里芋の葉とは全く似ていない。現在では新暦五月になると店頭に並んでいるが、田舎の湿地には持て余すほどに生育していて、店で買うものではなかった。私は今でもその時期になると採りに行く。

「昔は五月五日には菖蒲縵《あやめのかづら》を用いていたのに、この頃は行われなくなったので、今後は菖蒲縵を着けていない者は宮中に入ってはならない」というのである。高齢の元正上皇が「昔は」と言うからには、七世紀にはそのように行われていたのであろう。

『日次紀事』には「女児、菖蒲を頭髪に挿し、長命縷《ちょうめいる》（魔除けにする五色の組紐）を背後に繋ぐ」とあり、『東京風俗志』には、「女子供の菖蒲の葉を箭《や》の形に剪《き》りて、頭にかざすことあり。これ毒虫の害を攘《はら》うといい伝う」と記されているが、これらはかつての菖蒲縵の名残であろう。

※国会『日次紀事』三月五月39右……。
※国会『東京風俗志』中22左……。

平安時代には邪気を祓う呪《まじな》いとして、菖蒲と蓬を軒先に隙間なく挿す風習が広く行われていた。『古今和歌集』以後の和歌集には、軒の菖蒲を詠んだ歌が数え切れない程残されている。また『枕草子』の第四六段には、「節《せち》は五月にしく（及ぶもの）はなし。菖蒲・蓬などの香りあひたるも、いみじうをかし。九重（内裏）の内をはじめて、言ひ知らぬたみしかはらの住みか（賤しい者の家）まで、いかで我がもとに繁く葺かむと葺きわたしたる、なほいとめづらしく……」と記されている。これは「軒のあやめ」と呼ばれ、江戸時代までは普通に行われていた。

現代では「軒のあやめ」はあまり見られなくなったが、菖蒲湯の風習はまだ行われている。現代では「しょうぶゆ」と訓んでいるが、江戸時代の歳時記類では「あやめゆ」と訓まれていた。五月五日に、菖蒲と蓬を浮かべた湯に入るのであるが、銭湯では今でも普通に行われている。菖蒲湯がいつまで遡るかは不明であ

軒先に葺かれた菖蒲と蓬　図の左上方に見えるように、軒先から突きだした形で菖蒲と蓬が葺かれている。路上には武者人形を持つ女性や、室内用の座敷幟を抱えた少年がいる。遠方に描かれた市中に鯉幟《こいのぼり》が見えないのは、京の風俗を描いた図だからであろう。（『年中行事大成』）

るが、室町時代の公家の日記である『建内記』には「嘉吉《かきつ》三年……五月五日……蒲の葉に浴し、蒲の根を飲む」と、『年中恒例記』という室町幕府の年中行事を記録した書物には「五日……御祝の御湯参る。御湯に先夜しなひ候蓬菖蒲入也」と記されている。室町時代後期の『世諺問答』にも記されているから、室町時代には公家や在京武家の風習として定着していたようであ

※『東都歳時記』には夏の土用に銭湯で「桃葉湯をたく」と記されている。……。

※国会『年中恒例記』27 28 ……。

※国会『世諺問答3巻』31 ……。

る。一般庶民に広まったのはもちろん江戸時代のことで、『五節供稚童講釈』には、「唐土《もろこし》にて五月五日には蘭湯《らんとう》とて、蘭を湯に沸かして浴びる事あり。日本にて菖蒲湯を浴びるは、彼の蘭の湯に似たる事にて、邪気を祓ひ、悪しき風邪をひかざる薬のためにするなり」と記されている。

※国会『五節供稚童講釈』初三・四24右上段 ：。

歳時記や地方によって、行われるのが四日から六日まで様々であり、あまりこだわりはなかった。『俳諧歳時記栞草』にはこれを「六日菖蒲《むいかのあやめ》」というと記されている。

※国会『俳諧歳時記栞草』109六日菖蒲 ：。

菖蒲湯の起原は古代中国の「蘭湯《らんとう》」にある。この場合の「蘭」とは、秋の七草の藤袴《ふじばかま》のことで、葉を揉むと桜餅の葉の香に似た芳香がある。『荊楚歳時記』には「五月五日、之を浴蘭節と謂ふ」と記されている。日本にも早い時期に伝えられたのであろうが、藤袴の「蘭湯」の風習は日本では定着せず、同じ香草の菖蒲が専ら用いられてきたわけである。

薬玉

また菖蒲は薬玉の材料にもなった。『万葉集』の頃の本来の薬玉は平安時代や現在のものと異なり、菖蒲や蓬の葉、橘や楝《おうち》の花などで球状にこしらえ、糸や紐を貫き通し、菖蒲の葉を長く垂らしたものであったろう。五色の糸が用いられていたかどうかはわからない。生花であるため長持ちはしなかったので、平安時代には造花で作られ、五色の糸が垂れるようになった。現在の薬玉を割ると中からカラフルなテープが垂れ下がるが、これは五色の糸が変化したものである。これも縵《かづら》と同様に長寿や魔除けの呪《まじな》いとするもので、中国の端午節の風習にならったものである。

そもそも五月五日の五色の糸については、後漢末の『風俗通』という書物に「五月五日、五綵《ごさい》の糸を以て臂《うで》にかけ、鬼を砕《さ》くれば、人をして瘟《おん》（疫病）を病まざらしむ」と記され、『荊楚歳時記』にも同様に記されていて、魔除として早くから用いられていた。

平安時代には、貴族はこの薬玉を魔除の呪いとして、五月五日から重陽の節供まで柱に懸けておいた。また親しい人に贈る風習があったことを示す歌も残されている。室町幕府の年中行事を記録した『年中恒例記』には、五月五日に禁裏（御所）から将軍へ薬玉が遣わされたことが記されている。

薬玉を御所の柱などに懸けたり、公家が薬玉を贈答する風習は、その後も途切れることなく江戸時代前期まで続いた。また民間にも伝えられ、『日次紀事』には「端午日児女の玩具なり」と記されているように、女の子の玩具にもなっている。この場合の薬玉は図（次ページ）のようにもっと小さな物で、「かけ香薬玉」と呼ばれていた。『貞丈雑記』には、「女児は襟に懸け、大人は腰に付ける」と記されている。このことは、節供の民間の風習が元々は宮中の風習から始まったものが多いことをよく表している。『民間年中故事要言』（一六九七）に、「女童の翫物《もてあそびもの》に色々の作り花を糸につけ紙に張《はり》などして用るは、この薬玉を禁中（宮中）

※国会『年中恒例記』28……。

※国会『日次紀事』三月五月36……。

※国会『貞丈雑記』一下22……。

※早稲田大学蔵『民間年中故事要言』四14……。

に用させたまふを、下《しも》に習ふてする事なりといふ」と記されているのは、そのことをよく物語っている。

一六世紀から江戸時代末期までの約三五〇年間、天皇に奉仕する女官達が書き続けた『御湯殿上日記《おゆどののうえのにっき》』という記録があるが、それには端午の節供には毎年「御薬玉まいる」と記され、薬玉の贈答が行われていた記録を数えきれないほど探し

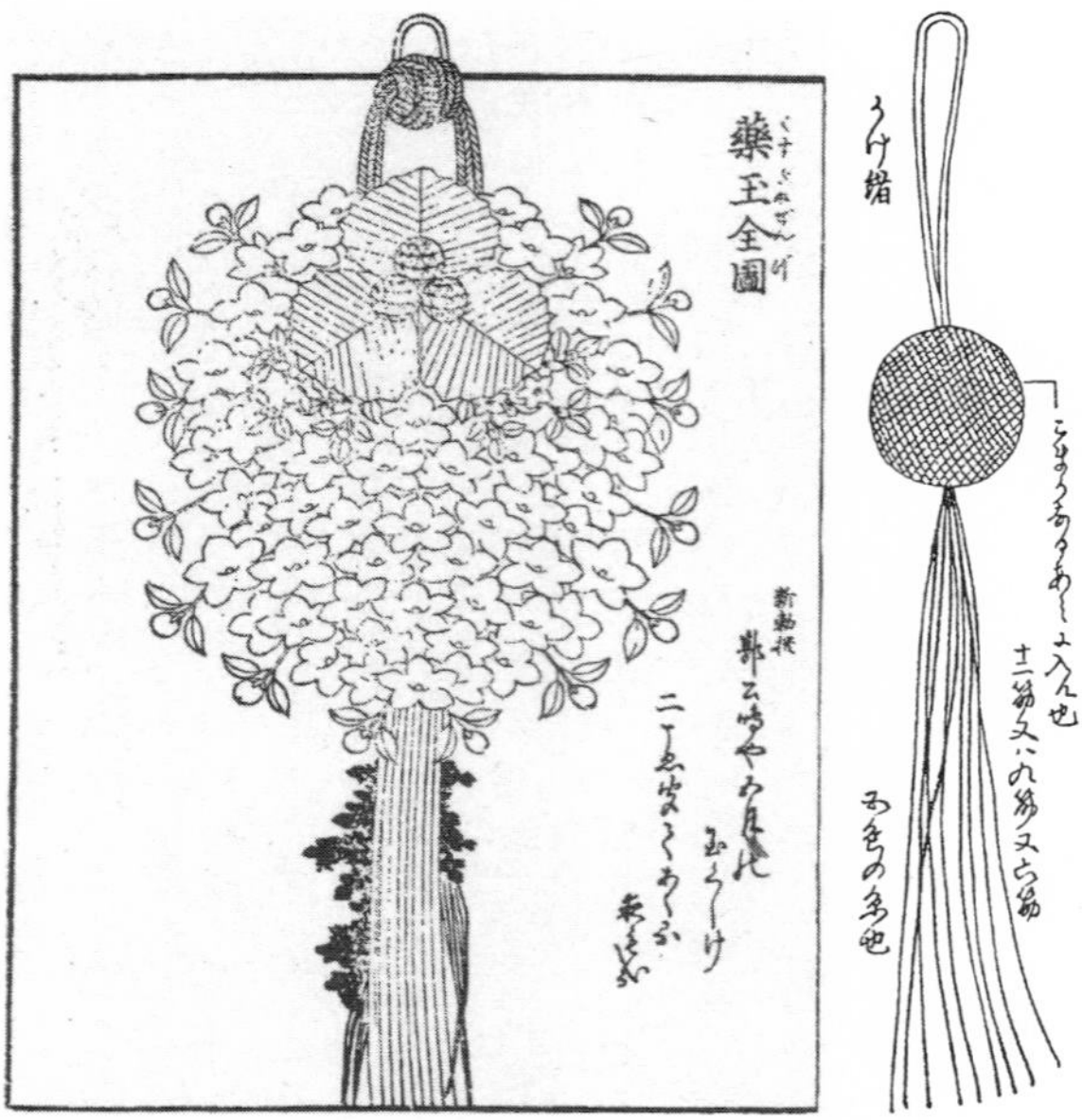

「かけ香薬玉」と「薬玉」 右図「かけ香薬玉」は、目の細かい網に香料が入れられ、玉の下部から五色の糸が垂らされている。(『貞丈雑記』)。左図の「薬玉」は江戸時代のものであるが、柏の葉を三枚こしらえて図のように括り、中央に薬を入れた三つの玉を付け、花橘と紅白の皐月《さつき》の造花を飾り、蓬と菖蒲の葉と五色の糸を垂らしている。双葉の間に実がのぞいて見えるのが花橘で、代表的な家紋である橘紋と同じような形である。(『諸国図会年中行事大成』)

出すことができる。また江戸時代になると「御匂ひ袋」も登場し、現在の匂袋は薬玉の変化したものであることもわかる。

薬玉の材料とされたものは、奈良時代には香りのある菖蒲・蓬・花橘・楝の花などで、平安時代になると、貴族の経済力によって丁子《ちようじ》・麝香《じやこう》・白檀《びやくだん》などの高価な香料を包んだ袋を造花で飾ったものに変化したが、一貫して香りのあるものが主体であった。薬玉は「和風ポプリ」と言うことができるのであろう。

鯉幟

現代のこどもの日の風習の中心となっているのは、何と言っても鯉幟《こいのぼり》であろう。そもそも「幟《のぼり》」とは旗の一種で、中世から近世の戦では、帰属を示す徴《しるし》として武者が背に負ったり、陣地に掲げられた。このような幟が端午の節供に用いられるようになったのは、江戸時代の初期に端午の節供が幕府の式日に指定されて以来のことである。

この日、大名や旗本などの上位の武士は、将軍や主君に武具を献上したり、先祖伝来の幟や毛槍《けやり》などを虫干しも兼ねて屋敷の前に立てた。また男児の立身出世や逞《たくま》しい成長を祈願して武具一式を飾ったり、子供用の玩具の武具を新調して飾った。つまり幟は初めは武具一式の中の一つだったのである。下位の武士は戦陣で用いるような幟ではなく、節供用の武者幟を飾った。町人には戦陣用の本格的な幟などはなく、また多少は武家への遠慮もあったであろうから、「内幟」「座敷幟」とも呼ばれる小ぶりの幟や武者幟・節供幟を家の内外に飾った。『日本歳時記』（一六八八）には、「五日……また紙旗にいろいろの絵をかきて長竿につけ、是をも戸外にたて侍る、これをのぼりと云。あるひは絹を用るもあり、あるひは長旒《ちょうりゅう》を加へて、これを吹ながしと云。朔日より五日まで、児童の弄事《ろうじ》（遊び）とす」と記されている。しかしこの段階ではまだ鯉幟ではない。ただ幟と吹流しのセットが現れていることは注目される。

※国会『日本歳時記』四16右　……。

幟には勇壮な絵が描かれていた。元文《げんぶん》・寛保《かんぽう》・延享《えんきょう》（一七三六～一七四七）頃の回想録である『寛保延享江府風俗志』（『近世風俗見聞集』第三所収）には、紙製の幟に石山源太（虎を組み伏せた荒事歌舞伎の主人公）に虎、金太郎、竹抜き五郎などの武者絵が丹《に》・緑青《ろくしょう》色の絵の具で彩りされていると記されている。

※国会『近世風俗見聞集』三10左下段　…。

鯉幟がいつ頃出現するのかはっきりしたことはわからないが、『絵本寝覚種《えほんねざめぐさ》』（一七四四）という子供用絵本には、鯉の滝登りを画いた大きな幟旗が菖蒲冑や軒の菖蒲と共に描かれている。魚の形の鯉幟ではなくまだ幟旗ではあるが、鯉が登場していることは重要である。

前掲の『長崎歳時記』には、「鯉の魚風車をつくりて、竹竿の頭上にゆひ付る」と記されていた。『俳諧歳時記』（一八〇三）には「幟」の項に、「幟の吹流しにすといふ、ちひさなる紙制の鯉は、今も売ありくなり」と記されている。また『東都歳事記』（一八三八）には、「五日……紙にて鯉の形をつくり竹の先につけて幟と共に立る事、これも近世のならはしなり。出世の魚といへる諺《ことわざ》により、男児を

※国会『俳諧歳時記』夏34右末尾　…。

※国会『江戸歳時記』春夏66　……。

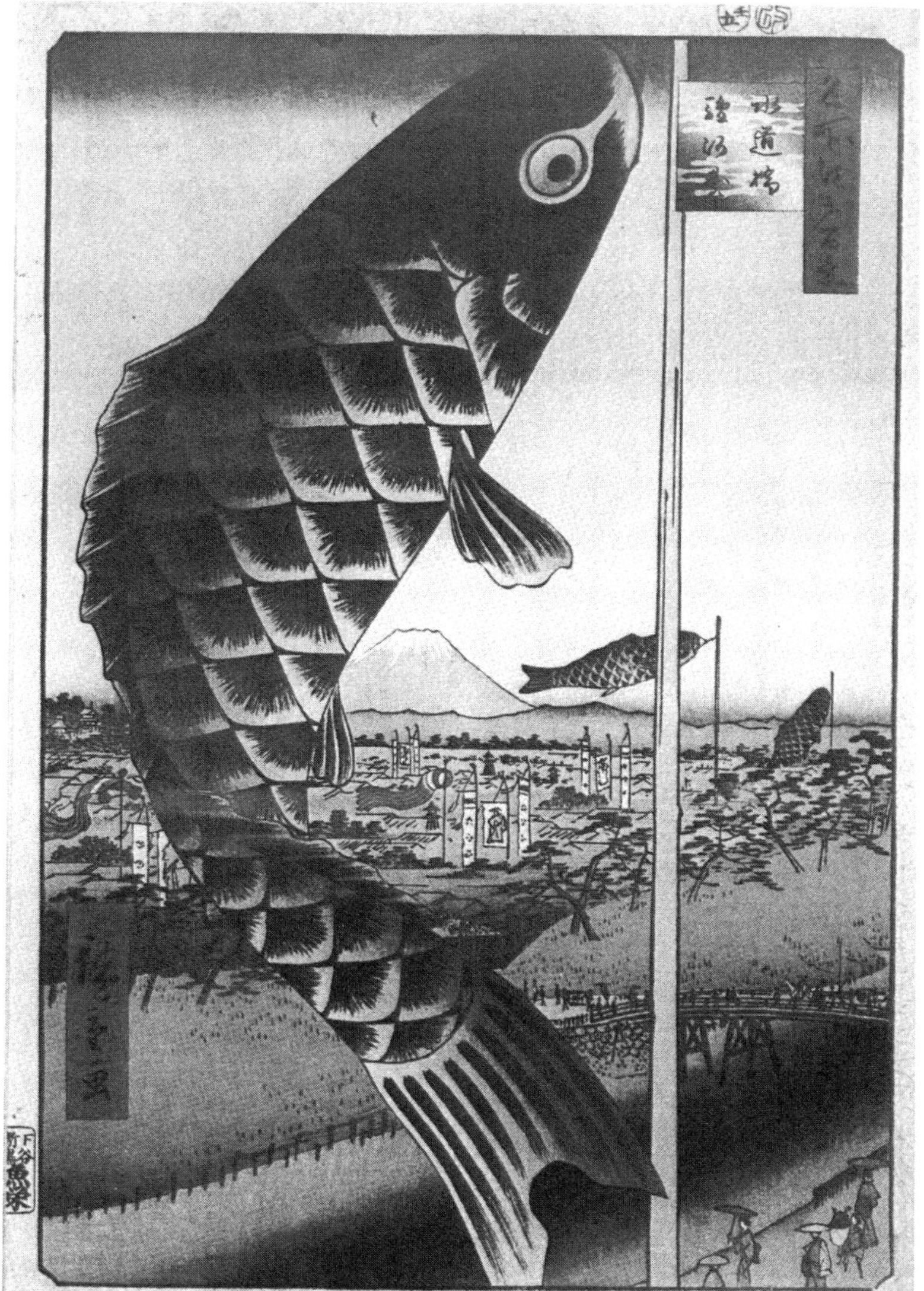

歌川広重が描く江戸の鯉幟　本郷の高台から駿河台《するがだい》方面を臨んだ風景を描いたもので、近景を誇張して大きく、遠景を小さくして富士山も描くのは、広重独特の構図である。画面には３匹の鯉幟の他に、吹流し、鍾馗の旗や各種の武者幟が見える。手前の流れは神田川、松の木が並んでいるあたりが、現在のJR水道橋駅の位置である。（「名所江戸百景」の水道橋駿河台の図）

祝するの意なるべし。ただし東都（江戸）の風俗なりといへり。初生の男子ある家には、初の節句とて別て祝ふ」と記されているから、一八世紀後半には小さな紙製の鯉幟が出現し、一九世紀初めには広まったのであろう。しかも「出世魚《しゅっせうお》の諺」により男児を祝福するためであると、はっきり理解されている。また江戸の風俗であるとしているから、まだ上方にはそれ程広まっていなかった。鯉幟は将軍のお膝元《ひざもと》から広まった風習なのである。事実、『諸国図会年中行事大成』（一八〇六）の京都の端午の節供を描いた図には、幟旗はたくさん見えるが鯉幟は見当たらない。

鯉幟の商人起原説

鯉幟の起原について伝統的年中行事の解説書には、「武士は旗指物《はたさしもの》である幟を飾ったが、庶民は幟を立てることを禁止されていたので、江戸時代も半ばになると、経済力のある新興商人が、武家に対抗して旗指物の代わりに鯉のぼりを立てるようになった」と説明されている。しかし実際には商人も小ぶりの節供幟は普通に飾っていたことは、多くの文献や絵画史料で明らかである。『東都歳時記』にも、「男子ある家には、大かた今日（四月二五日）より五月六日までのぼりを立る」と記されている。端午の節供に飾られた幟には、戦陣用の武家専用の大きな幟と、節供のための小ぶりの節供幟があるのだが、両者を区別していないので、誤解が生じているのである。

※上記の俗説は、『新装普及版日本人形玩具辞典』から流布したものと考えられる。

※国会『江戸歳時記』春夏65……。

江戸幕府が端午の節供を幕府の式日に指定したので、初めは確かに武家の節供であった。武具一式の中の一つとして、武家が幟旗を立てたのは事実である。ただし、同じ武士であっても大きな外幟を立てられるのは上級の武士だけで、下級の武士や陪臣《ばいしん》である諸藩士は座敷幟か節供専用の幟くらいしか立てられなかった。町人はそれを真似して節供用の幟を立てるようになったのであって、決して武家に対抗して鯉幟を立てたわけではない。そもそも初期の鯉幟は紙製の子供の玩具程度のものであるから、裕福な新興商人が武家に対抗して旗指物の代わりに揚げるような立派なものではなかった。

江戸時代の鯉幟は黒い真鯉《まごい》一匹だけであったが、明治時代になると緋鯉《ひごい》が加わり、鯉の親子と理解されていた。昭和時代になって緋鯉が二匹となったが、まだ父と母と子の鯉とは理解されなかったようである。昭和六年（一九三一）に発表された童謡『コヒノボリ』の歌詞には、「オホキイ　マゴヒ　ハ　オトウサン　チヒサイ　ヒゴヒ　ハ　コドモダチ」となっている。三匹目に青や緑の鯉が登場し、父・母・子を表すようになるのは、戦後の核家族化が影響しているのであろう。

※鯉幟の歴史については、上田信道氏の「鯉幟の変遷に関する考察」「節句幟の研究」という優れた論文があり、インターネットで閲覧できる。

※現代人には「コドモタチ」でないのが不思議であるが、「お友達」を「おともだち」と訓むように、当時は「子供達」をそのように訓んだ。

鯉は滝を登らなかった

鯉が幟に作られたことについては、「幟」と「鯉の滝登り」に「のぼり」という音が共通していることが意識されたことであろう。一般には、鯉が竜門という滝のような黄河の急流を登りきってついに竜と化したという、「鯉の滝登り」の故事に基づいていると理解されている。これは出世することの比喩《ひゆ》で、男児の立身出世を祈念したものである。しかしこの故事の出典である中国の文献では、鯉は「龍門」の滝を登ったことにはなっていない。

『後漢書』の党錮伝《とうこでん》には次のように記されている。「この時、朝廷日に乱れ、綱《こう》紀頽弛《きたいし》し、膺独《ようひと》り風裁を持し、声名を以て自ら高くす。士その容接を被る有る者は、名づけて龍門に登ると為す。……三秦記に曰く、河津《かしん》一名龍門、水険《けわ》しく通ぜず、魚鼈《ぎょべつ》の属、能《よ》く登るものなし。江海の大魚集ひて龍門の下に薄《せま》り集ふもの数千、上るを得ず、上らば則ち龍と為るなり」。

なかなか難しい文章なので現代語に直してみよう。「最近は朝廷の政治が乱れて綱紀が弛《ゆる》んでしまったが、李膺《りよう》という人物だけは独り毅然《きぜん》としその名を知られていた。それでそのような立派な李膺に認められる者は、竜門に登るように将来を期待される者とみなされた。……『三秦記』は竜門について次の様にいう。黄河の竜門は流れが急で、魚や鼈《すっぽん》の類は遡ることができない。大河大海の大魚がこの竜門の下に数千匹も集まって試みたが、のぼる事はできなかった。もし登る事ができれば竜に化身するというのであるが……」というのである。

不思議なことにどこにも「鯉」とは書かれていないばかりか、どの魚も登れなかったことになっている。いったいいつから鯉が竜門を登ったということになったのか、中国の文献にはあまり明るくないので、私の手には負えそうもない。鯉が竜門の滝を登ったことに関する中国の文献が、おそらく他にあるのだろう。

ただ日本における「犯人」については目星がついている。江戸時代初期の儒学者である林羅山《はやしらざん》の『庖丁書録』という書物には、「鯉竜門にのぼれば化して竜となる。諸魚のぼり得ざれば、水にたたきおとされて死して顋《あぎと》（えら）をさらすなり」と記されている。

※東京国立博物館デジタルライブラリー『庖丁書録』20：。

羅山は徳川家康から家光に到るまで、三代の将軍に仕えた幕府の御用学者であるから、彼がそのように書けば、それはもう理屈抜きに「事実」となったことは容易に想像できる。漢籍に通じているはずの羅山が、なぜ原典と異なることを書いたのかという問題は残るが、鯉が竜門を登って竜となったという誤解は、日本においては林羅山の『庖丁書録』辺りからであろうから、江戸時代の初めからそのように理解されていたのではなかろうか。

「鯉の滝登り」という理解が伝えられてきたこと自体は歴史的事実であるから、それがおかしいというわけではない。しかし定説とされていることでも、原典に当たって確認する必要がある。誰もが原典を読みもせず、鯉が滝を登ったと思い込んでいるのである。

柏餅

端午の節供の行事食としては、粽《ちまき》の他に柏餅がある。上新粉で作った餅で小豆《あずき》餡《あん》を包み、柏の葉で挟んだものであるが、近畿・四国地方では自生している柏の木が極端に少なく、サルトリイバラ（通称は山帰来《さんきらい》）という草の葉を使うのが普通であった。またよく似たナラガシワが使われていた可能性もある。現在は韓国や中国から柏の葉が輸入されているので、全国どこでも柏餅が販売されている。

粽はおもに関西でよく食べられているが、関東では柏餅の方が馴染みがあり、『俳諧歳時記栞草』にも柏餅（槲餅《かしわもち》）について「五月……畿内にはさのみ用ひぬ事なり」と記され、安政《あんせい》〜文久《ぶんきゅう》年間（一八五四〜一八六四）に大坂奉行が書いた随筆『浪花の風』にも、「端午には……柏餅を製するは稀《まれ》なり、すべて茅巻を用ゆ」と記されていて、江戸のように広く共有されていたわけではなさそうである。これは柏の木の植生分布に因るところが大きいのであろう。

『世事百談』（一八四三）という随筆に「柏餅」という話がある。それによれば、「寛永の頃の『俳諧初学抄』という書物には柏餅について何も触れられていないが、『酒餅論』（寛文年間、一六六一〜一六七三）という書物には端午の柏餅の記事があり、延宝八年（一六八〇）の『俳諧向之岡』という書物には、柏餅を詠んだ句があるので、この頃から広く節供の行事食となったのであろう」と、確かな根拠に基づいて考証している。『酒餅論』には確かに「弥生はひなのあそびとて、よもぎのもちや、端午にはちまきのもちや柏もち、水無月初の氷餅」と記されている。

『守貞謾稿』によれば、男児が生まれると端午の節供に柏餅を親類縁者に贈る風習があった。『馬琴日記』には、端午の節供の前後に重箱に詰めた自家製の柏餅を贈答する記述が頻繁に見られる。最近では餡の入った小さな丸い餅を柏の葉で

※国会『俳諧歳時記栞草』98槲餅…。

※函館市立図書館蔵『世事百談』131コマ…。

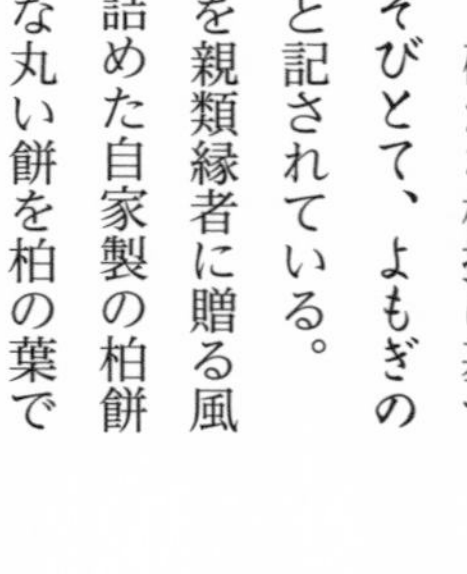

柏餅（『守貞謾稿』）

くるんだ柏餅が出回っているが、歳時記類に「編笠の形の如し」と記されているように、楕円形に延ばした餅を二つ折りにして餡を挟むのが本来の形である。そして中に小豆餡《あずきあん》や味噌餡《みそあん》を挟むのであるが、小豆餡の場合は葉の表を出し、味噌餡の場合は裏が見えるようにして区別されていた。

『守貞謾稿』には「江戸にては砂糖入り味噌をも餡にかへ交ゆるなり。赤豆《あずき》餡には柏葉表を出し、味噌には裏を出して標《しるし》とす」と記されている。また「葉裏うら葉表おもて　味噌とあん」という川柳はそのことを詠んだもので、現在でもそのまま行われている。

柏の葉を用いることについて、伝統的年中行事の解説書やネット情報にはほぼ例外なしに、「柏の葉は新芽が育つまでは古い葉が落ちないことから、家系が途切れずに子孫が繁栄するという縁起をかついだもの」と説明されている。

確かに新芽が伸びるまで前年の葉は枯れても枝に付いている。そして江戸時代にそのような理解があったことは事実である。『五節供稚童講釈』には「柏は若葉芽ぐみて古葉落つるものゆゑに、親の子に家を譲る心ばへを祝ふなり」と記されているからである。

しかし柏の葉は、古くは全く異なる理由で尊重されていた。平安時代以来、柏や楢《なら》の葉がなかなか落葉しないのは「葉守《はもり》の神」が宿る神聖な樹木という理解があり、そのことを詠んだ古歌はたくさんあるから、神の宿る木として神聖視されていたのである。また柏の葉はその幅広い形によって、古くから食器として用い

※国会『守貞謾稿』二七9 ………。

※『誹風柳多留』六五14 ………。

※国会『五節供稚童講釈』初三・四23右上部 …。

※「時しもあれ冬は葉の神無月まばらになりぬもりの柏木」（『新古今和歌集』５６８）。冬にはさすがの柏も少し落葉したことを、神無月に葉守の神が出雲大社に出かけて留守になっているので、少し落葉したと、ユーモアを交えて詠んでいる。…。

られていた。『隋書《ずいしょ》』の倭国伝には、槲《かしわ》（この字が本来のカシワ、「柏」と書くのは日本での誤用）の葉が食器となっていたことが記されているし、また平安時代の法令集である『延喜式』でも、様々な法会や節会で柏の葉が用いられていることが確認できる。例えば巻三二上には、「菓子雑肴を干柏を以て盛る」ことや、供御《くご》ごとに大量の槲（柏）の葉が用いられることが記され、また諸国から、毎年俵単位という大量の柏の葉が貢納されることになっていた。このように食器としての柏葉使用の長い伝統が前提となっていたのである。

※国会『延喜式』校訂下165左…。

このような食器としての柏理解は、江戸時代にも受け継がれている。『江府年中行事』（一七三五、『江戸年中行事』所収）には「柏はめでたきもの也。神代はこの葉に供御《くご》を盛り、或はさかづきなどにもなりし事見えたり。常盤木の中に葉の広きは柏のみ也。めでたき葉なればこれを用ゆとなり」と記されている。このように柏には葉守の神が宿り、神や貴人に食物を供える際に、食器として用いられていためでたいものであるという平安時代以来の理解が前提となり、また葉が大きくて餅を包むのに適しているということも相俟って用いられたのである。譲葉と同じような、途切れることのない親子継承を表すという理解が江戸時代に一部にあったことは事実であるが、おそらくは誰かが譲葉をヒントに思い付いた後付けの理由であって、柏の葉が用いられた本来の理由ではないであろう。

※国会『江戸年中行事』39……………。

柏餅を作る　現在では餅を１枚の葉でくるむのが一般的であるが、江戸時代には２枚の葉で挟んでいる。大量にこしらえているのは、自分たちで食べるためだけでなく、互いに贈答する風習があったことを示唆している。幼児が紙製の小さな鯉幟を持っていることも注目される。（『五節供稚童講釈』）

五　七夕《たなばた》

棚機津女伝説

七月七日は「七夕」と書いて「たなばた」と読むが、江戸時代には「星夕《せいせき》の節句」とも呼ばれた。本来はもちろん旧暦の七月七日のことであるが、最近は新暦（太陽暦）の七月七日や一月遅れの八月に行われることが多い。しかし新暦の七月七日では、多くの地域では梅雨の最中であり、また近年では人工的照明のために夜空の星が見えにくい。またそもそも歴史的には日本人は月には関心があっても、星にはほとんど関心がなかった。星に関する古語や古歌は、月に比べて驚くほど貧弱である。

旧暦の七月七日は新暦では立秋を過ぎているので、一年で最も暑い頃を少し過ぎ、晴天の日が安定して続いて星もよく見える。立秋を過ぎればもう秋であり、旧暦七月は秋の初めの月であるから、七夕は初秋の祭である。平安時代以後の勅撰和歌集では、七夕の歌は秋の部の初めの方に配置されている。つまり、七夕の星空を眺めるのであれば、立秋を過ぎた頃がよいというわけである。

七夕の起原について、伝統的年中行事の解説書には概ね次のように記されている。「天から降りてくる水神に捧げるための神聖な布を、若い女性が棚づくりの

※高倉天皇中宮の平徳子に仕えた女房に、「月をこそながめなれしか星の夜の深きあはれを今宵知りぬる」（『建礼門院右京大夫集』252）という歌があり、星の美しさを発見した感動を詠んでいる。

小屋に籠もって俗世から離れて織る」とか、「棚機津女《たなばたつめ》として選ばれた女性は村の災厄を除いてもらうために、七月六日に水辺の機屋《はたや》に籠もり、神の着る布を織りつつ神の訪れを待つ。そしてその夜、女性は神の妻となり神に奉仕する。翌日七日には、神を送って村人は禊を行い、罪穢を神に托して異界へ持って行ってもらう」など、いかにも昨日見てきたように具体的な記述である。そのような記述はいったい何を根拠としているのであろうか。

民俗学者折口信夫の弟子である桜井満は、その著書『花と日本人』の中で次のように書いている。「七夕と書いてこれをタナバタと訓むことは、日本にタナバタという行事があって、中国伝来の七夕を受容したとみなければなりません。日本では古く夏と秋のゆきあいに訪れる神霊を迎えるために、清らかな渚にしかけた棚で神御衣（かむみそ）を織る乙女の生活があったのでありまして、これをタナバタといったのです。要するに棚機でありますす」。

このような説は、もとはと言えば折口信夫が『水の女』（一二「たなばたつめ」）などの著書によって提唱したもので、それに尾鰭《おひれ》が付いて「棚機津女《たなばたつめ》伝説」と呼ばれるようになった。そこには、「村から隔離された川の支流や池・湖の入り込んだ所に建てられたたな作りの家に、選ばれて神の嫁となる処女が住み、来たるべき神のために布を織りつつ神の訪れを待つ」と記されている。しかしそのような記述の根拠は全く示されず、いつ頃のことであるかも記述はない。これが定説化しているいわゆる棚機津女伝説の原点なのである。そしてこれにさらに尾鰭が

※**桜井満**（一九三三～一九九五）……日本の民俗学者、国文学者。

※**折口信夫**（一八八七～一九五三）……日本の民俗学者、国文学者、国語学者。

※**『水の女』はインターネットで「折口信夫　水の女　青空文庫」と検索すれば閲覧できる。**

付き、「日本には古くからこのような伝説があり、中国伝来の織姫《おりひめ》・牽牛《けんぎゅう》の物語とが習合して、七夕の伝説が形成された。そしてそのことは『古事記』や『日本書紀』に記されている」ということになっている。しかし『古事記』や『日本書紀』のどこを探してもそのような記述はない。

古い文献の中で女性が布を織る場面で思い当たるとすれば、天の岩戸の神話の少し前に、織女が神聖な機屋にこもって神の衣のための布を織る場面がある。また斎部広成《いんべのひろなり》が著した『古語拾遺《こごしゅうい》』（八〇七）という書物に、天の岩戸に隠れてしまった天照大神を引き出すため、高皇産霊神《たかみむすびのかみ》が八十万神《やおよろずのかみ》を集めて、多くの祭具を作らせた。その一つとして、「天棚機姫神《あめのたなばたつひめのかみ》をして神衣《かむそ》を織らしむ……」、つまり天棚機姫神《あめのたなばたひめのかみ》に神衣《かむそ》を織らせたというたった一行の記述があるだけである。ここには牽牛も天の川もなく、ただ姫神が神に捧げるために機織をしているだけである。この程度のことを根拠に、前掲の「棚機津女伝説」のような内容に話を広げてしまってよいはずはない。

中国から七夕の風習が伝えられるより早く、日本には祭祀に関わる布を織る「タナバタ」と呼ばれるものがあったのは事実であろう。また『万葉集』では「七夕」を「タナバタ」、「織女」を「タナバタ」「タナバタツメ」と訓《よ》ませている歌もあるから、「タナバタ」という特別な女性の織り手が、日本独自に存在したことは認められる。そのような素地があったからこそ、「たなばた」とは訓みようがない「七夕」という漢語に、「タナバタ」という和訓が与えられた。ここには中国

※『古語拾遺』
中臣氏《なかとみし》とともに古くから朝廷の祭祀を司ってきた斎部《いんべ》（忌部）氏が、大化改新後は中臣氏に対抗できず、正当な処遇を訴えるために書かれた。記紀には記されていない斎部氏独自の伝承が含まれており、記紀を補う貴重な書物である。

伝来の七夕伝説と日本の機織の習合を確認することができる。しかしそれ以上のこととなると全く手掛かりがない。

明治時代までは棚機津女伝説は片鱗さえも存在しなかったのに、その後、二〇世紀になってその「伝説」は突然に出現したのである。現在では「棚機津女伝説」の影響を受けていない年中行事解説書を見出すことは困難なほど、日本中に共有されてしまった。

『万葉集』には約一三〇首の七夕の歌があり、中国伝来の七夕の物語が早くから広く知られていた。ただしそれらの歌は、織女と牽牛の年に一度の出会いに自分の恋を重ね、恋の歌として詠まれたものがほとんどである。それでも「棚機津女」なるものが存在したことを示唆する歌はいくつか探し出せる。例えば、「棚機《たなばた》の五百機《いほはた》立てて　織る布の　秋去り衣　孰《たれ》（誰）か取り見む」という歌がある。

この歌は七夕に誰かに贈るために、多くの機で布を織る女性の心を詠んだものである。しかしこれで「天から降りてくる水神に捧げるための神聖な布を、若い女性が棚づくりの小屋にこもって俗世から離れて織る」とか、「棚機津女《たなばたつめ》が村の災厄を除いてもらうために、七月六日に神の訪れを待ち、神の妻となって神に奉仕する」ということにはならない。

中国の七夕物語

七夕の物語は、ほとんどが中国伝来のものである。そこでまず、古代中国の七

※『万葉集』2034

※その他には、柿本人麻呂の歌に「我がためと織女のその宿に織る白栲《しろたえ》は織りてけむかも」（『万葉集』2027）があり、「織女」を「たなばたつめ」と読んでいる。

夕に関する史料を古い順にいくつか確認してみよう。これらの史料を原典から探し出すのは大変なので、原文も載せておく。

　中国の文献には早い時期から牽牛《けんぎゅう》と織女《しょくじょ》の記述が見られる。まず紀元前九~七世紀の詩を集めた『詩経《しきょう》』という書物の「小雅」の「大東」という部分には、「跂《き》たる彼の織女、終日七襄《しちじょう》す、則七襄《すなわちしちじょう》すと雖も、報章《ほうしょう》を成さず、睆《かん》たる彼の牽牛、服箱《ふくそう》を以《もち》ひず」と記されている。意味は、「織女星は一日に七回も機《はた》に坐っても、（織女とは名前ばかりで）文様を織ることができない。牽牛星も（名前ばかりで）車を引かない」ということで、まだ物語にはなっていない。

　紀元前四~三世紀の詩文を集めた『文選《もんぜん》』という書物の「古詩十九編、第十首」には、「迢迢《ちょうちょう》（遙かに高いこと）たり牽牛星、皎皎《こうこう》（光り輝くこと）たり河漢《かかん》（天の川）の女《むすめ》、纖纖《せんせん》として素手（きゃしゃな白い手）を擢《あ》げ、札札《さつさつ》として（さっさっと音を立てながら）機杼《きじょ》（機織り具）を弄《もてあそ》ぶ、終日章《しょう》（布の文様）を成さず、泣涕《きゅうてい》（涙）零《お》つること雨の如し、河漢《かかん》（銀河）は清く且つ浅し、相去ること復《ま》た幾許《いくばく》ぞ、盈盈《えいえい》（水が満ちていること）として一水の間《へだて》、脉脉《ばくばく》（情感のこもったまなざしで見ていること）として語るを得ず」と記されている。意味は、「牽牛星と織女星は輝いているが、織女星は（牽牛星を恋しく思うあまりに）一日織っても文様ができずに涙が流れる。天の川は浅く清いけれども、二人は逢うことができず、語ることもできない」ということで、具体的な物語になりつつある。

　紀元前二世紀の『淮南子《えなんじ》』という書物の逸文には、織女が鵲《かささぎ》の橋を渡って牽牛

※『詩経』
紀元前九~七世紀の詩三〇五編を収めた中国最古の詩集。孔子が編纂《へんさん》したとされ、儒学の経典である「五経」の一つに数えられた。

※『文選』
中国の南北朝時代、南朝の梁《りょう》（五〇二~五五七）の皇族である昭明太子が編纂した詩文集。五三〇年頃に成立した。唐（六一八~九〇七）において官吏の必読書として尊重されたため、日本にも伝えられ、『白氏文集《はくしもんじゅう》』と並んで貴族の基礎的教養書となった。

※淮南子《えなんじ》
前漢の高祖の孫で淮南王であった劉安《りゅうあん》（前一七九?~前一二二）が編集させた古代中国の総合的思想書。老荘思想を中心に儒家や法家、陰陽の思想まで採り入れられている。

に会うと記されている。
六世紀の『荊楚歳時記』には、「七月七日、牽牛織女、聚会の夜と為す。……織女神は……これ天帝の外孫なりと。……七月七日、牽牛織女、天河に会すと。……織女は則ち瓜果《かか》を主《つかさど》る。……牽牛、織女を娶《めと》りしとき、天帝に二万銭を借りて礼を下す」と記されていて、「七月七日には牽牛と織女が天の川で逢う。織女は天帝の孫であり、牽牛が天帝に金を払って織女を娶《めと》った。また織女は瓜を掌る」という意味である。ここでなぜ瓜が登場するのかはわからないが、これ以後、瓜は七夕の祭の供物となり、その風習は日本でも行われる。

同じく六世紀の梁《りょう》という国の殷芸《いんうん》が著した『小説』という書物には、「天河の東に織女有り、天帝の女《むすめ》なり。年々机杼《きひ》（横糸を通す機織具）を労役し、云《うん》（雲）錦《きん》の天衣を織り成す。天帝その独居を怜《あわれ》みて、河西の牽牛郎に嫁《か》すを許す。嫁して後遂に織紉《しょくにん》（織ったり縫ったりすること）を廃すれば、天帝怒りて、河東に帰さしめ、一年一度相会ふことを許す」と記されている。これは「天の川の東に天帝の娘の織女がいて、忙しく機織りをしていた。天帝は独身であることを憐れみ、川の西の牽牛と結婚させた。しかし機織りをしなくなったので、天帝は怒って川の東に帰らせ、一年一度だけ会うことを許した」という意味であるから、ここまで来れば、もう現代に日本で知られている七夕の物語と同じである。

このような七夕の物語は、七世紀には日本に伝えられていた。『日本書紀』に記された持統《じとう》天皇五年（六九一）七月丙子《へいし》（七日）に行われた宴が、日本最初の七

※明代の『月令広義《がつりょうこうぎ》』という書物に逸文として引用されている。

夕の行事である可能性がある。ただし「七夕」という言葉が記されているわけではない。『万葉集』には柿本人麻呂が「庚辰《こうしん》の年」（六八〇年）に詠んだ七夕の歌があり、時期としては矛盾しない。そして奈良時代には宮中の行事として定着していた。

※『万葉集』２０３３……。

『万葉集』の七夕の歌と中国の七夕物語と比較すると、日本的に変化している部分も認められる。たとえば日本では織女が川を渡るのではなく、牽牛が川を渡ることになっている。これは当時の妻問婚という結婚形態を反映しているからであろう。また牽牛が鵲《かささぎ》の橋を渡るのではなく、楫《かじ》のある舟で漕ぎ渡ることになっている。この楫は、後に同じ音の梶《かじ》の葉に歌を書いて飾る風習に発展することになり、それがさらに短冊になってゆくのである。

※「天の川霧立ちわたり彦星の楫《かじ》の音聞こゆ夜のふけゆけば」（『万葉集』２０４４）…。

こうして見ると、今日われわれが知っている七夕の物語はほとんどが中国伝来であり、日本由来のものは短冊を書くことなどほんのわずかなのである。日本の棚機津女伝説と習合したと説かれるが、ほとんどが中国伝来ではないか。

乞巧奠

七夕の祭は、中国では「乞巧奠《きっこうてん》」という祭として行われた。「乞巧奠」とは「巧《たくみ》になることを乞《こ》う奠《まつり》」という意味で、主に女性が裁縫や音曲の技の上達を祈願するものであった。

『荊楚歳時記』には次のように記されている。「七月七日、……是夕、人家の婦女、綵縷《さいる》（美しい糸）を結び、七孔の針を穿《うが》ち、或は金銀鍮石《ちゆうじやく》（真鍮）を以て針を為《つく》り、几筵《きえん》（台とむしろ）・酒脯《しゆほ》（酒と干肉）・瓜果《かか》を庭中に陳《なら》べ、以て巧を乞ふ。、喜子《くも》（蜘蛛）、瓜上に網することあらば、則ち以て符応ずと為す」。これは「七夕の夜、女性たちは庭に台を置いて酒や干肉や瓜を供え、針の孔《あな》に糸（おそらくは五色の糸）を通して懸け、（裁縫の技の）上達を祈る。また瓜に蜘蛛《くも》が網を張るようなことがあれば願いがかなうとした」という意味である。

　このような風習はそのまま日本にも伝えられた。日本の乞巧奠の起原についてはっきりしたことはわからないが、奈良時代中期には始まっていたであろう。

　正倉院宝物の中には、「七孔針」と呼ばれる銀・銅・鉄製の七本の長い針があり、長いものは三五㎝もある儀式用の針であるから、『荊楚歳時記』に記された乞巧奠の風習を、そのまま日本で再現したことを示すものと考えられている。

　また平安時代『知信朝臣記《とものぶあそんき》』や『雲図抄《うんずしよう》』『江家次第《ごうけしだい》』などの有職故実書によれば、清涼殿の庭に筵を敷き、高机を四脚並べて周囲に九本の燭台を配置し、蓮華・五色糸・鏡・針・干鯛・薄鰒・枝豆・酒盃・茄子《なす》・梨・瓜・桃・箏（琴）・楸《ひさぎ》の葉・香炉など（供物は史料により多少差異がある）を供える。そして天皇は椅《い》子《し》に坐って、星空を御覧になり、管弦・詩歌の遊びが行われることになっている。

　また平安時代の和歌集には、衣や五色の糸を供えたり、音曲の上達を祈って琴を供えたことを示す歌が詠まれている。「世をうみて　我がかす糸は　七夕の涙の玉の　緒とやなるらん」という歌は、「世をはかなんで、私が紡いで七夕に

※高知県立図書館蔵『雲図抄』……51

※奈良県大和文華館蔵『江家次第』470〜……

※『拾遺和歌集』1087……

供える糸は、織女の涙の玉を貫く緒（糸）になるのだろうか」という意味で、糸を供える風習があったことがわかる。「七夕の　逢ふ夜の庭に　置く琴の　あたりにひくは　蜘蛛《ささがに》の糸」という歌は、七夕の夜の庭に琴を供え、蜘蛛《くも》が網を懸けることを期待する様子が詠んだものであるが、これは一種の蜘蛛占で、恋の成就を占ったものであろう。

乞巧奠では梶の葉に歌を書く風習があった。『後拾遺和歌集』に「天の川　門《と》渡る舟の　かぢの葉に　思ふことをも　書き付くるかな」という歌がある。「牽牛が渡る舟の楫《かじ》ではないが、梶の葉に思うことをいろいろ書いた」という意味である。『新古今和歌集』にも「七夕の　門渡る舟の　かぢの葉に　いく秋書きつ露の玉章《たまずさ》」という歌があるが、これは「もう何年も玉章（手紙）を書いたことであろう」という意味で、長い間かなわぬ恋を嘆いている歌である。梶の葉の表面にはこわい毛がびっしりと生えている。大きい葉は二〇cm以上あり、筆で歌を書くことができる。梶が選ばれているのは、天の川を漕ぎ渡る舟の楫《かじ》からの連想である。

また梶の葉に歌を書く際に、里芋の葉の露で墨をする風習もあった。平安時代末期の『建礼門院右京大夫《うきょうのだいぶ》集』という歌集に、「おしなべて　草村ごとに　置く露の　芋の葉しもの　今日にあふらむ」という歌がある。これだけでは七夕の歌とはわからないが、前後を七夕の歌で挟まれているのでそれとわかる。平安時代の和歌には、七夕の夜の雨や露を牽牛が天の川を渡る舟の楫の雫《しずく》や、織女の涙に

※『六百番歌合』324……。

※『後拾遺和歌集』白河天皇の命による第四番目の勅撰和歌集。撰者は藤原通《みち》俊《とし》。成立は一一世紀末。総歌数一二二〇首。一条天皇以後の摂関政治全盛期、和泉式部《いずみしきぶ》ら女流歌人の華麗で叙情的な歌が多い。……。

※『新古今和歌集』後鳥羽上皇の命による第八番目の勅撰和歌集。撰者は源《みなもとの》通具《みちとも》、藤原家隆《ふじわらのいえたか》、藤原定家《ていか》ら。成立は一三世紀初め。和歌にことさら優れていた後鳥羽上皇が直に歌を選別したという点で他の勅撰集とは異なる。……。

喩《たと》えたものがいくつもあるから、里芋の露を天の川の雫《しずく》や織女の涙と理解したのであろう。この風習は現在でも行われている。

芋の葉の露で墨をすり梶の葉に歌を書くことは、室町時代にも受け継がれている。『年中恒例記』という室町幕府の年中行事を記録した書物には、「七月七日、……梶葉に七夕の歌を七首あそばさるる也。……御硯水には、いも（芋）の葉の露を、そのまま葉にて包て、御硯水入の上に置申也。また御硯のふた（蓋）をあをのくて（あおのけて）、梶葉七枚、梶皮、そふめん（素麺）等を入て、梶葉に歌をあそばされて後、梶皮そふめんにて竹に付て、御やね（屋根）へあげらるる也」と記されている。将軍が七夕には里芋の葉の露で墨をすり、七枚の梶の葉に七首の七夕の歌を書き、素麺と共に梶の木の皮で竹に結び付け、屋根の上にあげるというのである。屋根に上げるというのは、七夕の二星《じせい》に供えるということであろう。ほぼ同じことが江戸時代の後水尾上皇が著した『後水尾院当時年中行事』にも記されていて、京都の公家や宮中に伝えられた風習であろう。

また七夕の夜には牽牛星と織女星の二星《じせい》が相逢《あいあ》うものとされ、その夜盥《たらい》に水をはって星影を水面に映して見る風習があった。宇多《うだ》天皇の中宮藤原温子《おんし》に仕えた伊勢の家集である『伊勢集』には、「七月七日、たらひ（盥）にかけ（影）見る所」という前書の添えられた歌があるから、九世紀末にはそのような風習を確認できる。

藤原定家の子孫である京都の冷泉家では、現在も古式ゆかしく七夕の祭が行わ

※梶《かじ》は和紙の原料にもなり、その樹皮は丈夫で紐のように縛ることができる。……。

※国会『年中恒例記』31……。

※この風習を詠んだ歌は『新古今和歌集』の316番歌や『建礼門院右京大夫集』278番歌にもあり、江戸時代の絵画史料も残っている。……。

れていて、「星の座」と呼ばれる祭壇には、琴・琵琶・五色の布と糸・秋の七草・各種の瓜などが供えられ、星影を見る角盥《つのだらい》も置かれている。果たして本当に水に星影が映るものか試してみたが、明るい星なら確かに映る。

飾竹の起原

七夕の飾に竹が用いられることについては、様々な理由があげられているが、一つとして文献史料の根拠を示しているものがない。そもそも七夕は中国伝来の風習であり、七夕の竹も中国に起原がある。それは『和漢朗詠集《わかんろうえいしゅう》』（一〇一三頃）に収められた白居易《はっきょい》（白楽天《はくらくてん》）の詩にも詠まれている。「憶《おも》ひ得たり、少年にして長く乞巧《きっこう》せしことを。竹竿の頭上に願糸多し」という詩句があり、「少年の頃の乞巧奠で、七夕の竹竿の上に願をかけた糸がたくさん懸けられていたことを思い出す」という意味である。

白居易は九世紀前半の唐の詩人で、その頃の唐では乞巧奠において、若者が技芸の上達を願って竹竿の上の方にたくさんの糸を懸ける風習があった。「願の糸」は技芸の上達のために、織女や機織に縁のある物として供えられたのであろう。白居易の詩は当時の日本の文化人なら誰もが諳《そら》んじていたから、七夕に願の糸を懸けた竹を立てるということは、よく知られていたはずである。

そのような風習は中世の日本にも伝えられた。『太平記』には、「七月七日、今夜は牽牛・織女の二星《じせい》、烏鵲《うじゃく》の橋を渡して、一年の懐抱を解く夜なれば、宮人《きゅうにん》の

※『太平記』巻一、資朝俊基関東下向の事 …。

風俗、竹竿に願の糸を懸け、庭前に嘉菓《かか》（縁起のよい果実、この場合は瓜）を連ねて乞巧奠を修する夜なれども……」と記されていて、白居易の漢詩そのままに、鎌倉時代末期から室町時代でも竹竿に願の糸を飾る風習が行われていたことがわかる。「嘉菓《かか》」とはおそらく瓜であろうが、それを供えることは、『荊楚歳時記』そのままである。室町時代の有職故実書である『公事根源』には、「乞巧奠　七日……笹の葉に五色の絲をかけて一事を祈るに、三年の内に必叶《かなう》といへり」と記され、「願の糸」はそのまま受け継がれている。

※国会『公事根源』91…………。

七夕飾

梶《かじ》の葉に歌を書く風習はその後も受け継がれ、江戸時代には、梶や桐などの形の大きな木の葉や、その形に切り抜いた紙に歌などを書く、「梶の葉」という子供の行事に変化して行われていた。そしてさらに寺子屋で手習いの上達を願う子供の行事として、短冊を書くことも行われるようになった。

『嬉遊笑覧』（一八三〇）には「江戸にて近ごろ文政二、三年の頃より、七夕の短冊付くる篠に、種々の物を色紙にて張りてつるす。其頃はなべてせしにはあらざりし。只浜町辺の町家などにて見しが、今は大かた江戸の内、せぬ所もなきやうなり」と記されているから、文化文政年間に江戸で始まった風習のようである。ただし梶の葉に歌を書く風習が平安時代に始まっていることは、既に確認した通りである。

※国会『嬉遊笑覧』下98左…………。

また『東都歳事記』（一八三八）には「六日　今朝未明より毎家屋上に短冊竹を立る事繁く、市中には工を尽して色々の作り物をこしらへ、竹とともに高く出して、人の見ものとする事、近世のならはしなり」とも記されている。同じく『五節供稚童講釈』（一八三三）には、「歌が詠めぬゆゑ、七夕の古歌を書くはよけれども、いろはにほへと、天の川、七夕様、御ぞんじより、花鳥風月、こんやはたんとおしげんなんし、などと短冊へ書いて上げるは、七夕様さぞかしお笑ひなさるべし」などと、まだ幼い子供達の微笑《ほほえ》ましい姿が記されている。このように短冊や種々の飾りをつるした竹を立てる風習は、天保年間には広く行われるようになったことを確認できる。

前日の六日には手習いの上達を祈願して、川の水で「硯洗《すずりあらい》」や「机洗《つくえあらい》」が行われていた。これは天神信仰の風習で、寺子屋では学問の神として天神が祭られることが多かったことによる。ただしこの日に硯を洗うことは、室町幕府でも行われていたことが、『年中恒例記』によって確認できる。

飾られた青竹は星に届けとばかりに、屋根より高く掲げられた。現在の竹飾はせいぜい「軒端《のきば》にゆれる」程度の高さであるが、江戸時代の絵図を見ると、屋根よりも遙かに高く掲げられている。江戸時代の浮世絵には、竹竿の頂部には、糸の束が風に長々と靡《なび》いている様子が描かれているが、これこそ「願の糸」である。現代の七夕飾には、網の目のように切った独特の飾りがあり、江戸時代の錦絵にも描かれている。一般には大漁を祈願する網であると説明されているが、七夕の

※国会『江戸歳時記』秋冬3 ……。

※国会『五節供稚童講釈』後一・二22左上段 …。

※寺子屋で使用される一人用の机は「天神机」と呼ばれた。…。

※国会『年中恒例記』31 ……。

祭には豊漁祈願の要素は微塵もなく、その形からヒントを得た安易な想像に過ぎない。これは本来は七夕の二星に供えた「願の糸」が変化したものなのである。

『守貞謾稿』には七夕の子供たちや竹飾の様子が、詳しく記されている。それによれば、「大坂では子供達が短冊や色紙に歌を書いて、寺子屋の師匠の家に持ち寄り、青竹に結び付けて一日楽しく遊ぶ。江戸ではどの家でも竹飾を屋上高く立てる。短冊の他には、鬼灯《ほおずき》・切った西瓜・帳面・筆・瓢箪《ひょうたん》・梶の葉・くくり猿などの形に切った飾りを結び付ける」という。切った西瓜を模した飾りは現在でもよく見かけるが、これは乞巧奠では瓜が供えられていたことの名残かもしれない。また、江戸では雛祭と同様に盛んなことについて、「市中の婦女、多く大名に奉公せし者どもにて、とかく大名奥の真似をなし、女に係る式は盛んになるなり」と記されている。

天保五年の『馬琴日記』には、「六日……七夕短冊竹、太郎・おミち染筆《せんぴつ》（筆で字を書くこと）、俗習にまかせこれを出す。竹二本、いろ紙・白紙とも九枚也。紙ハ色紙・短冊にこれを裁《き》る。例の如し」と記され、七夕飾を家庭で作る様子が活写されている。また「悪筆の　やたら流れる　八日過ぎ」という川柳があり、七夕の翌日には短冊を川に流す風習があったことがわかる。このように子供達には楽しい七夕の行事であったが、明治時代には七夕の竹飾はすっかり廃れ、『風俗画報』一五九号（一八九八）には、「今はこのこと殆どなし」と記されている。

笹飾ではないが、七夕には古くから着物を飾る風習があった。井原西鶴の『好

※国会『守貞謾稿』二七19・20……。

※『誹風柳多留』二三41……。

※『好色五人女』15……。

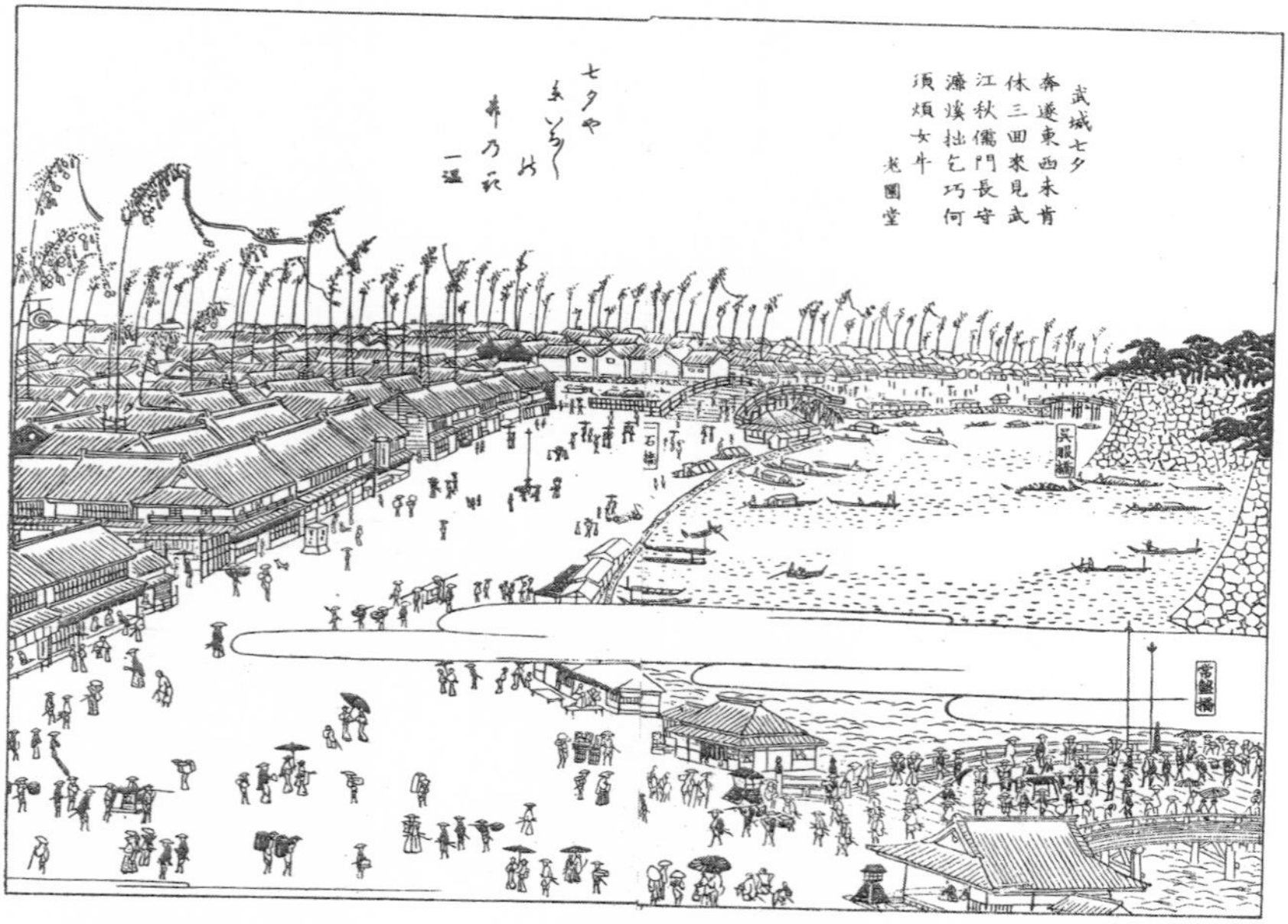

江戸時代の七夕飾　上は『東都歳事記』に掲載された図で、江戸の常盤橋・呉服橋（現在の大手町・東京駅付近）近辺の市街の様子。おびただしい数の竹竿が各民家の屋根よりも遙かに高く掲げられている。右は『江戸府内絵本風俗往来』の図で、竹竿には、短冊のほか西瓜や筆の絵、「大福帳」と書かれた飾り物や枡・五色の糸（紙紐？）などがたくさんが結びつけられている。

「梶の葉」 寺子屋の師匠や子供達が、梶の葉をたくさん飾った七夕飾を担いで行く場面が活き活きと描かれている。子供たちが提灯を持っているので、7日夜の場面であろう。(『拾遺都名所図会』)

色五人女』巻二「情《なさけ》を入れし樽屋物かたり」の第一話「恋に泣輪《なきわ》の井《い》戸替《どかえ》」には、七夕の日、「織女に小袖を貸す」と称して、まだ袖を通していない新しい着物を供え、歌を書いた梶の葉と瓜や枝柿を飾る場面がある。『長崎歳時記』にも「七月……六日、七夕の待夜《たいや》とて、家々青黄赤白の紙を以て短冊または式紙を造りて詩歌を書

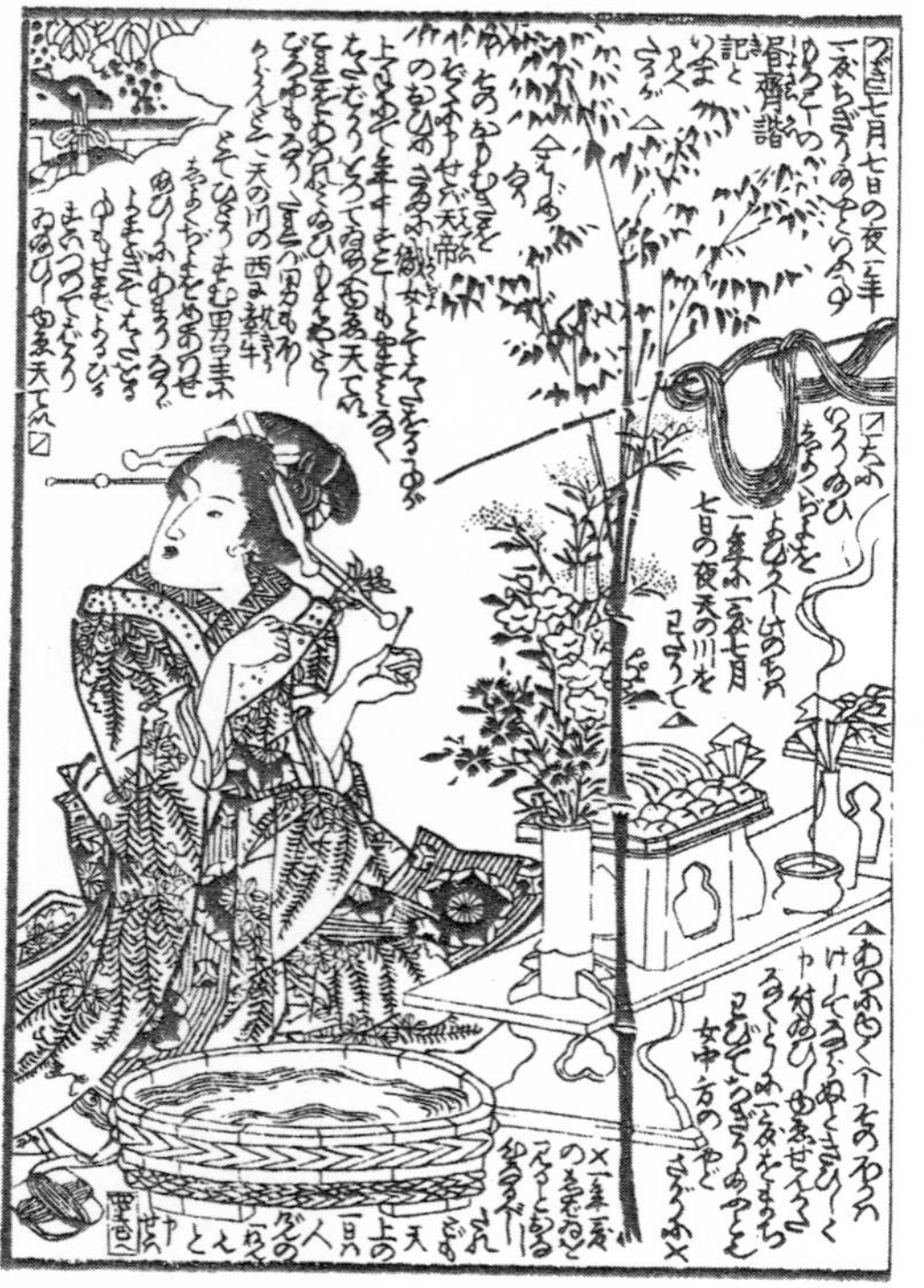

七夕と井戸浚え　上図では七夕前日の６日に子供が机や硯を洗い、芋の葉の露で墨をすって短冊を書いている。もとは京都の風習であったが、江戸にも伝えられた。また、７日には「井《い》替《が》え」「井戸浚《さら》え」と称して、井戸の中を掃除する風習も行われていた。室町時代の『多聞院日記』にも記述がある。下図では、机の左右に竹を立てて五色の糸を掛け、机の上には、香・花・菓子・果物などを供えている。また、星影を映して見る盥《たらい》が用意されている。針と糸を持っているが、針の孔にうまく糸が通ったら願い事が叶うとされたためである。（いずれも『五節供稚童講釈』）

き、女児は右の紙にて衣服を縫い、竹竿にくくり付けて押し立る。また夜に至りては机子《つくえ》に鏡餅・素麺・西瓜などを供《くう》し、燈《ともしび》を点して乞巧奠とす」と記されている。また信州松本には、家と家の間に縄を張って、木製の小さな人形に紙の衣を着せ、いくつも連ねてつるす風習があり、菅江真澄《すがえますみ》の旅行記である『来目路《くめじ》の橋』に記録されている。

七夕に着物を供える風習の起原は大変に古いもので、平安時代まで遡る。花山《かざん》上皇が出家した際の歌に、「七夕に　衣もぬぎて　かすべきに　ゆゆしとや見む　墨染の袖」という歌があるが、僧の衣では七夕には供えることができない、という意味である。その他には、自分で紡いだ糸を七夕に供える歌もあるが、七夕に糸や衣を供えるのは、織女が機織を掌るからである。

素　麺

七夕の行事食は素麺《そうめん》ということになっていて、江戸時代初期には庶民が互いに贈り合う風習があった。『日次紀事』には「七夕……家々索麺《そうめん》を喫し又互に相贈る」と記されている。川柳にも「色紙の　序《つい》でに素麺　買ひにやり」、「素麺の　邪魔して洗ふ　硯石」と詠まれている。

素麺の起原については、食物史事典などに、「小麦粉を練って縄状にしたものを油で揚げた、奈良時代に『索餅《さくべい》』と呼ばれた唐菓子が、鎌倉時代に現在の素麺に変化した」と説明され、ほとんど定説となっている。しかし干して作る素麺と

※国会『菅江真澄集第四』254……。

※『詞花和歌集』85……。

※『拾遺和歌集』1087「世をうみて　我がかす糸は　たなばたの　涙の玉の　緒《お》とやなるらん」……。

※国会『日次紀事』六月八月30左……。

※『誹風柳多留』二五8……。

※『誹風柳多留』三十32……。

油で揚げた菓子ではあまりにも形状や製法が異なるので、私はかねてからこれに疑問を懐いていた。

大学生時代、卒業論文のために『延喜式』という律令の施行細則集を精読した経験がある。その巻三三「大膳下」には索餅（素麺）の原材料や調理器具が記されており、そこから判断して、通説には納得ができなかった。『延喜式』というものは、そこまで細かく規定するのかと呆れるほどに、何事にも細大漏らさず列記するところに特徴がある。索餅を作るための材料や調理器具が細かく記されているのであるが、油で揚げた形跡は全くなく、茹《ゆ》でて食べるつるつるした麺類であることは明らかである。もし油で揚げるとしたら、材料には必ず油も記されていなければならない。『延喜式』とはそれほど詳細なことまで規定されているものなのである。

小林尚人氏の「不可解な『索餅』の生い立ち」という論文の、驚くほどに精密な考証によれば、『御湯殿上日記《おゆどののうえのにっき》』の江戸時代初期の記述に、天皇の食事の献立が記録されているのであるが、その中に索餅と素麺（史料では女房詞で「そろ」）が併記されているそうである。つまり索餅が素麺に変化したとする通説は成り立たないことになる。そもそも現在の通説は江戸時代の学者の説を根拠としたものであるが、いずれも推定しているだけで説得力がない。小林氏の考証によれば、江戸時代の索餅《さくべい》は油で揚げた縄状の菓子であり、奈良時代のつるつるした麺類の索餅が江戸時代の油で揚げた菓子である索餅と呼称が同じ事から混同され、索餅と

※国会『延喜式』校訂下175……。

※小林氏の精密な考証（「不可解な『索餅』の生い立ち」江戸ソバリエ・ルシック　小林尚人）はインターネットで閲覧できるので、関心があれば御覧下いただきたい。ここに敬意を表しつつ紹介する。……。

いう唐の菓子が現在の素麺の起原であるという説が生まれてしまったということである。

七夕に素麺を食べる由来について、室町時代の『公事根源』に次のような中国の故事が紹介されている。「昔高辛《こうしん》氏（古代中国の伝説上の五聖君の一人）の小子（幼い子）七月七日に死たり。その霊鬼となりて、人に瘧病《ぎゃくびょう》（熱病）をいたす。その存日（生前）に麦餅を好みしが故に、けふ索餅をもて是をまつれば、年中の瘧病を除くといへり」。同じ話は鎌倉時代の『年中行事秘抄』にも記されていて、よく知られていた。

※国会『公事根源』89・90…………。
※国会『年中行事秘抄』71右）……。
※国会『年中恒例記』31…………。
※国会『多聞院日記』一154…。

七夕に素麺を供えたり食べたりすることは、『年中恒例記』という室町幕府の年中行事を記録した書物や、前掲の『多聞院日記』、江戸時代の後水尾上皇が著した『後水尾院当時年中行事』にも記されている。そして江戸時代には、公家・武家・僧侶のこのような風習が庶民にも広まった。素麺は盂蘭盆の行事食ともなっているが、それは本来は七夕の行事食であったものが、七日の七夕と一五日の盂蘭盆が近接しているため、盂蘭盆にも供えられるようになったのである。

『馬琴日記』の天保五年七月六・七日には、素麺・室鯵《むろあじ》の干物・真桑瓜《まくわうり》・赤飯の記述がある。室鯵の干物は中元の刺鯖《さしさば》の代わりであろう。真桑瓜については、乞巧奠には瓜を供えることになっていることを、『俳諧歳時記』の著者である馬琴が知らないはずはない。日記には真桑瓜をきりぎりすの餌にもしたことまで記されていて面白い。馬琴の家では、赤飯は他の節供にも必ず食膳に供えられている。

六　重陽の節供

影の薄い重陽の節供

九月九日の節供は最大の陽の数、つまり最大の奇数である九が重なることから「重陽《ちょうよう》の節供」と呼ばれた。そして中国語では「九九《きゅうきゅう》」は「久久」に、また「重《ちょう》九《きゅう》」が「長久」に音が通じることから、月と日の数が同じ重日の中でも特に重視されていた。

しかし現在一般に行われている五節供の中で、重陽の節供はすっかり影が薄くなっている。古くは「菊の節供」とも呼ばれたが、新暦の九月九日にはまだ菊は咲いていない。店頭には一年中菊の花は並んでいるが、葬儀用の花という印象が強い。また子供が喜ぶ行事もなく、これといった行事食も伝えられていない。『東京年中行事』（一九一一）には、「今は余りに重きを置かれて居らぬものである。……粟飯を作って食する位《くらい》が広く行はれて居るだけである」と記されているから、明治の頃から廃《すた》れたままである。

※国会『東京年中行事』下143…。

重陽の節供について『荊楚歳時記』には、「九月九日、四民並びに野に籍《ふ》みて飲宴す。……『杜公瞻《とこうせん》』を按ずるに云ふ。……茱萸《しゅゆ》を佩《お》び、餌《じ》を食《くら》ひ、菊花の酒を飲まば、人をして長寿ならしむと云ふ」と記されている。「九月九日に人々は野山に出て飲食をする。また茱萸《しゆゆ》の実を身に付け、菊花の酒を飲めば、長寿を得られる」というのである。茱萸は「ぐみ」とも訓むため、一般に赤く小さな実の成る果樹と誤解されがちだが、ここでいう茱萸は蜜柑の仲間の呉茱萸《ごしゆゆ》と呼ばれるもので、和名はカワハジカミという。その実には芳香があり、解熱、鎮痛、消毒、頭痛、強心など、幅広く薬効があるとされている。不老長寿の仙薬といったところであろう。

平安時代には端午の節供に柱に懸けた薬玉を、重陽の節供で茱萸嚢《しゆゆのう》と取り替える風習があった。いかにも見てきたかのようであるが、残念ながら私はまだ茱萸の実物を見たことがない。

九月九日に邪気を祓う風習がいつから日本でも行われるようになったか、はっきりしたことはわからない。天武天皇一四年（六八五）に重陽の節会が設けられた記録はあるが、翌年の九月九日に天皇が崩御したため、奈良時代には節日から除かれ、『養老令』にも節日として記されていない。また当時日本には菊がまだ伝えられていないから、菊酒を飲むということはなかったはずである。実質的な菊の節供としての重陽の節会の起原は、菊が伝えられた八世紀末以降と見てよいであろう。

※国会『令義解』一一39 ……。

菊の節供

平安時代以後の重陽の節会の確実な記録は、平城《へいぜい》天皇の大同《だいどう》二年（八〇七）に、神泉苑で催されたことが、『類聚国史《るいじゅうこくし》』巻七四「歳時」に見える。また『日本後紀』弘仁《こうにん》三年（八一二）九月九日には、嵯峨《さが》天皇が神泉苑に行幸して、文人に命じて詩を詠ませたことが記されている。

嵯峨天皇は空海《くうかい》と並んで唐風書道や漢詩に優れていたから、当時としてはまだ珍しかった唐伝来の菊の花を愛でながら、観菊の宴を催したということであろう。しかし天皇が出御《しゅつぎょ》する重陽の節会はその後行われなくなり、出御しない「平座《ひらざ》」と呼ばれる形で行われるようになった。他の節会に比べて、あまり重視されていなかったようである。後醍醐《ごだいご》天皇の『建武年中行事』にも「重陽の宴はたえて久しければ……」と記されている。

菊の花は皇室の御紋章とされるほど日本を代表する花であるが、不思議なことに『古事記』『日本書紀』『万葉集』には全く見当たらず、奈良時代に編纂された日本最初の漢詩集『懐風藻《かいふうそう》』に初めて現れる。もっともそれすら実際に菊を見て詠んだか疑問は残る。唐の文人趣味を真似て詠んだ可能性も強いからである。しかし八世紀末までには唐から伝えられたことは間違いない。

また和歌集である『万葉集』には菊の歌が一首もないにもかかわらず、漢詩集である『懐風藻』には数首詩があることも、そのことを示唆している。

そもそも「きく」という訓《よ》み方は音読みである。それは、水を掌《てのひら》ですくうことを意味する「掬水」という言葉は、「きくすい」と音で訓むことでも理解できるであろう。「きく」が音読みであること自体が、菊が中国伝来の植物であること

※国会「国史大系」『類聚国史』278：。

※国会『建武年中行事註解』124：。

※菊紋が皇室の紋章となったのは、後鳥羽《ごとば》上皇が特に菊を愛で、衣・輿《こし》・刀剣など身のまわりの物にその意匠を用いたことに始まる。承久《じょうきゅう》の乱（一二二一年）で佐渡に流された順徳上皇が、配所に咲く秋の野菊に父の後鳥羽上皇を偲び、「都忘れ」と名づけた逸話が『真野山陵記』に記されている。：。

を示している。

七世紀の唐の百科全書とも言うべき『芸文類聚《げいもんるいじゅう》』という書物には、『風俗通』という書物を引用して、菊が長寿に関わる花であることが次のように記されている。「南陽の酈《り》県に甘谷《かんこく》あり、谷水甘美《かんび》なり。云ふ。其山上大いに菊あり。水は山上より流れ下り、その滋液《じえき》を得。谷中、三十余家あり。また井を穿《うが》たず、悉《ことごと》く此水を飲む。上寿は百二三十、中は百余、下は七八十なり。これを大夭《だいよう》（若死）と名づく。菊華は身を軽くし気を益すが故なり」。「菊からしたたる谷川の水（菊水）を飲むある村の人々がみな長寿で、七〇・八〇歳ではまだまだ若く、一二〇・一三〇歳で漸く長生きである」というのである。四〇歳で長寿の祝をした頃の話であるから、あり得ないほどの長寿ということになる。この『芸文類聚』は、唐文化に憧れた文人官僚や貴族が座右に置いて重宝した書物であったから、そのままそれが日本人の菊の理解となった。平安時代の和歌には、菊を髪に挿したり菊酒を飲んだりして、長寿を祈る歌がたくさんある。

菊が長寿のシンボルであったことを示す歌もたくさん伝えられている。「露ながら　折りてかざさむ　菊の花　老いせぬ秋の　久しかるべく」「露ながら」は、「露の置いたまま」という意味で、菊水を飲むと長生きできるという『芸文類聚』の記事を踏まえている。

「行く末の　秋を重ねて　九重に　千代までめぐれ　菊の盃」

※『芸文類聚』巻81、薬香草部……。

※清酒の名前には「菊」の文字を含むものがたくさんあり、菊正宗・菊水・菊露・喜久水・白菊・菊の里など探せばいくらでも見つかる。これらの命名の発想は、この菊酒が長寿に関わる縁起のよい花という理解によっている。…。

※『古今和歌集』270……。

※『続千載和歌集』566……。

この歌は宮中での菊の宴で菊の花を浮かべた菊の盃を詠んだもので、「九重」とは宮中のことであるが、ここでは同時に重陽をも意味していて、なかなか凝った歌になっている。

菊の被綿

重陽の節供では「菊の被綿《きせわた》」（着綿）という面白い風習が行われた。前日の八日に菊の花に綿を被《かぶ》せ、翌朝に露で湿ったその綿をとって身体を拭《ぬぐ》い長寿を祈念するのである。『枕草子』の八段には、九日の夜明けの雨で濡れた菊の被綿が、香に染まっている様子が記されている。また他に『紫式部日記』『弁内侍日記《べんのないしにっき》』にも菊の被綿の記事がある。

室町幕府の年中行事の記録である『年中恒例記』には、「九月八日……今夜菊に五色のわたをきせらるる也」と記されている。また一七世紀の『後水尾院当時年中行事』には、被綿の色やその載せ方などが細かく記され、白菊には黄色の綿、黄色の菊には赤い綿、赤い菊には白い綿で覆うこと。さらに花を覆った真綿の中心に、小さく丸めた綿を少し乗せて蘂《しべ》とすると記されている。江戸時代中期の有職故実書である『貞丈雑記』には、赤・黄・白色の菊にはそれぞれ同じ色の綿を被せると記されている。最近では全国各地の神社などで、菊の被綿の行事が復活されている。

綿を被《き》せることについて、「霜除けの綿」と説明されることがある。確かに『貞

※木綿の綿が朝鮮から日本に伝えられるのは室町時代のことであるから、この綿はもちろん真綿のこと。当時「綿」といえばこの真綿しかなかったのに、後に木になる綿、つまり木綿が伝えられたため、こちらが本当の綿であるとして「真綿」と呼んで区別している。……。

※『弁内侍日記』寛元四年九月八日……。

※国会『年中恒例記』34……。

※国会『後水尾院当時年中行事』39……。

※国会『貞丈雑記』一下23右……。

丈雑記』には綿を被せるのは「霜をいとふ心なり」と記されている。しかし私の手許には菊の古歌の資料が数え切れない程あるが、菊と霜はかえって相性が良い取り合わせと見られていたくらいで、古くは菊にとって霜は忌むべきものという理解はなかった。現代人は霜に焼けて赤紫に色付いた菊を枯れ行く姿としか見ないであろうが、平安時代には風情あるものと理解されていたのである。

重陽の節供の風習

現在の菊の節供には、せいぜい菊の花を生けるくらいのもので、被綿の他には何か特別な行事や行事食はない。しかし江戸時代の各種の歳時記によれば、九月九日には菊酒を飲み、栗を食べたり贈答する風習があり、「栗の節句」とも呼ばれていた。『華実年浪草』には、「菊の節句、栗の節句……地下《ぢげ》（庶民）良賤親戚朋友互に栗を贈り菊花酒を飲む。故に或は菊の節句といひ、或は栗の節句といふ」と記されている。『浪花の風』（一八五六～六三頃）という随筆には、栗・柿・葡《ぶ》萄《どう》・松茸の煮物や鱧《はも》を食べると記されている。『俳諧歳時記栞草』にも同様の記述がある。

また今ではほとんど見ることはないが、この日には「後《のち》の雛」と称して雛人形を飾る風習があった。『守貞謾稿』には「九月九日を重陽の節と云ふ。……大坂にては、今日も女子等、雛を祭る者あり。しかれども必ずとせず。また上巳のごとくにはあらず。調度など略して飾らず。夫婦雛のみを祭り、あるひはわづかに

※「色変はる秋の菊をば一年《ひととせ》に再びにほふ花とこそ見れ」（『古今和歌集』278）……。

※国会『華実年浪草』秋四8・9……。

※前掲の『年中恒例記』には、菊の被綿の記述に続いて、九日には菊酒を飲み、焼栗を九個入れた粥を食べると記されている。栗を食べるのは、「重九」「栗」に「く」の音が共通するかもしれない。……。

※国会『俳諧歳時記栞草』212菊の節句……。

※国会『守貞謾稿』二七33右……。

「後の雛」　夫婦雛一対のほかに、秋草が飾られ、菊花の形の菓子が供えられている。天和の頃まで行われていたが、いつの間にか廃れたという。(『五節供稚童講釈』)

調度を出すのみ。京都にもかくのごときか。江戸は更にこの行なし」と記されている。後の雛について『骨董集』には、「古い文献には見当たらず、元禄年間以後のことであろう」と推定されている。

今さらどうにもならないが、旧暦の重陽の節供が敬老の日を兼ねていればよかったのにと思う。菊を飾り、菊酒を飲み、栗御飯を食べ、菊の被綿で拭い、菊をかたどった和菓子を食

※国会『骨董集』二35……。

べて長寿を祈るというのはどうであろうか。雛人形を飾るのもよい。しかし気になることもある。それは敬老の日には菊を贈ってはいけないとする解説が、たくさん見られることである。菊、特に白菊が葬儀によく用いられるために、高齢者に贈る花としては相応しくないという事なのであろう。しかし菊を避けるべき理由は何一つない。菊が長寿のシンボルであったことを十分に説明して、長寿を寿ぐ歌を添えて高齢者に贈ったらよい。白菊が気になるならば、色々混ぜたらよいであろう。

※「雫もて齢延ぶてふ花なれば千代の秋にぞ影はしげらむ」(『後撰和歌集』433)……。

残菊

重陽の節供以後の菊を「残菊」と呼ぶことがある。訓読すれば「のこんのきく」であり、なかなか味わい深い大和言葉である。しかし実際には旧暦の九月九日では菊の盛り前で、「重陽の節供以後の菊」という理解は、あまりに観念的過ぎる。六国史の記事を内容によって分類再編纂した『類聚国史《るいじゅうこくし》』という歴史書には、桓武天皇の延暦《えんりゃく》一六年一〇月に観菊の宴が行われたことが記されているが、これが一〇月の観菊の宴の初見である。旧暦一〇月ならば初冬であり、残菊の宴と言うことができるであろう。しかし平安末期から鎌倉初期の朝廷の年中行事について記録された『年中行事秘抄』には、「十月……残菊宴事、近来行はれず」と記されていて、これも早くから廃れてしまったようである。

※国会、国史大系『類聚国史』295左6行…。

※国会『年中行事秘抄』84……。

霜に当たっても負けずに、独り凛《りん》として咲き残る白菊を愛でる古歌があるが、唱歌『庭の千草』はそのような白菊を、伴侶と死別してもなお健気《けなげ》に生きる人に喩えて歌ったものである。しかし一般には、単なる晩秋から初冬の庭の様子を歌ったものとして、表面的にしか理解されていない。歌詞の「庭の千草も、むしのねも、……ひとりおくれて、さきにけり」を、現代の人は「遅れて」と理解するのでわからないのであるが、漢字で書くなら「後れて」が正しい。「後る」（おくる）とは、愛する者に先立たれて独り遺されてしまうことなのである。霜にも負けずに咲く菊は古来和歌や漢詩にもよく詠まれていたから、古歌に精通している人なら、「ひとりおくれてさく菊」といえば伴侶と死別した人の象徴であることは、いちいち解説しなくても理解できていた。しかし現代人は「後る」の意味を知らないため、晩秋から初冬の庭に遅くまで咲き残る菊のことと思い込んでいるのである。

※菊が霜にも負けずに咲くという理解は、文部省唱歌「野菊」にも「しも（霜）がおりてもまけないで」と歌われ、現代まで伝えられている。

III

仏事

一　彼岸

彼岸会

春分と秋分の日は「彼岸《ひがん》」と呼ばれるが、正確には春分・秋分を彼岸の中日として、その前後各三日間、合計七日間を彼岸という。「彼岸」という言葉は、本来は梵語《ぼんご》で「完全な」という意味を表す、pāramitā（漢字では「波羅蜜多《はらみた》」と音訳）を漢語に意訳した「到彼岸」（彼岸に到る）を省略した言葉である。「彼岸」という言葉そのものは「彼《か》の岸」、つまり「向こう岸」という意味で、仏教では悟りの世界、あるいは阿弥陀如来《あみだにょらい》のいる極楽浄土という意味で使われている。それに対して現世を「こちらの岸」と理解して「此岸《しがん》」と称し、彼岸と此岸は水によって隔てられていると理解しているわけである。そうであるから「彼岸にある極楽浄土に到達すること」こそが、「完全な」救いであるということになる。

この彼岸の日に行う法会、つまり彼岸会《ひがんえ》は日本独自のもので、文献上最初の彼岸会は、『日本後紀』大同元年（八〇六）三月辛巳に記されている。それによれば、桓武《かんむ》天皇が諸国の国分寺に命じて、怨霊《おんりょう》となった弟の早良《さわら》親王の供養のために、春秋各七日間、金剛般若経を読ませたと記されている。史料にはどこにも「彼岸」の文字はないが、その期日から彼岸会の初見と見られている。つまり彼岸会は怨

※阿弥陀如来像《あみだにょらいぞう》を祀る阿弥陀堂の前には、此岸とは水によって隔てられていることを表すように、池が設けられていることが多い。宇治平等院鳳凰《ほうおう》堂《どう》や浄瑠璃寺《じょうるりでら》の九体阿弥陀堂はそのよい例である。

※彼岸会は聖徳太子のときに始まったと説かれることがあるが、史料的根拠は何もない。

霊の祟りを鎮めるための法会から始まったのである。

彼岸会の変遷

ところが平安時代の後期に浄土信仰が本格的に流行するようになると、怨霊の供養ではなく、極楽往生を祈念することが目的となってくる。『浄土三部経』によれば、阿弥陀如来のいる極楽浄土は西方十万億仏土の彼方にあるとされるため、極楽往生を願う信仰においては、西という方角が決定的に重要な意味を持っている。そこで西の方角を見極めたいのであるが、手許で少し方角がずれてしまうと、遠ければ遠いほど行き着く先もずれてしまう。しかし春分・秋分の日には太陽は真東から上り真西に沈むので、沈む太陽の真中の方角が真西であることがわかる。そこで極楽往生を願う人々は、この日、西に沈む太陽を拝みながら、西方極楽浄土に思いを馳せた。要するにこの日は極楽浄土を身近に感じられる日であったので、様々な仏事が行われたのである。

王朝時代の文学にはいくつか「彼岸」の文字が見いだされる。『蜻蛉《かげろう》日記』天《てん》禄《ろく》二年二月には、「彼岸にいりぬれば、なをあるよりは精進せんとて」と記されている。『源氏物語』の「行幸」の巻には「十六日、彼岸のはじめにて、いとよき日なり」と記され、特別な良い日という認識はあっても、先祖の供養をするような信仰的風習にはまだなっていない。『更級日記』の「鏡のかげ」の巻には、「彼岸のほどにて、いみじう騒がしうおそろしきまでおぼえて」と記されていて、恐

※太陽だけでなく、西に傾く月が阿弥陀如来の象徴と理解されることがあった。出羽三山の一つである月山《がっさん》の神の本地仏が阿弥陀如来とされたのはその良い例である。

ろしく感じられるほどに参詣者で混み合う日であった。平安時代には祖先の供養は専ら盂蘭盆会に行うべきものであり、彼岸にはせいぜい参詣したり不断念仏を称えたりする程度であったらしい。

中世には、写経をしたり祖先の追善供養が行われるようにはなるが、墓参をする日という理解はまだ共有されていない。中世の公家の日記には、「彼岸中日」とか「精進」「写経」「法談」などという言葉は散見するが、これといった行事は見当たらない。

江戸時代になると、史料も増えて、少しずつ具体的な様子が明らかになってくる。安永九年（一七八〇）の『閭里《りょり》歳時記』（『民間風俗年中行事』所収）に「彼岸の七日間、祖先を祭、墳墓を拝し」と記されているように、墓参をする風習も一部には見られるが、まだ広く共有はされていない。『日次紀事』（一六七六）には、彼岸には諸寺院で法会が行われて庶民が参詣することや、互いに茶菓を贈り合うと記されている。『守貞謾稿』には、江戸の本願寺や大坂の四天王寺に参詣する人が多いと記されている。特に大坂の四天王寺の西門は、極楽浄土の入り口である極楽浄土東門へ通じる門であると信じられていたため、彼岸には参詣者が集中した。かつては四天王寺の西門から海に沈む彼岸の夕日が直に見えたのであろうが、現在では海は見えない。それでも彼岸の夕方には、西門の彼方に沈む夕日を見ようと、今も多くの参詣者で賑わっている。『諸国風俗問状答』の越後国長岡藩の報告には、「彼岸……殊更中日には、日の入る方こそ浄土の東門に当たれり

※詳しくは奥野義雄氏の論文「中世公家・武家の祖先祭祀習俗をめぐって」を参照されたい。…。

※国会『民間風俗年中行事』124、又は125右…。

※国会『日次紀事』正月二月68右…。

※国会『守貞謾稿』二六34）左……。

※国会『諸国風俗問状答：校註』150…。

とて、老若伴ひあひて西はれたる所に出て、西を拝むこと侍り」と記されている。『俳諧歳時記栞草』（一八五一）の「墓参」の項には盂蘭盆の墓参は記されていても、彼岸のことは全く触れられていない。彼岸は、江戸時代まではあくまでも「参詣」する日であって、まだ「墓参」する日にはなっていないのである。

彼岸の墓参

彼岸に国民こぞって墓参をするようになるのは、明治一一年（一八七八）、春分・秋分の日に春季皇霊祭《こうれいさい》・秋季皇霊祭が行われるようになったことによっている。皇霊祭とは宮中祭祀の一つで、歴代の天皇・皇后や主な皇族の忌日に、それぞれに行う祭祀が連日のように続くため、春分・秋分の日の二回に一括して祭るように改めたものである。宮中でこのように春秋の彼岸に皇祖の霊を供養し、その日が祭日になったので、次第に民間でも皇霊祭にならって、本格的に祖先を供養するという風習が広まるようになった。明治時代の風俗誌や歳時記には、庶民の墓参が定着しつつある様子を確認できる。

ただし彼岸に祖先の霊をまつる風習は日本独自のもので、同じ仏教の伝わった中国や朝鮮にはない。そのため歴史的に長く中国文化の影響を受けていた沖縄では、春秋の彼岸には墓参はしなかった。その代わり中国で墓参をする風習のある清明節《せいめいせつ》（四月四日か五日）を沖縄風に「清明《しーみー》」「御清明《うーしーみー》」と呼び、この日一族が御馳走を持ち寄って楽しく墓参をする風習がある。

※太陽暦が採用された明治六年の暦を見ると、一月一日は天智《てんじ》天皇、二日は清和《せいわ》天皇、三日は崇神《すじん》天皇、四日は安寧《あんねい》天皇、五日は元明《げんめい》天皇、六日は武烈《ぶれつ》天皇という具合で、個々の命日に祭祀が行われていた。

彼岸の行事食としては、天保の頃の『五節供稚童講釈』には牡丹餅《ぼたもち》、幕末の『江戸府内絵本風俗往来』には「萩の餅・団子・五目すし・茶飯・餡《あん》かけ豆腐・精進揚」、『東京風俗志』には「団子・萩の餅・精進鮓《すし》」が記されている。また『東京年中行事』には「団子・牡丹餅（春）・萩の餅（秋）・五もく鮨《すし》」が上げられ、彼岸の菓子を特に「茶の子」と称して、知人同士で贈り合うと記されている。

※国会『五節供稚童講釈』初三・四7左…。
※国会『江戸府内絵本風俗往来』上23…。
※国会『東京風俗志』中20……。
※国会『東京年中行事』上159…。

現在では彼岸には牡丹餅・お萩を食べる風習が定着している。しかしこれは江戸時代後期に始まった風習である。江戸時代後期には彼岸に牡丹餅を贈答する風習が始まっているから、仏前に供物として牡丹餅を供えたことはあったかもしれない。江戸時代の初期には彼岸に菓子を供える風習があった。『日次紀事』には京の風習として、彼岸の最中に親戚の忌日が重なると、茶菓を供えたり互いに贈り合うことが記されている。彼岸に牡丹餅を贈答する風習は、そのようなことが背景となったのかもしれない。

※国会『日次紀事』正月二月68右…。

牡丹餅とお萩

彼岸の行事食としては、春は牡丹餅《ぼたもち》、秋はお萩というのが定番であるが、両者がどのように違うのか様々な説がある。特に季節による呼称の区別は定説になっていて、伝統的年中行事解説の全ての本にそのように説明されており、和菓子の老舗などの解説も同様である。それだけではなく、秋には収穫したばかりの柔らかい小豆を使用するので、お萩には皮も一緒につぶす粒餡《つぶあん》、春の彼岸には冬を越して皮が固くなった小豆を使用するので、牡丹餅には皮を取り除いた漉餡《こしあん》を用いる。また夏には「夜船《よふね》」、冬には「北窓《きたまど》」と呼ばれるが、それは、蒸した糯米《もちごめ》を杵《きね》で搗《つ》かないことから、それを「つき知らず」と呼び、寝ている間にいつ着いたか分からないから「夜船」、北向きの窓からは月が見えないので「月知らず」を懸けて「北窓」と呼ぶ、という説明まである。

要するに季節の花に因む呼称の使い分け、小豆の皮の固さによる餡の使い分け、大きさによる区別、夏と冬の言葉遊び的な呼称などの説があるが、根拠となる文献史料が明示されているのはせいぜい『和漢三才図会《ずえ》』くらいのものである。いったいどこまで信用できるのであろうか。

まず春の彼岸の頃には、牡丹の花は咲かない。江戸時代の歳時記では牡丹の花は例外なしに初夏のものであり、季節による呼称の使い分け説は成立しない。日本語とポルトガル語の辞書である『日葡《にっぽ》辞書』（一六〇四）には、Faguino Fana（萩の花）の見出しに続いて、「中に碾《ひ》きつぶした豆の入っている一種の小さな米の餅。これは婦人語である」と記されている。ここでは「お萩」ではなく「萩の花」であること、牡丹餅は収録されていないから、季節による使い分けはないことを確認しておこう。

元禄五年（一六九二）以後、改訂されながらも幕末まで出版され続けた『女重宝記』という女性教育書には、「女ことばつかいの事」と題して女言葉の一覧表が記されている。その中に「ぼたもちは、やわやわ共《とも》、おはぎ共《とも》」と記されてい

※NHKの番組「チコちゃんに叱られる」で、「おはぎとぼたもちの違いってなに？」と題して取りあげられたことがある。それによれば、「小さく上品に作られたものを丁寧に『お萩』、集まった人たちに振る舞うおもてなしとして大きめのサイズを用意するようになり、これを大きく華やかな牡丹の花に例えたのが「牡丹餅」と説明されていた。

※当時はハ行の音はfa fi fu fe foと発音されていたので、花はhanaではなくfanaと表記されていた。

※国会『女重宝記』五巻14左下段

る。ここでは、季節により呼称が異なるのではなく、話す人の性別により呼称が使い分けられていたことを確認できる。

江戸時代最大の食物事典である『本朝食鑑《ほんちょうしょくかん》』（一六九七）には、「母多餅《ぼたもち》」の見出しのもとに、「萩の花」とも呼ばれる理由として、「蒸赤豆《むしあずき》の泥（餡）を抹《まぶ》すは、紅紫の萩花の窠《か》（花房）を作るが如し。故に名づく」と記されている。要するに色と形状が似ていることによるのであって、季節による使い分けではない。また「隣知らず」「夜舟」という異称が紹介され、その理由として「一名隣知らず、言《いい》はこの餅搗《つ》くがごとくして搗かず。故に隣家この餅を造るを知らず。故に名づく。一名夜舟。言は暗中舟の著《つ》（着）くや著《つ》かざるやを知らず」と記されている。「隣知らず」ともいうのは、搗《つ》いたか搗かないか隣家ではわからないから、「夜舟」ともいうのは、夜眠っている間に着くので、着いたか着かないかわからないことによるというのであって、これも季節の使い分けではない。また庶民の食べ物であって、上流階級はあまり食べないことも紹介されている。

※国会『本朝食鑑』一76……。

江戸時代の大百科事典である『和漢三才図会《ずえ》』（一七一二）には、「牡丹餅」の見出しのもとに、「萩花」と書いて「はぎのはな」と訓むこと、きな粉か小豆餡をまぶすこと、「牡丹餅」や「萩花」という呼称については、「所謂《いわゆる》牡丹餅及び萩《はぎの》花《はな》は、形色を以てこれを名づく」と記され、その呼称は形状と色によるとされている。またまた隠語で「夜舟」「主《との》の連歌」ともいうと記されているが、季節の使い分けはない。

※国会『和漢三才図会』下903…。

天文・暦学者である西川如見《じょけん》が著した『町人嚢《ちょうにんふくろ》』（一七一九）という町人のための教訓書には、「現在持てはやされている料理でも、昔は賤しい物とされていたり、またその反対の物がある」として、牡丹餅を例にあげている。

それによれば「今のぼたもちと号するものは、禁中がたにては萩の花といひて、……今の世に少慇懃《いんぎん》なる客人などには、ぼたもちなどは中々恥かしくて出されぬ事におぼへたり」と記されている。

つまり牡丹餅と萩の花は同じ物であるが、萩の花は公家衆の使う言葉であり、牡丹餅は庶民の言葉であるというわけである。公家衆は「萩の花」なら食べるが、同じ物でも「ぼた餅」と呼ばれると、賤しい物だから食べないのである。これは牡丹餅の呼称について、重要なヒントを示唆している。つまり「ぼた」という言葉が本来は賤しいことを意味するものであり、それに「牡丹」という字を宛てて隠しているのである。牡丹餅が賤しい物と理解されていたことを示す史料は他にもあり、見過ごせない。

『本朝世事談綺《ほんちょうせじだんき》』（一七三四）という事物起源辞典には、「今はいやしき餅にして、杉折《すぎおり》（杉製折箱）提重《さげじゅう》（携帯用重箱）には詰がたく、晴なる客へは出しがたし。牡丹のかたちに似たるにより牡丹餅と名付く。また萩の花、かい餅ともいふ」と記されている。呼称の理由が「牡丹の形」に似ているということに注目しておこう。もちろん季節による使い分けはない。

※国会『本朝世事談綺』一21左……。

『物類稱呼《ぶつるいしょうこ》』（一七七五）という全国方言辞典には、「牡丹餅、ぼたもち、又はぎのはな、又おはぎといふは女の詞《ことば》なり……今按ずるに、ぼた餅とは、牡丹に似たるの名にして、……萩のはなは、その制煮たる小豆を粒のまま散しかけたるものなれば、萩のはなの咲みだれたるが如しとなり。よって名とす」と記されている。

牡丹餅と萩の花（お萩）は同じものであるが、「お萩」は女詞であること、そして粒の残っている餡をまぶした様子が、萩の花が乱れ咲いているように見えることによる呼称であるという。また「煮たる小豆を粒のまま」と記されているから、漉餡《こしあん》ではないことも確認できる。さらに「『夜舟』『隣しらず』『奉加帳《ほうがちょう》』ともいう」と記されているが、もちろん季節による使い分けはない。

『世事百談《せじひやくだん》』（一八四三）という随筆には、「あん（餡）をつけたる餅を、盆に盛りならべたる形の、牡丹花のごとくなれば、見たてて名をおふせしなり」と記され、盆に盛った様子が、花弁が重なって咲いている牡丹の花に似ているので牡丹餅というとしている。

天保年間から幕末に執筆された『守貞謾稿』には、前掲の『本朝世事談綺《ほんちょうせじだんき》』を引用して、はっきりと「牡丹の形に似たるにより牡丹餅と号《なづ》けり」と記されている。また同書にはさらに「今江戸にて彼岸等には、市民各互にこれを自製して近隣へ贈る」と記されていて、彼岸に牡丹餅を贈り合う風習があったとされている。この記事は、牡丹餅と彼岸が結び付く史料として大変重要である。また「牡丹餅の　精進落ちは　亥《い》ノ子《こ》にし」（宝暦十年川柳評万句合勝句刷）という川柳があり、十月亥の日に牡丹餅を食べることを詠んでいる。これは仏事に牡丹餅を食べるこ

※奉加帳とは、寺社の造営や祭礼に際して金品を寄進する人名や品目・金額を書き連ねた帳面のこと。人によって判をついたりつかなかったりする。……。

※市立函館図書館蔵『世事百談』133……。

※国会『守貞謾稿』後一40……。

※小林一茶が文化七年（一八一〇）に詠んだ「ぼた餅の来べき空也初時雨」という句がある。彼岸ではないものの、当時ぼた餅を贈答する風習が始まっていたようである。……。

とが多いので、仏事に関係ない「亥ノ子餅」は精進落ちである、という意味である。つまりこの川柳は、仏事に牡丹餅を食べる風習を前提に詠まれているのである。他に四九日に牡丹餅を食べたことを示唆する川柳もある。

『馬琴日記』には彼岸に牡丹餅の贈答をしたことが記され、秋の彼岸でもはっきりと「牡丹餅」となっている。滝沢馬琴は『俳諧歳時記』を著す程に歳時記には精通していたのであるから、彼が秋にも牡丹餅と呼んでいることは見過ごせない。

『五節供稚童講釈』（一八四六）には、彼岸に牡丹餅を作って互いに贈答することが記されている。『諸国風俗問状答』の阿波《あわ》国や和歌山からの報告にも、彼岸に牡丹餅を供えることが記されている。幕末の江戸の風俗を記録した『江戸府内絵本風俗往来』には春の彼岸の行事食として「萩の餅」を上げていて、春であるのに「萩の餅」と称している。

一〇月上亥の日には、亥《い》の子《こ》餅を食べる風習があったが、川柳に詠まれる亥の子餅は全て牡丹餅である。季節により使い分けたというなら、旧暦十月は既に冬であるから、牡丹餅では矛盾することになるではないか。

余りにも多いのでこれ以上は省略するが、このように季節に関わりなく牡丹餅と表記されている文献史料は数え切れない程ある。特に庶民生活を反映する川柳には、季節に関わりなく「牡丹餅」ばかりである。しかし上流階級が好んで使う「萩の餅」は、庶民の文学である川柳には見当たらない。

一方、数は少ないが、季節による使い分けの史料もある。『軽口《かるぐち》機《き》嫌嚢《げんぶくろ》』（一七二八）

※『馬琴日記』文政一一年八月一八日……。

※国会『五節供稚童講釈』初三・四7左……。

※国会『諸国風俗問状答：校註』293左・315左……。

※国会『江戸府内絵本風俗往来』上23……。

※『噺《はなし》』本体系第七巻所収……。

という笑話集には、「春は黄色い物を菜種・赤い物をつくし（土筆？）、夏は牡丹餅、秋は萩の花、冬は丸めるので雪礫《つぶて》、その外、妹背《いもせ》の仲（契ると千切るを掛ける）、奉加帳《ほうがちょう》、大坂では夜舟と言う」と記されている。ここでは牡丹餅・萩の花の他に、菜種・土筆・雪礫・妹背の仲・奉加帳・夜舟など、六つの隠語が紹介されている。春の黄色の餅はきな粉をかけてあるのだろう。牡丹が夏の花と理解されていることも確認できる。話の筋は、「ぼたもちを振舞たれば、客人箸とりなおし、子細らしく、このもちにはいろいろの名がある。御ぞんじか」と、物知りの客が牡丹餅を振る舞われた際に、自慢げに語ったという設定である。もともとこの書物は、その書名の如く面白可笑しい小話を集めたもので、あくまで言葉遊びとしての呼称であるから、実際に広く共有されていなかったことを、かえって証明しているようなものではないか。誰もが知っている話なら、わざわざこのような書物に紹介する必要はないからである。

　同じような話は、『和訓栞《わくんのしおり》』という江戸時代の国語辞典の「かひもちひ」の見出しのもとにも載せられている。それには「かいもちひ……一縉紳《しんしん》（身分の高い公家）の戯談に、牡丹餅は春の名なり、夜船は夏の名なり、萩の花は秋の名なり、北窓は冬の名なり。夜船は著《つ》くを知らず。北窓は月入らずとぞ。賤者は隣知らずといふ」と記されている。

※国会『倭訓栞』一141………。

　夜船というものは、眠っている間に着くので着いたのがわからない。それで「着く」と「搗《つ》く」を懸けて、半殺しの状態であることを表している。北窓は月の光が差し込まないので、「月入らず」と「搗き要らず」を懸けているわけである。しかしいかにも季節による呼称の区別が行われていたように記されているが、知識人が戯れに言葉遊びとして紹介したということは、これも逆に四季による使い分けが共有されていなかったことを証明しているようなものである。誰もが知らないことだからこそ、蘊蓄《うんちく》を傾け得意顔で解説する。誰もが知っていたら、わざわざそのような話をするわけがないではないか。

現在では四季ごとの呼称の使い分けがほぼ定説となっているが、おそらく最初に誰かがこの『倭訓栞』の記述を見て、それこそ得意顔で解説したのであろう。ただその時、知識人が戯れに言葉遊びとして語ったということは脱落し、しかも根拠となる出典を明記しなかったため、誰にも再検証・再確認されることなく、追随者がこの説を垂れ流しにしたのであろう。

また一八世紀半ばに山口幸充という神道家が著した『嘉良喜随筆《からき》』という随筆には、「さてその牡丹餅、萩の花、今通称すれども、春は牡丹餅、秋は萩の花と呼べし」と記されている。しかし、春秋の呼称を区別すべしというのは、これも逆に一般にはそうは呼ばれていなかったことを示唆している。

※『日本随筆大成』第一期21巻所収

明治時代の史料では、『風俗画報』一五九号（一八九八）には、九月一二日に日蓮宗寺院で「胡麻粉牡丹餅」を作ること、一〇月初亥の日に「ぼた餅」を作ると記されている。これに関連して鎌倉にある常栄寺という寺は、「牡丹餅寺」と呼ばれている。それは龍口《たつのくち》の刑場に護送される日蓮に、この寺の尼が胡麻入りの牡丹餅を捧げたことに因むもので、九月一二日はその法難の日である。史実かどうかはともかくとして、秋であるのに牡丹餅と呼ばれている。前後するが日蓮の法難の餅については、江戸時代の川柳にも「牡丹餅に　焙烙《ほうらく》のいる　十二日」と詠まれている。焙烙が要るのは胡麻を炒るためで、日蓮宗の九月一二日の胡麻牡丹餅は「御難の餅」と呼ばれ、江戸時代以来のものなのである。

『東京風俗志』（一八九九）には、「三月……彼岸の供養と称えて、団子、萩の餅、精進鮓《すし》など造りて仏に供え、また親戚知音《ちいん》におくる」と記されていて、春に「萩の餅」になっている。しかし『東京年中行事』（一九一一）には、「三月暦……彼岸団子または彼岸茶の子と言って、彼岸の間に団子、牡丹餅または五もく鮨などをつくって仏に供えたり、知人の間に贈り合うことは、今も盛んに行われている。……九月暦……後の彼岸……萩の餅をやりとりし……」と記され、春の彼岸には「牡丹餅」、秋の彼岸には「萩の餅」と、季節によって使い分けられている。また同書には「餅の名や　秋の彼岸は　萩にこそ」「お萩腹　秋の彼岸の　暮れかかる」という俳句が収録されているから、江戸時代最末期から明治時代の間に、季節による使い分けが始まった可能性がある。ただし使い分けられていない記述もあり、その区別はまだ曖昧である。

「餅の名や……」の句は、正岡子規が明治三四年に詠んだもので、『仰臥《ぎょうが》漫録』に収められている。それによれば、新聞「日本」の社主陸羯南《くがかつなん》から「牡丹餅」をもらって詠んだと記されている。要するに牡丹餅とお萩を区別せずに混用してい

※『誹風柳多留』二七18 ……。
※国会『東京風俗志』中20 ……。
※国会『東京年中行事』上159・下151 ……。

るのである。

　さて多くの文献史料を読み散らかしたが、そろそろまとめてみよう。江戸時代の文献史料によれば、春と秋の季節による呼称の使い分けは、言葉遊びの隠語としては存在しても、広く共有されていたと認めることはできない。牡丹餅や萩の花という呼称については、ほとんどの史料が色や形や盛付け方などの見た目によるとしていた。また「萩の花」や「萩の餅」は上流階級の言葉で、特に「お萩」は女詞《おんなことば》であるとされていた。また牡丹餅が下品な食べ物と理解されていた。また小豆餡だけではなく、きな粉をまぶす場合もあった。大きさの違いによる呼称の区別は、何一つ確認できなかった。粒餡《つぶあん》は確認できたが、漉餡《こしあん》と粒餡を季節で使い分けることは確認できない。史料の解読にだいぶ手間取ってしまったが、「春は牡丹餅、秋はお萩」という説が既に定説化しているため、くどい程の史料的裏付けをしなければ、信じてもらえそうもなかったからである。

　ただこれでもなお大きな疑問が残る。それは下品な食べ物とされた理由である。それを解くヒントは、『守貞謾稿』の「名、賤《いやし》く、製、美なるを興《きょう》とする」という表現にある。つまり見た目は上品でも、名前が賤しいというのである。そこで「ぼた餅」の「ぼた」を江戸時代の分厚い『俚言集覧』という口語辞書で調べてみると、「ぼた……物の円《まろや》かに柔らかく重き意」と記されていて、「ぼてっとしている」まさに牡丹餅の形を形容している。また牡丹餅は江戸時代には醜女の代名詞でもあった。「ぼたもちと　ぬかしたと下女　憤り」という川柳はわかりやすい。

※粉雪に対して、雪片が綿状に大きくなった雪を「ぼた雪」とか「牡丹雪」と称する。「ぼた雪」の「ぼた」に「牡丹」を当てたのではなかろうか。……。

※国会『俚言集覧』下154　……。

※『誹風柳多留』五5　……。

「ぼたもちの　くせに黄粉を　たんとつけ」という川柳は、白粉を塗りたくった醜女を詠んでいる。『日本国語大辞典』には「牡丹餅」を「顔が丸く大きく不器量な女性をあざけっていう語、牡丹餅顔、お多福」と解説されているが、小豆餡の形状から察するに、疱瘡《ほうそう》による痘痕面《あばたづら》という意味もあるのではないかと思う。

同じく「牡丹餅を　食ったで首が　まはるなり」という句は、不器量だが持参金付きの嫁と結婚して金回りがよくなったことを詠んでいる。「牡丹餅の　娘は親の　御難なり」という句はわかりやすく、説明は不要であろう。要するに女性に対する品のない差別用語であることを承知で、敢えて現代風に下品な表現をするならば、牡丹餅は「ぶす餅」といったことになるのである。

　これで漸く牡丹餅が下品な食べ物とされていたことが解明できたが、なお疑問が残る。『日本国語大辞典』で「ぼた」と検索すると、「萩の異称」と記されていて、松尾芭蕉が其角《きかく》と共に詠んだ俳諧連歌の「哀《あわれ》いかに　宮城野のぼた　吹凋《しお》るらん」という句が例として挙げられている。そうすると考えられることは、まず初めに「萩の花」あるいは「萩の餅」という名前があり、萩の異称である「ぼたの餅」が派生した。そして萩という花の名前に合わせて「ぼた」に「牡丹」を当てて「牡丹餅」という名前となった、ということである。そうだとすれば『日葡辞書』（一六〇四）に萩の花は載っていても、牡丹餅は記載されていなかったことも合点がゆく。

　最後にこの私の説を裏付ける史料を紹介しよう。前掲の『俚言集覧』という国

※宝暦四年
『川柳評万句合勝句刷』…。

※『誹風柳多留』二五　……。

※『誹風柳多留』八七12　……。

※江戸初期の俳諧集『虚栗《みなしぐり》』所収　…。

※『新古今和歌集』に収められた西行の歌「あはれいかに　草場の露の　こぼるらむ　秋風立ちぬ　宮城野の原」を本歌とする。「宮城野」は萩の名所として知られていた。…。

語辞典で「牡丹餅」と検索すると、『屠《と》龍《りよう》工《こう》随《ずい》筆《ひつ》』という書物を引用して次のように記されている。「かひ餅をほた餅（ぼた餅）といふ。牡丹餅といふ事なりと思ひしに、さにはなく、萩をほた（ぼた）といへは、直に萩餅といふ事にて、お萩の花といふと同し事なりと、上達部《かんだちめ》（上級の公家）の娘の今は老女となられしが語られし」。わかりやすく言えば、「ぼた餅は牡丹餅のことかと思ったが、そうではなく、萩のことをぼたと言うので、ぼた餅とはそのまま萩の餅のこと、つまりお萩の花と同じである。そのように公家の家出身の老女が語っていた」というのである。

　これが事実ならば、「萩の花」が「萩の餅」から「ぼた餅」となり、さらに「ぼた」に「牡丹」が当てられて「牡丹餅」となったが、「ぼた」には上品ではない意味の同音異義語があったので、上流階級では昔ながらの「萩の花」「萩の餅」と呼び、庶民は「牡丹餅」と呼んだ、ということになる。仮にこの説に誤りがあるとしても、少なくとも季節による呼称の使い分けがあったという流布説は、明治期以後に作られた誤解であるという結論はまず間違いない。

　要するに「春は牡丹餅、秋はお萩」という呼称は、せいぜい明治時代以後のものであるが、本来は季節による使い分けではなく、花の形状によるものである。また主に上流階級が「萩の花」「萩の餅」、庶民は「牡丹餅」、女性は「お萩」と呼んでいた。漉餡と粒餡の区別や大きさの違いは、全く問題とされていなかったということになる。漉餡と粒餡の区別は、明治以後に季節による呼称の区別が流

※国会『俚言集覧』下154……。

布してから、和菓子職人等が経験に基づいて言い出したことではなかろうか。

なお江戸時代には砂糖は「超貴重品であった」という説明をよく見かけるが、確かに初期はオランダからの輸入に依存していたから高価ではあった。しかし一八世紀後半には国内でも生産が始まり、今日より割高感はあるものの、中期以後は庶民でも普通に手に入れられるようになっている。決して「超貴重品」ではなかった。一八世紀後半の『貞丈雑記』には、「今は異国より砂糖多く渡る故、世に沢山なり」と記されている。

※国会『貞丈雑記』六上16 ……。

二　盂蘭盆

盂蘭盆倒懸説

彼岸と共に祖先を供養する仏事である「お盆」は、正しくは「盂蘭盆《うらぼん》」「盂蘭《うら》盆会《ぼんえ》」と称するが、いくら字面《じづら》を見てもさっぱり意味がわからない。伝統的年中行事の解説書や諸寺院・葬儀社・石材店の解説情報には、例外なしに「盂蘭盆とは古代インド語であるサンスクリット語（梵語《ぼんご》）で、『逆《さか》さまに吊《つ》るされた』という意味のullambana（烏藍婆拏《うらんばな》）という言葉に由来している」と説明されている。そして祖先を供養し、その「逆さまに吊されるような苦しみ」を除くことが、いわゆるお盆という行事の目的であるという。

しかし盂蘭盆の根拠となる『盂蘭盆経』は、西晋《せいしん》（魏《ぎ》・呉《ご》・蜀《しょく》に分裂していた中国を統一した王朝、三～四世紀）の時代にサンスクリット語から漢訳されたということになっているものの、サンスクリット語の原典が存在せず、明らかに六世紀頃に中国で撰述された偽経《ぎきょう》とされているので、「盂蘭盆」がサンスクリット語由来であるはずはない。常々そういう疑問を持っていたところ、仏教学者でインド説話文学の世界的権威である岩本裕氏が、「いかなるサンスクリット文献においても、ullambanaという言葉が使われているのを見たことはない」というのを

※**岩本裕**（一九一〇～一九八八）……。日本の仏教学者、古代インド文学者

※**『仏教説話研究四　地獄めぐりの文学』開明書院、岩本裕著**…。

※**『日本仏教語辞典』「盂蘭盆」**……。

読んで我が意を得たりと思った。他の人ならともかく、岩本裕氏がそのように言うならば、もう誰もそれを否定できない程の権威者なのである。もっとも「偽経」と言っても、「にせ物」の経典というわけではなく、主に中国で撰述された経典のことである。もともと仏教思想は、釈迦が直接説いた事だけではなく、その後長い時間をかけて積み重ねられた壮大な思想体系であるから、サンスクリット語の原典がない経典も、広義では仏教経典である。

盂蘭盆の仏事はみな『盂蘭盆経』に基づいているから、「盂蘭盆」の意味を検証するために、まずは『盂蘭盆経』を読まなければならない。国会図書館デジタルコレクション『仏説盂蘭盆経』と検索すると、すぐに読むことができる。書き下し文になっていてだいたいたいの意味は理解できるし、わずか一二〇〇字程度である。

『盂蘭盆経』にはおよそ次のような話が記されている。「釈迦の十大弟子の中で神通力一番とされている目連が、ある時、神通力によって冥界を見渡すと、亡き母が餓鬼道《がきどう》に落ちて苦しんでいると知った。餓鬼道とは、生前に強欲《ごうよく》であった者が死後に行く世界で、そこでは目の前に飲物も食物もあるのに、それを飲み食いしようとするとすぐに燃え上がってしまい、飢えと渇きに苦しむ世界である。目連は神通力によって母の前に鉢に盛った飯を出現させたが、手に取るそばから燃え上がって食べることができない。目連は苦しむ母をどうしたら救えるかと釈迦に尋ねたところ、釈迦は、『お前独りの力ではどうにもできない。十方（四方八方

※餓鬼は激しい食欲がありながらも、満たされることなく痩《や》せている。そして常に食物を求めて浅ましく振る舞うため、食欲旺盛で育ち盛りの子供は餓鬼と呼ばれた。

に上下方を加えた全方位）の衆僧の威力によらなければならない。夏の修行期間の明ける七月一五日に、盆器に盛った飲食物を十方の衆僧に捧げて供養すれば、父母だけではなく七世前の祖先まで救われるであろう』と答えた。そこで目連が釈迦の教えのままにすると、その功徳《くどく》により母親は苦しみから解放され、極楽往生を遂げた」というのである。

　お盆について解説されているほとんど全ての情報には、「逆《さか》さまに吊《つ》るされた」という意味の「ullambana」（烏藍婆拏《うらんばな》）という言葉がキーワードとなっている。しかし『盂蘭盆経』には「逆さ吊り」のことは一言も書かれていない。「盆」「盂蘭盆」はそれぞれ三回見出せるが、文脈の中ではいずれも容器として扱われていて、「逆さ吊り」につながる要素は一切見当たらない。参考までにその一例を示しておこう。「飯百味と五果をそなえ盆器に汲みそそぎ……」、「百味飲食《おんじき》を以って盂蘭盆の中に安んじ、十方自恣《じし》僧（夏の長期修行を終えた僧）に施す」と記されているが、誰がどのように読んでも食物を盛る容器であることは明々白々ではないか。

　そこで「逆さ吊り」という理解がいつから出現するのか調べてみると、七世紀前半、初唐の玄応という僧が、勅命により撰述した『一切経音義』の巻三四に、「盂蘭盆、この言は訛《なまり》なり。まさに烏藍婆拏《うらんばな》と言ふ。この訳を倒懸《とうけん》といふ」という記述にたどり着く。この「倒懸」という漢語が「逆さ吊り」に当たるわけである。しかも同書には続いてわざわざ「盆是貯食之器者此言誤也」とも記されている。

※NHKの番組「チコちゃんに叱られる!」でも「お盆の『盆』ってなに」と題して放送されたが、なんとその中では盂蘭盆経をもとに、目連の母が逆さ吊りにされている漫画アニメまで登場していた。こうなると捏造《ねつぞう》である。

つまり「盂蘭盆は食器のことという説は誤りである」という。これは裏を返せば、盂蘭盆は食器であるという理解が普通であったということになる。岩本裕氏が関わっていない仏教辞典を初めとする各種の辞典類は、みなこの「倒懸」説を採用している。

『一切経音義』は日本に伝えられ、「盂蘭盆」が「逆吊りの苦しみ」を意味する梵語であるという理解は、日本にも古くからあった。室町時代の有職故実書である『公事根源《くじこんげん》』には、「盂蘭盆は梵語なり。倒懸救器と翻訳す。倒懸はさかさまにかくると云心なり。餓鬼のくるしみを思ふに、さか様にかけられたらんが如し。救器、此《これ》餓鬼の苦を救ふ器物《うつわ》なり」と記されていて、盂蘭盆とは逆さ吊りのような餓鬼の苦しみから救い出すための器であるというのである。著者である一条兼《いちじょうかね》良《よし》は、当時「日本無双の才人」と評された大学者であるので、後世の人がそれを信じたのも無理はない。

※国会『公事根源』92……。

しかし先入観なしに『盂蘭盆経』を素直に読む限りは、盂蘭盆を「逆さ吊り」と理解するのにはどうしても無理がある。同経の末尾の結論とも言うべき最重要部分には、次の様に記されている。

「所生《しょしょう》（生んでくれた）の現在の父母《ぶも》と過去七世の父母の為に、七月十五日、仏《ぶっ》歓喜日《かんぎにち》、僧自恣《じし》の日（夏安居《げあんご》の最後の日）に於て、百味の飲食《おんじき》を以て盂蘭盆の中に安《やす》んじ、十方（あらゆる方面の）自恣の僧に施し……この仏子、孝順を修する者は、応《まさ》に念々の中に常に父母乃至《ないし》七世の父母を憶《おも》ひて、年々七月十五日に当《まさ》に孝慈を

※国会『仏説盂蘭盆経』10・11……。

以て所生《しよしよう》の父母乃至《ないし》七世の父母を憶《おも》ひ、為に盂蘭盆を作り、仏及び僧に施し、以て父母長養慈愛の恩を報ずべし」。

これは「七月一五日に、両親と七代前の祖先までを思い、多くの食物を盛った盂蘭盆を仏や僧に施し、長く養い育ててくれた父母の慈愛に報いよ」という意味である。試しにこの原文中の「盂蘭盆」を「倒懸」に置き換えて読んでみると、意味は全く通じないではないか。ここに言う「盂蘭盆」は明らかに功徳を積むための食物を盛った器としか考えられない。『荊楚歳時記』にも「鉢を以て飯を盛り」と記されていて、盂蘭盆は容器と理解されている。『盂蘭盆経』に説かれていることは要するに、七月一五日に盂蘭盆を作って仏や僧に施しをして功徳を積めば、父母も祖先も救われるということに尽きるのである。

盂蘭盆会は七月一五日を中心に行われるが、それは『盂蘭盆経』に根拠がある。僧が一定の場所に集合して、長期間にわたり集団で修行することを安居《あんご》というが、四月一五日から七月一五日までの九〇日間に及ぶ安居は「夏安居《げあんご》」と称され、特に重視された。つまり七月一五日は夏安居の最終日に当たる。九〇日間の厳しい修行を終えた僧に施しをすることが、亡くなった父母や七代前までの祖先の供養につながると理解されたため、この日に行われたわけである。

『延喜式』という一〇世紀の法令集の「大膳式」を見ると、夏安居を終えた僧に盂蘭盆会で馳走するための食材がずらりと並んでいて、まるで苦行僧の慰労会のようだ。それには、米・小麦・大豆・小豆・胡麻・大角豆《ささげ》・味噌《みそ》・酢・塩・胡麻

※国会『延喜式』校訂下173・174

油・昆布・海藻《わかめ》・海藻根《めかぶ》・漬薑（しょうがの漬物）・熟瓜・茄子《なす》・胡桃《くるみ》・青橘（青いみかん）・李《すもも》・梨・桃など、他にもたくさん並んでいる。僧に施しをすることによって、亡父母を初めとする祖先の供養をするのが盂蘭盆の本義だったのである。

『盂蘭盆経』が中国で撰述された偽経であることを傍証するように、盂蘭盆会の風習はインドにはなく、六世紀に梁《りょう》の武帝の時に始まった。「盂蘭盆会」の文献上の初見は推古天皇一四年（六〇六）であるが、『日本書紀』斉明天皇五年（六五九）七月一五日には、「秋七月……庚寅（一五日）、群臣に詔して、京内諸寺に盂蘭盆経を勧講《と》かしめて、七世の父母を報ひしむ」と記されていて、父母への報恩という本来の盂蘭盆にかなうものであり、後世の風習とは少し異なっている。

最近では「盂蘭盆」の起原について、前掲の岩本氏が説くイラン系民族であるソグド人の先祖供養の行事に求める説をよく見かけるようになった。ソグド語で霊魂を意味する「ウルヴァン」（urvan）が語源であるという。ソグド人はインドを経由しないシルクロードによる貿易で中国にも関わりが深く、お盆の風習がインドにはないことも説明できる。ただこのレベルのことになると私の手に負えない問題であり、紹介に留めておこう。

古代・中世の盂蘭盆

平安時代の文献では、『蜻蛉《かげろう》日記』や『枕草子』（二八七段）に盂蘭盆の記述がある。いずれも身近に接していた亡父母の供養に関する内容で、本来の盂蘭盆会の趣旨にかなうものとなっている。ただ『蜻蛉日記』では平仮名で「ぼに」と表記されている。また貴族の日記に、故人のために供物を盛った「瓫《ぼん》」（盆）を用意して、盂蘭盆会のために寺に送ることが記されるようになる。これは「瓫供《ぼんく》」と呼ばれた。また平安時代末期に成立した『今昔物語集』巻二四には、盂蘭盆に際して極貧の女が親の供養のために食物を供えたくてもできなかったため、衣を解いて寺に奉納した話が収められている。藤原宗忠《むねただ》（一〇六二～一一四一）の日記『中右記』には、七月一五日に盂蘭盆講が行われた記事がしばしば見うけられる。盂蘭盆会で僧侶が『盂蘭盆経』を講説したのであろう。また、諸寺に瓫供を送るだけでなく、院政期には諸寺で盂蘭盆会が行われ、貴族達もよく参加するようになったらしい。

　僧をもてなして父母を供養する盂蘭盆の様子も、中世になると少し変化してくる。鎌倉幕府の日誌風歴史書である『吾妻鏡《あずまかがみ》』には、文治《ぶんじ》二年（一一八六）と文治六年（一一九〇）に、盂蘭盆の行事として万灯会《まんどうえ》を行ったことが記されている。特に文治六年では、滅亡した平氏の為にとわざわざことわって、父母への報恩や僧の供養を越えたものとなっている。藤原定家の日記である『明月記《めいげつき》』の寛喜《かんぎ》二年（一二三〇）には、「七月一四日の夜、庶民が長い竹竿の先端に灯《とも》りを点した灯籠を提《さ》げ、それが『流星人魂』のようである」と記されていて、精霊を迎えるために火を点す風習が、民間で行われていたことがわかる。これは明らかに後の迎《むかえ》火《び》や高灯籠《たかとうろう》の起原となるものであろう。

※国会『明月記』　三116右下段

室町時代になっても、貴族が寺に供物を供える「瓫供《ぼんく》」は引き続き行われていたが、次第に僧のための供養という意味は薄れ、故人を供養するための供物に変化していった。中原師守《もろもり》という公家の日記『師守記』の暦応《りゃくおう》三年（一三四〇）七月一五日には、「今日蓮葉飯例の如し」と記されている。また、同書では、親族の墓に詣でて念仏を称えたり、墓や位牌に「水向《みずむけ》」をするなどの習俗を確認できる。

そして室町時代も半ばになると民間での盂蘭盆行事が普及し、施餓鬼《せがき》や、後に盆踊《ぼんおどり》に発展する風流《ふりゅう》踊、また生きている両親に魚を贈る「生御霊《いきみたま》」などの風習が行われ、お盆の行事も賑やかになっていった。施餓鬼とは、餓鬼道に墜《お》ちて飢えと渇きに苦しむ衆生《しゅじょう》に、供物を供えて供養する法会のことで、必ずしも七月一五日の行事とは限らなかったが、目連の逸話と内容が重複するため、盂蘭盆の行事として行われるようになったのである。

江戸時代の盂蘭盆の風習

江戸時代の盂蘭盆の様子については、多くの文献史料が残っている。細かいことは地域によって相違があったのだろうが、多くの地域に共通していると思われることについて述べてみよう。まず七月一二日の夜から一三日の朝にかけて、「盆市」とか「草市」と称して、盆供養に必要な物を売る店が立ち並んだ。盆提灯《ちょうちん》、盆灯籠《とうろう》、籬垣《ませがき》、線香、盆棚用の菰《こも》、迎火・送火用の苧殻《おがら》や焙烙《ほうろく》（土鍋のような形を

※国会『師守記』二99左……。

※詳しくは奥野義雄「中世公家の盂蘭盆習俗をめぐって」その二、を参照されたい……。

した素焼の器)、祖霊の乗物とされる茄子《なす》や胡瓜《きゅうり》、真菰馬《まこもうま》、鬼灯《ほおずき》、供物を盛る蓮の葉などが売られていた。まだ薄暗い頃からごった返し、日が昇る頃には値引きされるのが普通だった。現在では東京都中央区月島の草市が特によく知られているが、盂蘭盆の必需品を売買する目的は稀薄になっている。

盆棚(精霊棚)の設《しつらえ》については、『守貞謾稿』などを参考にすると、およそ次の様なものである。仏壇とは別に経机や小机などを置き、真菰《まこも》を編んだ敷物を敷く。そして四隅に結界を表す竹を立て、菰縄《こもなわ》を結んで囲い、その縄には鬼灯《ほおずき》をぶら下げる。棚の側面の周囲を杉の葉で覆う場合もある。棚の中央の奥には位牌を安置し、さまざまな供物や茄子《なす》の牛・胡瓜《きゅうり》の馬なども供える。また茄子や胡瓜を賽《さい》の目に刻み、洗った米を混ぜた「水の子」を供え、法要で水を精霊にふりかけるために用いるみそはぎの花を飾る。盆棚の脇には盆灯籠を置く。また素麺《そうめん》や糯米《もちごめ》を蓮の葉に包んで蒸した蓮飯(荷飯《はすめし》)を供える。地域によっては真菰《まこも》で作った「精霊馬」を飾ることもあるが、これは「七夕馬」とも呼ばれて、七夕で飾る地域もある。素麺は本来は七夕の行事食であるが、盆棚に供えたりお盆に食べる風習がある。七月七日の七夕とお盆が接近しているため、それぞれの風習が習合しているのである。

盆棚の設ができたら、祖先の霊、つまり精霊を迎えることになる。そのためには一三日か一四日の夕方に墓に詣で、そこで苧殻《おがら》(麻の表皮を剥がして残った茎)を燃やし、その火を提灯《ちょうちん》の蝋燭《ろうそく》に移して持ち帰る。京では賀茂川の河原で行われ

※国会『守貞謾稿』二七28……。

※「荷」が蓮を意味することは現在ではあまり知られていない。永井荷風はその号について、床の間の掛軸に「荷風十里香」という墨書があったので、思いついて名づけたと書いているが(『荷風全集』第三〇「私のペンネーム」)、初恋の「お蓮」という看護婦に由来すると言う説もある。……。

た。これを迎火という。精霊は火に象徴され、火と共に懐かしい我が家に帰るわけである。墓が遠い場合はわざわざ行くことができないので、屋敷の入り口に素焼きの焙烙《ほうろく》を置き、そこで苧殻を燃やして精霊を迎えることもある。その火を灯明や盆灯籠などに移し、盂蘭盆の期間は原則として火を消さない。その際に盆棚の茄子や胡瓜や真菰の牛馬は、精霊の乗物ということで内向きに置く。そして一族親戚が集まり、祖霊を供養しつつ再会を喜んだり楽しく食事をしたりして、一族の結束を再確認する。

実家に帰って十分に供養された精霊は、一六日の夕方にはまた霊界に帰ってゆく。その際にはまず茄子や胡瓜や真菰の精霊牛馬は外向きに置く。そして今度は送火を焚くことになるが、迎火の逆になるわけで、屋敷の入り口に置いた焙烙の上で苧殻を燃やしたり、火の点《とも》っている提灯を墓まで持って行き、そこで火を消したり、火の点ったままの灯籠《とうろう》を川に流したりする。これはいわゆる「精霊流」と呼ばれるものである。毎年京都で八月一六日に行われる「大文字」「左大文字」「妙・法」「舟形」「鳥居形」の五山送火は観光化されているが、本来は盂蘭盆の送火が大規模になったものである。

『馬琴日記』では、一三日に盆棚を飾り、その日の夕方に門の前で迎火を焚き、一五日には僧侶を迎えて棚経《たなきょう》をあげてもらい、一六日の夕方には送火を焚き、その日のうちに棚を片付けている。

※五山送火の起原は不明であるが、『日次記事』（一六七六年）には、「大」の字は弘法大師の筆によるという伝承が記されている。また、妙・法・舟形の送火もあったこと、「聖霊（精霊）の送火」と呼ばれたことも記されている。

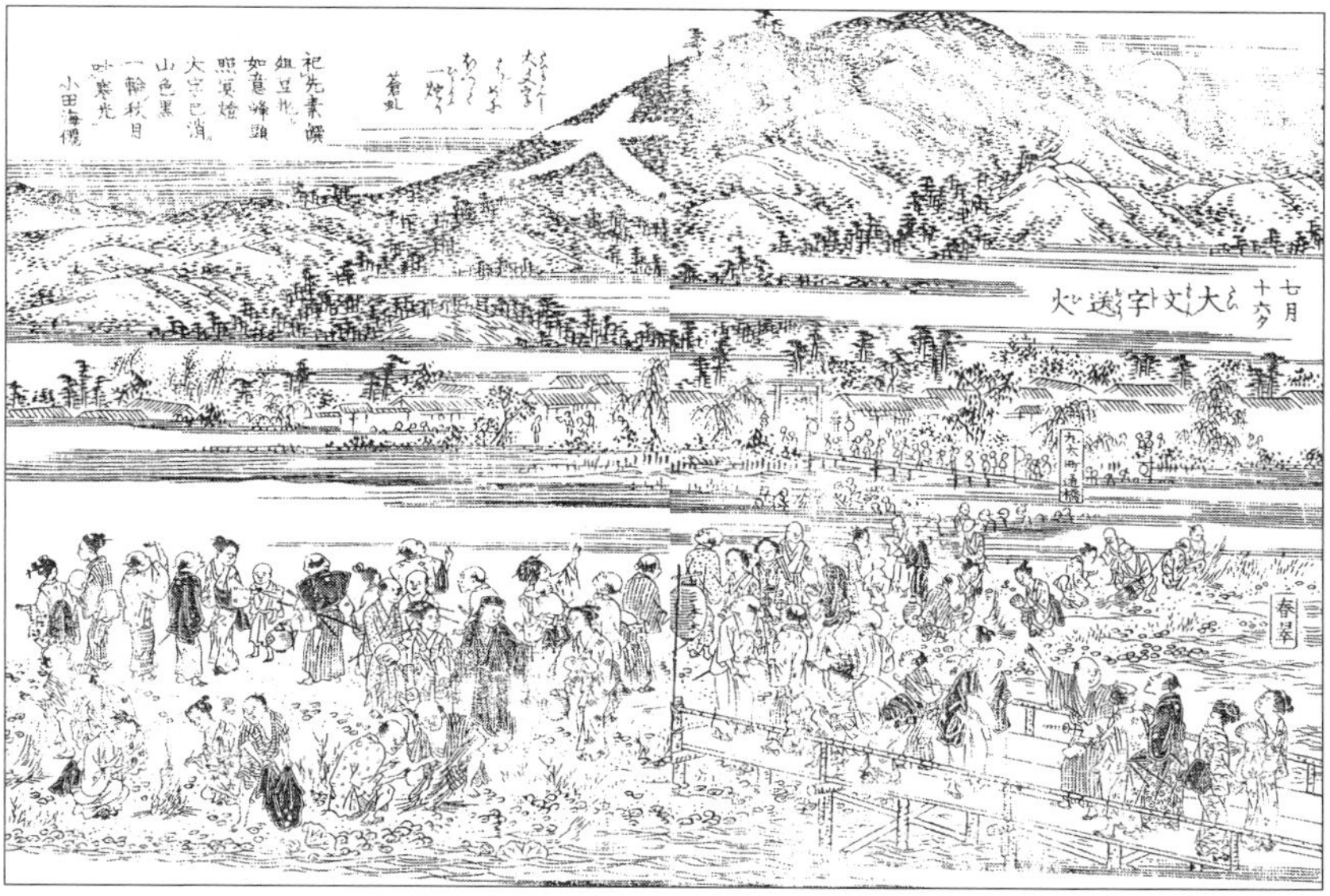

京都の「大文字」 毎年８月16日に行われる「五山送火」は、盂蘭盆の送火が大規模になったもの。図は、江戸時代の「大文字」のありさま。８月16日の夜は、京の賀茂川原では足元でそれぞれの送火を燃やす人で混雑している。遠くには大文字の送火が見える。東山の山の端には十六夜《いざよい》の月が姿を見せているから、日没後約１時間過ぎのことで、およその時刻が察せられる。（『花洛名勝図会』）

送火と共に、精霊の乗物と理解された茄子や胡瓜の牛馬、その他に盆棚に供えたものは川や海に流された。この風習は室町時代まで遡れる可能性がある。『華実年浪草』に「山城の　瓜や茄子を　そのままに　手向《たむけ》となれや　賀茂川の水」という一休宗純《そうじゅん》（いわゆる一休さん）の歌が引用されて

※国会『華実年浪草』秋一22……。

いて、京の市民が茄子や瓜を賀茂川に流したようである。

毎年八月一五日の終戦記念日前後には、戦没者の供養のために灯籠流が行われることがあるが、これはもともとは江戸時代から行われて来たお盆の行事であって、広島起原の新しい行事ではない。『華実年浪草』には、宇治の万福寺《まんぷくじ》で盂蘭盆会に際して「水灯会《すいとうえ》」が行われていることが記されている。七月一六日の夜、白蓮華《びやくれんげ》の造花を三六〇個も造り、それに艾《もぐさ》の芯を立て点火して宇治川に流すのだが、まるで蛍火のようで、多くの観客が押しかけたという。また中国の伝統的年中行事を記録した『月令広義《がつりようこうぎ》』という明《みん》代の書物に、同様の風習が記されているということも併記されている。万福寺は明僧隠元《いんげん》が開山であるから、明の風習が送火の風習と習合したものであろう。

長崎では毎年八月一五日の旧盆に、現在も精霊流という風習が行われている。長崎出身の歌手さだまさしの歌で、「精霊《しようろう》流し」という名前はよく知られているが、よく灯籠流と混同される。歌の「精霊流し」は哀愁のあるメロディーと歌詞で、どこか寂しげな印象であるが、長崎の精霊流は爆竹が鳴り響き、耳栓《みみせん》を欠かせない威勢のよい祭である。新盆を迎えた故人の関係者が「精霊舟」と呼ばれる舟形を引き廻し、故人の霊を送る盂蘭盆の行事で、歌の「精霊流し」しか知らない人が初めて見ると、余りにも印象が異なるので驚くことであろう。舟の大きさは二～三mの小さな物から、一〇m程度の部分を数個連結させた、まるで「デコトラ」のような派手な物まであり、魔除けのためと称して、銃声と紛う程の爆音を響か

※『翁草《おきなぐさ》』という書物によれば、江戸の豪商として知られる河村瑞賢《ずいけん》が極貧の生活に絶望していた時、品川の海岸で浜に流れ着いた大量の茄子や胡瓜を見て、あることが閃いた。彼は貧民を雇ってそれを拾い集めさせ、漬物にして売り出し大もうけをしたのである。この話は明治三〇年代の修身の教科書に載せられ、一昔前まではよく知られていた。
……………。

※国会『華実年浪草』秋一25
………。

せながら市内を練り歩くのである。

実はこの風習にも江戸時代以来の伝統がある。一九世紀末、寛政《かんせい》年間に書かれた『長崎聞見録』という書物には、「藁《わら》にて船を作り、精霊祭りたる種々のものを皆積み、この船にも小きぼんぼりを多く掛つらねて持行き、大きなる船は十二間も有、人拾人弐拾人もかかる。また貧家の船は小さく壱人にて持たるもあり。大波戸《おおはと》といふ海浜にて火を付て推流す。その火海面にかがやきて、流れ行くさま夥《おびただ》しきなり。この夜はみなみな寝る人なく、暁比《ころ》までかくの如くさわぎて賑々《にぎにぎ》しきなり」と記されている。

盆踊

地域共同体の夏祭の一つとして、いわゆる「盆踊《ぼんおどり》」が行われることがある。この盆踊の起原については、盂蘭盆会に招き寄せる精霊を供養するために踊ったことに始まると説かれることが多い。しかし江戸時代の歳時記にはそのような記述はない。盆踊で歌う盆唄《ぼんうた》の歌詞がたくさん伝えられているが、それらを読む限りは、精霊供養の要素は皆無である。少なくとも江戸時代の庶民は、精霊供養の踊とは考えていないようだ。

盆踊には様々な要素が含まれていて、その起原と由来は単純なものではない。仏教と踊の結び付きと言えば、思い当たるのは時宗《じしゅう》の開祖一遍《いっぺん》が創始した踊念仏《おどりねんぶつ》である。これは念仏を称えながら踊るのであるが、一遍上人語録である『播州《ばんしゅう》法

※国会『長崎見聞録』六……。

※寛文年間に後水尾《ごみずのお》天皇の勅によって全国から採録された三九八もの盆踊唄を、文政年間に柳亭種彦が再編集した『諸国盆踊唱歌』という書物がある。……。

語集』に「念仏が念仏を申すなり」と言われたほどに、阿弥陀如来《あみだにょらい》と一体となる狂おしいほどの法悦の中で無我になって踊るもので、芸能的要素など入り込む余地は微塵《みじん》もない。一遍は「とも跳ねよ、かくても踊れ」と歌に詠んでいる。「一遍上人絵伝」に描かれた踊り手の所作はばらばらであり、統一された振り付けがなかったことが確認できる。それが室町時代になると次第に芸能的な要素が強められ、念仏踊に変質する。これが盆踊の起原に関わっていることは確かであろう。一般には踊念仏の起原は、一遍とされているが、『一遍上人絵伝』には「抑《そもそも》をどり念仏は、空也上人、或いは市屋、或いは四条の辻にて始行し給けり」と記されているから、少なくとも一遍自身は空也が始めたと考えていたようである。しかし一遍は空也を見たわけではない。空也に直に接した人が空也について記述した史料では、空也が踊念仏を始めたという根拠を確認することはできないから、おそらくは一遍の思い込みであろう。

室町時代の伏見宮貞成《さだふさ》親王の『看聞御記《かんもんぎょき》』という日記の永享《えいきょう》三年（一四三一）七月一五日には、伏見即成就院における風流踊が記述されている。これはその期日からして明らかに盆踊で、盆踊の文献上最初の記録である。その後も室町時代の公家の日記類からは、盂蘭盆の頃の踊の記録を数え切れないほど探し出すことができる。『実隆公記《さねたかこうき》』の永正《えいしょう》二年（一五〇五）七月一六日には、「夜に入り所々踊躍《ようやく》、言語道断」、一七日には「夜に入り所々踊躍、又超過」と記されていて、京中で市民が熱狂的に踊っていたことがわかる。余りにも騒々しいので腹が立っ

※インターネットで「資料年表、盆踊りの世界」と検索すると、盆踊りの文献資料を古い順に閲覧できる。……。

※国会『実隆公記』四227 ………。

たのであろう。『言継卿記《ときつぐきょうき》』の永禄から元亀《げんき》年間（一五〇四～一五七三）の七月中頃の日記には、毎年のように京市中の風流《ふりゅう》踊を見物した記述が見える。

※国会『言継卿記』四264左下 …。

その頃流行した風流踊とは、鉦《かね》・笛・太鼓の伴奏に合わせて、派手な衣装を纏《まと》った人々が乱舞するもので、踊自体は精霊供養とは全く無縁である。この風流踊については、何と織田信長が率先して踊ったという記録がある。信長に近侍していた太田牛一が晩年に著した『信長公記《しんちょうこうき》』には、弘治《こうじ》二年（一五五六）七月一八日、織田信長が尾張国津島村で盛大に催した踊の会の様子が、詳細に記述されている。家臣達は「赤鬼・黒鬼・餓鬼・地蔵・弁慶・鷺」に扮《ふん》し、信長は「上総介《かずさのすけ》殿は天人の御仕立に御成り候て、小鼓を遊ばし、女おどりを成され候」というはしゃぎようである。予期せぬ余興に大喜びした村人達は、信長の居城の清洲《きよす》までやって来て、「おどりの返し」（お礼の踊）を見せに来たので、大喜びした信長は、一人一人に言葉をかけ茶を振る舞ったので、村人は感激して涙を流しながら還って往ったと記されている。

※国会『信長公記』上14左 ……。

このような風流踊に、江戸時代の七夕に少女達が踊ったという七夕踊や小町踊など、さまざまな要素が融合して次第に整えられていったものと思われる。またそれぞれの地域に独特の踊が行われたので、とても全国一律に一括りにすることはもともとできない相談なのである。

現代の盆踊は櫓《やぐら》を中心として輪になって踊るが、江戸時代には現在の阿波踊のように行列を組んで行進しながら踊る形が盛んに行われていた。ただし輪になって踊る形がないわけではない。『諸国風俗問状答』の伊勢国白子《しろこ》からの報告には、「男女打交り輪を成して踊るなり」と記されている。

　しかし江戸時代の前期には盛んであったが、次第に衰えてきたことが史料で確認できる。天保の頃の『東都歳時記』には、「盆の中、市井の女児街に連りて歌唄《うた》ひあるく事、夜毎にかまびすし。唱歌はしるすにたえず。但し盆踊の余風なるべし。……享保二十年開板の続江戸砂子に云、小町踊、十二三以下の小女、腰帯やうの物を襟《えり》にかけ襷《たすき》とし、団扇《うちわ》太鼓とてうちはの如くなる太鼓に拍子をとりて諷《うた》ふ。踊るにあらず、ただむかりてあゆみ行なり。男子は此事をなさず云々」と記されている。「女児がうるさいほどにたわいもない歌を歌いながら通りを歩くが、それは盆踊の名残である」というのである。『五節供稚童講釈』にも、「元禄期までは大流行したが、その後はぱたっと止んでしまい、「百年このかた江戸には、盆踊は地を払って見る事なし」という状況になっている。また女児が手を繋いで歌い踊りながら他所の町に踊を掛けに行ったり、またその逆に踊を掛けられたりすると記されている。また『守貞謾稿』にも「大坂は四、五十年前までは盛んに行はれ、その後やうやくに衰へ、昔のごとくにあらずといへども、なほ十数の女児これを行ふ。……江戸は……京坂のごとく盛んならず」と記されていて、わずかに女児が手を繋いで踊り歩くことくらいが行われていたようである。『寛保延享江府風俗志』（一七四〇頃）にもほぼ同様に記されている。

　それでも『浮世風呂』第四篇「秋の時候」の冒頭部には、長々と女児達の盆踊

※国会『諸国風俗問状答：校註』327左……。

※国会『江戸歳時記』秋冬9右端……。

※国会『五節供稚童講釈』後三・四4……。

※国会『守貞謾稿』二八41・42……。

※国会『近世風俗見聞集』三9右上……。

※国会『浮世風呂』140~……。

の様子が活写されているので、是非とも読んでみてほしい。そこには「下は六歳くらいから、上は一五歳くらいまでの娘達十数人が行列を組み、その前後に乳母などが保護のために付き添って、盆唄を歌いながら歩いて行くこと、また江戸ではかつて盆踊が流行ったが、今ではすっかり廃れている」と記されている。なお『守貞謾稿』巻二八には盆歌の歌詞がたくさん収録されている。

『江戸府内絵本風俗往来』によれば、輪になって踊る盆踊は幕末の江戸では、意外なことにわずかに二カ所で確認できる程度であるという。実際には二カ所より多かったとは思うが。いずれも越後出身者が踊るということで、越後地方の風俗と関係があるのだろう。越後で盆踊が流行っていることについては、『浮世風呂』の前掲の部分にも「越後は盆踊の名代《なだい》な所だ」と記されている。また北海道の小樽には、元禄期に越後からの移住者が伝えたとされる高島越後盆踊が今も伝えられている。本当に元禄期なのかどうか確認する材料を持ち合わせていないので、あくまでも紹介に留めておくが、越後の盆踊は江戸時代から有名であったわけである。『諸国風俗問状答』の阿波国からの報告には、一五・一六日の夜の未明まで、五〇人・一〇〇人の成人が「衣裳花やかに」群集して踊ると記されている。これが現代の阿波踊に発展するのであろう。

※国会『江戸府内絵本風俗往来』上70・71 ……。

※国会『諸国風俗問状答：校註』300左 ……。

『東京風俗志』（一八九九）には盆踊の記述はなく、『東京年中行事』（一九一一）には、風俗・衛生上の問題により地方の盆踊が年々禁止されつつあること、東京の佃島《つくだじま》で催された盆踊が新聞で大きく採り上げられたことが「飛び立つように嬉

※国会『東京年中行事』下98 ……。

しい」と記述されている。盆踊が珍しいものとなるほどに、廃れていたのであろう。風俗上の問題とは、おそらく男女の出会いの場となっていたことによるものであろう。

以上のことから考えるに、江戸時代の初めには盛んであったものが、次第に女児の行進形の踊を除いてあまり行われなくなり、明治時代にはそれすら廃れていたようである。復活するのは大正以後のことであろう。大正期から昭和前期にかけて、ラジオ放送の開始、レコードの普及、東京音頭の大流行、マスコミの発達などを背景にして、盆踊が本格的に復活したのである。昭和の戦時中は踊ること自体が憚られたであろうから、今日のように櫓を中心に輪になって、浴衣姿の老若男女が「〇〇音頭」「〇〇節」を踊る盆踊は、それほど古いものではない。文献史料で見る限り室町時代以後の盆踊は、民俗学者が唱えるような精霊慰霊の踊ではなかったことは確かである。

中元

中元は日本では一般に「御中元」と称して、七月一五日頃に御世話になった人へ感謝の贈物をすること、あるいは贈り物そのものを意味している。そもそも中元とは、中国の土俗的宗教である道教の「三元《さんげん》」と呼ばれる節日の一つであった。三元は上元（一月一五日）、中元（七月一五日）、下元（十月一五日）からなっているが、それぞれの日は、道教の神である「三官大帝」と呼ばれる天官・地官・水官の誕生日とされていた。そして三神のうち、上元である一月一五日には天官が人界に降臨して人々に福をもたらし、中元である七月一五日には地官が降臨して人々の罪を許し、下元である十月一五日には水官が降臨して人々の厄《やく》を祓うと信じられていた。これらの三元の信仰の中で、上元と下元は日本に定着しなかったが、中元は盂蘭盆と同じ七月一五日であるため、両者が習合して定着した。

盂蘭盆会は亡くなった父母や祖先の霊を迎えて供養する仏事であるが、健在する親を「生身霊《いきみたま》」と称し、同じ日に感謝してもてなす風習もあった。『華実年浪草』には「此月、公武両家各尊親を饗せらる。是を生身霊といふ。或は生盆（しょうぼん・いきぼん）と称す。地下《ぢげ》（庶民）良賤もまた然《しかり》。また此月十五日前、人家各荷葉《はすのは》（蓮の葉）を以て糯米《もちごめ》飯を裹《つつ》み、鯖魚をその上に載せ、親戚の間互に相贈りて、これを祝ふ。是を荷飯《はすめし》といふ」と記され、七月一五日には『生身霊《いきみたま》』と称して、糯米《もちごめ》を包んで蒸した蓮飯や、鯖の開きの干物を蓮の葉で包んだ刺鯖《さしさば》を両親に供えたり、親戚の間でも相互に贈って祝うとされている。

※国会『華実年浪草』秋一23……。

盂蘭盆に魚を親に供える風習は、鎌倉時代まで遡ることができる。藤原定家の日記である『明月記』には「寛喜《かんぎ》元年（一二二九）七月十四日、……諸家の説、古今父母ある人、明（?）殊に魚食せしむと云々」と記されている。また室町時代の公家の日記にも散見する。例えば『実隆公記』の永正《えいしょう》三年（一五〇六）七月一三日には、「鯖魚」を献ずる記録が見られるから、かなり古くからの風習であった。

※国会『明月記』三58左上段……。

※国会『実隆公記』四298……。

このように盂蘭盆には、両親や普段から世話になっている親戚に蓮飯（荷飯《はすめし》）や刺鯖を贈って感謝の意を表すことが行われていたが、七月一五日は人の罪を許す慈悲の神である地官を祀る日でもあったため、生身霊の風習と許しを請う中元の信仰が習合し、この日に普段から世話になっている人に対して物を贈り、平素の無沙汰を謝するとともに、感謝の贈物を持って挨拶に行く風習が生まれた。これが現在のいわゆる「御中元」の起原となったのである。『長崎歳時記』には「七月……十五日玉祭りならびに墓所参詣前式の如し。古法を守る家は、蓮の葉の飯にさし鯖を取そへ、互に中元の祝詞を述る。……またこの夜旦那寺へ銀を包み、医師手習師などへの謝義または親類など互にさし鯖素麺等を相贈る」と記され、盂蘭盆と中元が習合していることを確認できる。

現代のいわゆる「御中元」の品の例としては、『東京風俗志』（一八九九）には索麺《そうめん》・砂糖・寒晒粉《かんざらしこ》（白玉粉）・菓子・端物（反物）などが、『東京年中行事』（一九一一）には素麺・砂糖・団扇・婦人用小間物などが上げられている。このような御中元は、明治時代以後には輸送・配達制度の発達に伴い、遠く離れている人へも送られるようになった。現在の御中元商品の売り場には、素麺が定番として置かれているが、素麺は七夕や盂蘭盆会の行事食であるから、御中元の品として大変に由緒のある物である。鯖の干物では、現代では怪訝《けげん》な顔をされるかもしれない。

※国会『東京風俗志』中28……。

※国会『東京年中行事』下89……。

IV

花と月

一　花見

サ神信仰

日本で「花見」と言えば、桜の花見と決まっている。それだけ桜には思い入れが深く、日本を代表する花といっても納得できよう。花見の起原について調べてみると、必ず「サ神信仰」という壁に突き当たる。日本では原始時代以来「サ」と呼ばれる神が信仰されていて、桜はそのサ神が宿る神聖な樹木であるというのである。この桜が神と密接な関係を持っているという説は柳田国男に始まり、その弟子の早川孝太郎・和歌森太郎・折口信夫、またその弟子の桜井満らによって増幅され、西岡秀雄の『なぜ日本人は桜の下で酒を飲みたくなるのか』という本によって一気に拡散された。

柳田国男は、「私の一つの仮定は、神霊が樹に依ること、大空を行くものが地上に降り来らんとするには、特に枝の垂れたる樹を選ぶであろうと想像するのが、もとは普通であったかといふことである」と述べているが、正直に「仮定・想像」であることを認めている。

折口信夫は、「桜は……一年の生産の前触れとして重んぜられたのである。花が散ると、前兆が悪いものとして、桜の花でも早く散つてくれるのを迷惑とした。

※柳田国男（一八七五～一九六二）……。

※西岡秀雄（一九一三～二〇一一）……。考古学者、人文地理学者。

※『柳田国男全集』二三「信濃桜の話」…。

桜を植えるのは観賞ではなく実用的な占いのためであり、花が早く散ると前兆が悪いものとして、花が散るのを惜しんだ」と述べ、桜を「物の前触れ」と理解した。遠くから花の咲き方を見て稲の稔《みの》りを占うからであるという。

※『折口信夫全集』二「花の話」……。

桜井満はその著書『花の民俗学』で次のように言う。

「サクラという名は穀神の宿る木をあらわしている。稲を植える月をサツキ（五月）といい、田植えに必要な雨はサミダレ、田に植える苗はサナエ、植える女性はサオトメという。そうして田植えの終わりをサノボリといって田の神の祭りをする。こうしたことばが明らかなように、サというのは稲の霊の名である。クラは神座《かみくら》のことである。その花は稲の霊の現われとみられたのだ。冬ごもりの生活から春を迎えて、山のサクラの咲きぐあいを見て秋の稔《みの》りを占い、その花に稲の霊を迎えてきてまつり、田植えをするのであった。サクラの花の咲きぐあいは一大関心事だったから『花見』の民俗が伝わるのである」。

和歌森太郎は、その著書『花と日本人』で次のように言う。

「民俗学では、サツキ（五月）のサ、サナエ（早苗）のサ、サオトメ（早乙女）のサはすべて稲田の神霊を指すと解されている。田植えじまいに行う行事が、サアガリ、サノボリ、訛ってサナブリといわれるのも、田の神が田から山にあがり昇天する祭りとしての行事だからと考えられる。田植えは、農事である以上に、サの神の祭りを中心にした神事なのであった。そうした、田植え月である五月にきわだってあらわれるサという言葉がサクラのサと通じるのではないかとも思う。

……桜は、農民にとって、いや古代の日本人のすべてにとって、もともとは稲穀の神霊の依る花とされたのかもしれない」。

　確かに五月の農事に関係して「サ」という接頭語を持つ言葉がたくさんあることは事実であり、また不思議なことでもある。しかし和歌森太郎は「サという言葉がサクラのサと通じるのではないかとも思う。……稲穀の神霊の依る花とされたのかもしれない」というだけであって、閃《ひらめ》きに過ぎないことを自ら認めているではないか。これらの民俗学者は、誰一人として具体的でかつ批判に耐えうる古代の文献史料を提示していない。古代の花見といえども立派に歴史の一部なのであるから、確実な根拠の裏付けが必要なのであるが、これでは第三者や後学者は再検証をすることもできないではないか。そしてこれらの論説を読んだ人は、本人が仮定や想像であると認めているにもかかわらず、伝言ゲームのように最後の「思う」はいつの間にか切り捨てて拡散してゆくのである。

「サ神説」を提唱したのは、民俗学者の早川孝太郎で、昭和一七年に出版された『農と祭』に次のようにいう。

※早川孝太郎（一八八九～一九五六）…。

「新潟県・山形県を繋ぐ山地で、狩人の社会に崇められる神に、さがみ又はさがみ様といふのがある。……田植月のさつきは、さがみの月とも解かれ、田植女を全国的にさをとめと呼んだ事も、どうやら意味が辿《たど》られるやうに思ふ」。

※国会『農と祭』89・90、118～120…。

　また山の神を「さがみ」、虫送りの人形を「さねもり」、田の神を「さんばい」「さつどん」、道祖神《どうそじん》を「さいの神」、正月の火焚き祭を「さいど焼」「左義長」というなどの例を挙げ、「さ」又は「さつ」と称する威力のすぐれた霊魂の存在を説いている。しかし早川自身も「どうやら意味が辿られるやうに思ふ」と、推量であることを認めている。

その「サ神説」をさらに発展させた西岡秀雄著『なぜ日本人は桜の下で酒を飲みたくなるのか』や、それに賛同するネット情報には、サ神信仰についてさらに尾鰭《おひれ》が付けられ、およそ次のようなことが説かれている。『古事記』『日本書紀』に記されている神々とは別に、それより古くから「サ神」という神が信仰されていた。サ神は本来は山の神である。福島・山形・新潟県あたりで狩猟をしていた人達は、今でも山の神を「サガミ様」と呼んでいる。サ神を礼拝するときは、失礼にならないように必ずしゃがんで合掌した。「シャガム」という言葉は、「サオガム」（サ拝む）から「シャオガム」、さらに「シャガム」と変化した。サ神は山頂に近い神域に住み、その境界線を「サカイ」（境）、そこに設けられた垣根を「サク」（柵）という。弥生時代に稲作が始まると、サ神は山から里に降りて来る。その降りて来る道が「サカ」（坂）であり、降りて来る月が「サツキ」（五月）である。植える稲の苗は「サナエ」（早苗）、それを植えるのは「サオトメ」（早乙女）、田植後に田の神に供える食事は「サナブリ」である。サ神に供える飲み物は「サケ」（酒）、添える料理は「サカナ」（肴）、それを載せる器は「サラ」（皿）、供物を「捧げる」という言葉は、サ神が下げ渡す「ササゲル」であって、後に意味が逆転したものである。サ神は人の運命を「サダメ」（定）、人はサ神の「サタ」（沙汰）や「サトシ」（諭）を待ち、悪事を働けば「サバ」（裁）かれる。国名のサガミ・サヌキ・サド・サツマ・トサ・カズサ・シモフサ・ワカサなどは、古代人がサ神と深く関わってきたことを示唆している。「サクラ」については前掲の和歌森説をほとんどそのまま継承している。

サ神に関する様々な情報や、民俗学者達の諸説を総合すると、「サカキ」「サケ」「サクラ」「サツキ」「サナエ」「サオトメ」「サナブリ」などの「サ」は、全て稲の神霊を指すものである。サ神は田植の頃に山から里に降りて来てサクラの木に宿り、耕作が終わると山へ帰る。サクラは稲の神を迎える依代《よりしろ》、つまり穀霊の籠もる花として、農耕生活において重要な花と理解されていた。「クラ」とは「神座」のことであるから、「サクラ」は「サ神の依ります神座」という意味である。桜の花が早く散ると、神の力が衰えて凶作になるので、農民はサクラの花の下で酒宴を催し、歌や舞でサ神をもてなして桜が散らないよう神に祈る。これが花見の起原である。花見はそのような神事であった。このような信仰が受け継がれ、日本人は「花」と言えば無条件で桜を連想し、今だに花見を楽しんでいる、というのである。

ＮＨＫの番組である「チコちゃんに叱られる！」では、「なんで桜の下でどんちゃん騒ぎするの」という題でサ神信仰説が取り上げられていて、チコちゃんはおよそ次のように話している。「昔から日本人は稲作農耕をしながら暮らしてきました。稲を栽培する人にとって最も重要なのは、田植の時期でした。そして暖かくなると咲き始める桜を目安にして田植の時期を決めていました。春になると田んぼの神様が山から降りてきます。そして豊作をもたらしてくれると信じられていました。その神様が降りて来たという徴《しるし》が、春の花々の開花と考えられていました。そこで桜の花が開花すると、桜の木の下に酒などをお供えし、神様を歓迎する儀式が行われたのです。そしてお供えのお酒を誰かが飲み始めてしまい、いつしかどんちゃん騒ぎになってしまう。これが現代のお花見の始まりです」というのである。西岡秀雄著『なぜ日本人は桜の下で酒を飲みたくなるのか』が種本となっていることは明らかで、番組製作者が、面白そうな本があると、探し出してきたのであろう。

しかしもとはと言えば、民俗学者の閃《ひらめ》きから生まれた仮説である。現代の民俗学者でさえ、サ神信仰や折口・和歌森らの学者が提唱したことは証左となることに乏しく、検証のしようがないことを率直に認めている。それにもかかわらず伝統的年中行事解説書の筆者達は、まるで見てきたかのようにサ神信仰と桜の関係を得々として語るのである。百歩譲って、原始時代にサ神信仰があったとしよう。しかしそれなら千数百年間、どこかに何かの形でその片鱗が文字史料として残っていてもよい。それが何一つ残っていないではないか。そもそも昔の田植は旧暦の五月、つまり現在の六月であって、桜の咲く時期より一〜二カ月も遅いではないか。

花見の起原

ただしみじみと桜花を眺めるというのであれば、『万葉集』には約四〇首の桜を詠んだ歌がある。桜のつもりでただ単に「花」と詠んでいるものも含めれば、もっと多くなるであろう。それらを含めて桜や花を詠んだ歌を全て丁寧に読んでみたが、サ神信仰や稲の稔りを占うような歌は一首もない。それどころか桜を霞に見立てたり、花の一枝を髪に挿して喜んだり、恋しい女性に見立てたり、散ることを惜しんだり、現代人が桜に対して懐いていることと同じ気持ちで花を楽しんでいる。花見の起原を探るというなら、まずは先入観なしに素直に『万葉集』の桜の歌を読むべきである。

ただし、いわゆる「花見」とは単に桜花を眺めるだけでなく、多くの人が花の下に集い飲食を伴うところに特徴がある。そういう意味では、『万葉集』の時代には、花見らしい花見は始まっていなかった。いわゆる「花見」が始まるのは、平安時代以降のことであろう。

宮廷行事としての最初の桜の花の宴は、文献上は嵯峨《さが》天皇の弘仁《こうにん》三年（八一二）に行われたことが『日本後紀』に記されていて、天皇が神泉苑《しんせんえん》に行幸《ぎょうこう》されたことを、「花宴の節、これに始まるか」と、宮廷の花の宴の最初であることを自負している。

平安時代の宮廷の花の宴の様子は、『源氏物語』をはじめとして多くの文献に記録があるが、それらを総合してみると、およそ次のようなものである。天皇は建物の南に面する庇《ひさし》の下に坐し、親王や公卿たちは建物の周囲にめぐらされた簀《す》子《の》に坐り、文人たちは桜の花の下に設けられた席に坐る。そこで天皇から詠むべき題が与えられて詩歌が献上されると、天皇から酒饌《しゅせん》や禄《ろく》（布などの給与）が下賜され、管弦の楽が奏されたり舞が披露されたりもする。山田孝雄著『桜史』によれば、和歌を献ずることはなくとも詩が必ず献上されたのは、嵯峨天皇の例に倣《なら》ったものであるという。

「花見」という言葉は、早くも『古今和歌集』に見られる。花見と同じような意味で「桜狩」という言葉もあるが、『桜史』によれば鷹狩のついでに桜を愛でることであったのが、鷹狩よりも花見が中心となったものであるという。私はこれに賛同できない。花の枝を家苞《いえづと》（家への土産）として折り取ることを詠んだ歌が多く、鷹狩とは関係なく花の枝を獲物と見る理解があったのではないかと思っている。

平安時代の貴族たちは、まずは桜の咲く頃になるとそわそわと心が落ち着かず、遠山桜を霞や雲や雪に見立てて眺め、郊外に出かけて花の下に宴を設けて楽しんだ。桜は本来は野生であるから、梅のように庭に植えて楽しむ花ではなく、郊外まで出かけて見る花であった。それで「軒端《のきば》の梅」はあっても、「軒端の桜」という表現はなかったのである。散ることを惜しんでは風を恨み、散ってもなお水面の花を愛で、翌年も花を見られるだろうかと老を嘆き、花や人の世の無常を感じ取った。自然の移ろいに人の心を重ねて理解するのは、古歌にはしばしば見ら

※『桜史』
文化勲章受章者で国学者の山田孝雄《よしお》が、昭和一六年（一九四一）に桜と日本人とのかかわりを文学的視点から明らかにした名著。桜の文化史を研究するのに最も重要で基本的な参考書であり、現在もその価値を失っていない。講談社学術文庫に収められている。

れることである。貴族の花見には「サ神信仰」の片鱗もない。上代の和歌を主題別に分類整理した『夫木和歌抄《ふぼくわかしよう》』などの類題和歌集の桜の歌を読んでみるがいい。そこには『万葉集』以来鎌倉時代末期までの数え切れないほどの桜の歌が収録されているが、サ神信仰があったことを暗示する桜の歌など、どこをどう探しても見つからない。

中世の花見

鎌倉時代になっても、桜の花や花見についての理解は、平安時代と変わったことはない。『吾妻鏡』には、歴代の将軍が花見のために近隣の寺にしばしば花見に出かけたことが記されている。実朝《さねとも》やその後の摂家《せつけ》将軍や親王将軍は都に憧れていたから、都人の風習を素直に受け容れたことであろう。

『徒然草』(一三七段)には、風情を理解しない田舎者の花見の様子が記されている。「風情を理解する人は、ひたすらに面白がるような様子でもなく、のどかに愛でている。しかし田舎者は騒いだり酒を飲んだり、挙句《あげく》の果てには枝を心無く折ってしまい、遠くから眺めて楽しむということをしない」とかなり手厳しい。人の風情を理解する心を問題にしているのであるが、庶民の間にも花見の風習が広まりつつあったことを示す史料として重要である。なお『徒然草』には左近の桜や吉野の桜はみな一重であり、八重桜は「ことやう」(風変わり)であるとして、わざわざ植えるほどのものではないと記されている。これは当時の知識人の共通する理解であったのかもしれない。

花見の宴で歌を詠むことは平安時代以来のことであるが、鎌倉時代後期から室町時代になると、連歌が詠まれるようになる。そのような連歌は「花の下《もと》連歌」と呼ばれ、花見には連歌が欠かせないものになった。長く続ける鎖《くさり》連歌（長連歌）は上流階級のものであったが、庶民も五七五の上の句に七七の下の句を付けたり、或いはその逆にする一句連歌（短連歌）を楽しんだ。このような点で、連歌は花見が庶民のものになることに貢献しているわけである。

古代の花見は、花を愛でること自体の比重が大きいが、中世も室町時代になると次第に花以外の要素が重視される傾向がある。文芸だけでなく、音曲や飲食をも総合した遊興としての花見に変化してゆくのである。およそ庶民の花見とはかけ離れてはいるが、婆娑羅《ばさら》大名として知られた佐々木道誉《どうよ》の大原野の花見はその典型であろう。貞治《じょうじ》五年（南朝の正平二一年、一三六六）、現在も「花の寺」として知られる勝持寺《しょうじじ》において、豪勢な花見を催したことが『太平記』巻三九に記されている。「京中の道々の物の上手ども一人も残さず皆ひき具して、大原野の花の本《もと》に宴を設け、……百味の珍膳を供え、百服の本非（百非茶勝負、数種の茶を飲んで産地を当てる賭け事の闘茶《とうちゃ》）を飲みて、賭物山の如く積上げたり」。「京中の道々の物の上手ども」の中には、白拍子《しらびょうし》や連歌師が含まれていたことであろう。

連歌や闘茶で賭け事が行われることについては、室町幕府の基本施政方針である「建武式目」の第二条にも、「或は茶寄合と号し、或は連歌会と称して、莫太

※「婆娑羅《ばさら》」とは、南北朝期の流行語で、名ばかりの権威を軽んじ、派手な風俗で人目を引いたり、傍若無人の行動をする社会的風潮のこと。

の賭《かけ》に及ぶ」と記され、抑制すべきものとされている。このように豪勢な室町時代の花見は佐々木道誉の好みに因るところが大きいとしても、次の時代の豊臣秀吉の花見に繋がってゆくのである。

桃山時代には豊臣秀吉の吉野と醍醐《だいご》の花見がよく知られている。文禄《ぶんろく》の役の真最中である文禄《ぶんろく》三年（一五九四）の新暦ならば四月一七日、古来桜の名所であった吉野で花見の宴を催した。徳川家康・宇喜多秀家・前田利家・伊達《だて》政宗・織田信雄《のぶかつ》らの武将をはじめとして、茶人・連歌師・能楽師など総勢五〇〇〇人が五日間にわたる大掛かりなものであった。また慶長《けいちょう》三年（一五九八）の新暦ならば四月二〇日、秀吉は京都の醍醐寺三宝院裏の山麓において花見を催した。あらかじめ七〇〇本の桜を移植させ、八軒の茶屋が設けられていた。招かれたのはほとんど諸大名や家臣の女房衆ばかりで、それぞれ二回も衣装替が命じられたというから、衣装代だけでも大きな負担になったことであろう。秀吉はこの約五カ月後に没した。醍醐寺の僧義演の日記である『義演准后日記《ぎえんじゅごうにっき》』には、「今日太閤《たいこう》御所渡《と》御《ぎょ》せらる。（北の政所や淀君をはじめとして）女中各御成あり。終日花御遊覧す。路次、茶や以下の結構筆舌に尽し難し」と記されている。

江戸時代の花見

江戸時代には、大名はその藩邸の庭園に桜を植えて楽しんだ。現在も桜の名所として知られる巣鴨《すがも》の六義園《りくぎえん》・小石川後楽園・新宿御苑などは、みなそのような

※秀吉の花見は新暦でいえば四月中頃の頃であるが、現在は温暖化の影響で開花時期が早まったのであろうか。

※秀吉は醍醐の花見で、次のように歌を詠んだ。
「あらためて名を替えてみむ深《み》雪《ゆき》山うづもる花もあらはれにけり」
醍醐山は桜におおわれてまるで雪が積もっているように見えるので、「深雪山」と名前を変えようという意味。

大名屋敷であった。

また江戸時代には庶民も普通に花見を楽しむようになった。江戸の寛永寺は徳川家の菩提寺として一般人の立ち入りはできなかったが、第三代将軍徳川家光の頃には、花の時期には一般庶民の立ち入りも認められるようになった。江戸市民は寛永寺の東照宮《とうしょうぐう》の脇に毛氈《もうせん》や花筵《はなむしろ》を敷き、弁当や酒茶を飲み食いして花見を楽しんでいた。かつての寛永寺領である上野恩賜公園は、現在も桜の名所である。

江戸時代初期の歌学者戸田茂睡《もすい》が著した江戸の地誌『紫の一本《ひともと》』には、次の様に記されている。

「花は東叡山《とうえいざい》（寛永寺）……東照宮の御宮の脇後松山の門、清水の後に、幕はしらかして見る人多し。幕多き時は三百余あり。此の外つれだちたる女房の上着の小袖、男の羽織と弁当からけたる細引きに通して、桜の木に結びつけて仮の幕にして、毛氈花筵《もうせんはなむしろ》敷きて酒飲むなり。鳴物は御法度にて鳴らさず、小歌浄瑠璃仕舞は咎むることなし」。

「女房の上着の小袖」とは女性が花見に着た派手な小袖《こそで》のことで、花見にファッションの要素が加わったのである。しかし場所が場所だけに歌舞音曲は禁止され、日没より約三〇分後の暮六つの鐘までに退出しなければならなかった。

そこで第八代将軍徳川吉宗は、庶民が自由に花見を楽しめるようにと、江戸の飛鳥山《あすかやま》・隅田川堤の向島《むこうじま》・品川の御殿山《ごてんやま》・玉川上水沿いの小金井堤《こがねいつつみ》など、江戸の各地に桜を植えさせた。隅田川沿いの桜は、今も滝廉太郎作曲の「花」にも歌わ

※国会『紫の一本』二52……………。

※江戸時代の時刻の制度では、日の出の四半刻前（約三〇分前）を明六《あけ》つ、日の入りの四半刻後を暮六つとした。太陽高度はマイナス7．36度である。…。

れている。特に王子の飛鳥山には多くの桜・楓・松を移植させ、飛鳥山全体に芝を貼らせた。将軍の鷹場などについて記録された「御場《おんば》御用留《ごようどめ》」には、享保五、六年（一七二〇、二一）の二年間だけで、飛鳥山とその周辺に一二七〇本もの桜の苗木が植えられたことが記されている。元文二年（一七三七）に建立され、今もなお飛鳥山に残る飛鳥山碑には、徳川吉宗が整備したことにより、飛鳥山が「神之郷」となり、吉宗の「明徳」が香っていることが極めて難解な文で刻まれている。碑文の撰者である儒臣成島道筑《なるしまどうちく》の子和鼎《かずさだ》が石碑建立の経緯を書き残した『飛鳥山碑始末』には、「其日飛鳥山を官地になしをかるるにより、人はばかりて花見にくる人なし。衆と共に楽しむ意に応ぜず。金輪寺に下し給はるべきよし、上意あり」と記されている。つまり官有地では庶民が遠慮するので、金輪寺に下賜して自由に遊びに来られるように整備したというのである。飛鳥山は武蔵野台地の末端に位置し、眺望が開け周辺には多くの滝が流れ落ち、渓流沿いには料亭が建ち並び、王子権現や王子稲荷もある。神田から約八㎞の距離にあり、音曲の制限もなく、江戸っ子が弁当を持って一日がかりで遊びに来るにはちょうどよい距離であった。

　吉宗が桜を植えさせた場所は今も東京の桜の名所として知られている。江戸市民の娯楽のために各所に桜を植えることも、享保の改革の都市政策だったわけである。日本人が花見を楽しむ風習は将軍徳川吉宗によるところが大きく、断じて「サ神」信仰によるわけではない。そもそも飛鳥山に遊ぶ庶民が、「サ神」を知っ

※台地の末端である王子の飛鳥山近辺には、江戸時代には「王子七滝」と呼ばれたほどに多くの滝があり、江戸市民の行楽地となっていた。ポンプで地下水を汲み上げてはいるが、「名主の滝」が現存している。

江戸時代終わりころの花見　明治 31 年（1898）発行の『風俗画報』によると、東京の桜は４月 2､3 日から 10 日頃が満開であると記されていて､現在よりも少し遅い。当時の墨田川は荒川放水路開削前であるため、水量は現在よりも多い。上は「飛鳥山花見の図」、下は「向島看花の図」。（『風俗画報』〔第 157 号、明治 31 年〕）

ているはずがないではないか。

ただここで確認しておきたいのは、現在全国的に最も多く植えられているソメイヨシノは、江戸時代にはまだなかったことである。ソメイヨシノが品種改良によって作り出されたのは江戸末期から明治初期であるから、江戸時代の桜は、大雑把に言えばみないわゆる山桜の仲間である。明治四四年（一九一一）の『東京年中行事』ではソメイヨシノを「東京特有」の桜と説明しているから、その頃はまだ普及していなかったようである。山桜は花が咲くのと葉が伸び始めるのがほぼ同時期で、ソメイヨシノとは少々風情が異なる。しかしソメイヨシノの絢爛《けんらん》さも捨てがたく、それぞれに楽しめばよいことであろう。

※ソメイヨシノは遺伝的に種子では殖《ふ》えず、すべて接木《つぎき》による同じ遺伝子をもつクローンである。同一種であるからこそ、「桜前線」と称する桜の開花時期の北上を表すことが可能なわけである。ただ惜しむらくはクローン故か、ソメイヨシノは樹齢が短い。既に『東京年中行事』でも二〇、三〇年で枯れてしまうことに気付いている。

桜餅

現在の花見の行事食は、月見の団子のように特定のものがあるわけではない。「花より団子」ではないが、江戸時代の花見には桜餅が欠かせなかった。桜餅には関東風の長命寺餅《ちようめいじ》と関西風の道明寺餅《どうみようじ》があり、どちらも江戸時代に起原がある。長命寺餅は、小麦粉や上新粉を溶いた生地を薄く伸ばして軽く焼き、丸めた小豆餡を包み、塩漬けにした桜の葉でくるんだもの。隅田川に近い向島の長命寺の側の「山本や」で、享保年間に売り出されたためこの名があり、山本やは今も桜餅の老舗として知られている。『東都歳時記』の「隅田川堤看花」の図にも、「隅田川名物さくらもち」と看板を出した店が描かれている。ただし関東の人は、かえ

花見と桜餅　花見客で賑わう江戸の墨田川堤の様子で、人々の行き交う道の両側に「さくらもち」を売る屋台がいくつか描かれている。（『東都歳時記』）

って「長命寺餅」と言われてもわからないかもしれない。桜餅と言えば以前はこのタイプのものしかなかったからである。

　一方、関西風の桜餅は、道明寺粉で作った餅で小豆餡を包み、塩漬けの桜の葉でくるんだもの。道明寺粉とは、糯米《もちごめ》を蒸して乾燥させてから臼で粒子状にしたもので、古くは携帯用食料の「乾飯《ほしいい》」（糒）となっていた。『伊勢物語』の有名な「東下り」の場面で、燕子花《かきつばた》の歌を詠んだところ、

※『江戸歳時記』「隅田川堤看花」の図（国会『江戸歳時記』春夏45）

都に残してきた妻を思って涙をこぼし、ふやけてしまったという餉《かれいい》も同じようなものであったろう。鍋釜がなくても、湯水に浸しておけばすぐに食べられたから、現代のアルファ化米と同じである。大坂の道明寺（現　藤井寺市）が発祥地であるため、この名がある。

二　月見

月見の起原

「花鳥風月」「雪月花」という言葉があるように、月は花と並んで、日本人が殊更に愛でる風流な景物の代表格である。伝統的年中行事の解説書などには、月見の由来や起原について実に様々な説が見られるが、多くの説に共通しているのは、月は豊饒《ほうじよう》の神であり、稲や里芋の収穫感謝として行われるというものである。しかし稲の収穫は当時は旧暦九月が普通で、中秋の名月を愛でる新暦九月では収穫どころではない。月見が稲や里芋の収穫感謝の祭であったというが、それが広く共有されていたことを示す文献史料は存在しない。このような理解は、団子と里芋を供えることから思い付いたのであろう。古老がそのように語ったということはあるかもしれないが、現代に採録された民俗資料によって起原の根拠とすることはできないのである。

それなら月見の起原は、どこまで遡ることができるのであろうか。ただ単に月をしみじみと眺めるというのであれば、『万葉集』に約二〇〇首もある月の歌から探し出すことはできる。もちろん収穫を月に感謝するような歌はない。季節がはっきりとわかる歌もそれほど多くはない。十五夜の月であると明らかにわかる歌も少なく、明らかに中秋の名月を詠んだとわかる歌はない。それより恋に関わって月を詠んだ歌が多い。『万葉集』の時代には、中秋の名月を殊更に愛でるいわゆる「月見」の風習はまだ始まっていなかったと見てよいであろう。

いわゆる「月見」が始まったのは平安時代のことである。観月の宴が九世紀後半に始まっていたことは、文徳《もんとく》朝の貞観《じょうがん》年間（八五九～八七七）、島田忠臣《ただおみ》（八二八～八八九）の『田氏家集』という漢詩集に収められた、八月十五夜の観月の宴を詠んだ三首の詩によって確認できる。また、菅原道真《すがわらのみちざね》の詩文集『菅家文草《かんけぶんそう》』によって、貞観六年（八六四）以後、観月の宴が催されていたことが確認できる。このように中秋の名月を愛でる風習は、唐の風習にいち早く反応する漢学者によって始まったのである。

宮廷行事としての中秋観月の宴は、『日本紀略』に記された延喜《えんぎ》九年（九〇九）閏八月一五日の宇多法皇の宴が初見である。また宇多《うだ》法皇は九月一三日にも観月の宴を設け、「我朝無双の明月と為す」とした程の風流人で、月見の由来に大きな役割を果たした。ただし毎年恒例の節会となるようなことはなかった。宇多天皇が菅原道真を抜擢《ばってき》して重用していることからすれば、宇多朝に観月の宴が始まったのは、道真の影響かもしれない。宮中の行事として行われたことは、そのまま貴族の私邸でも模倣された。私が自分で確認したわけではないが、『源氏物語』には中秋の名月の場面は七回あるとのことである。

※国会、国史大系『日本紀略』404・405 …。

ただ平安時代には、『竹取物語』に「在る人の『月の顔見るは忌むこと』と制しけれども」という記述があるように、月を見ることは敢えてしないという風習があった。『源氏物語』の宿木《やどりぎ》の巻にも、「月見るは忌みはべるものを」と記されている。また『後撰和歌集』には「月をあはれといふは忌むなりと言ふ人のありければ」という詞書が添えられた歌もある。

※『後撰和歌集』684……。

それならなぜ月を眺めるのが忌むべきものとされたのであろうか。それは『古今和歌集』にある在原業平《ありわらのなりひら》の歌「おほかたは　月を賞《め》でじ　これぞこの　積れば人の　老いとなるもの」に鍵がある。それは「そもそも月を愛でることはするまい。月が積もり積もれば人の老いとなるから」という意味であるが、暦では月の満ち欠けによって月日を数え、それがさらに重なって年を数えることになるので、人は月を見ながら老いてゆくことになる。老いにつながるので、月を見ることを忌むということなのであろう。

※『古今和歌集』879……。

そもそも月を見ると寿命が短くなるという理解は、唐の詩人白楽天の詩集『白《はく》氏文集《しもんじゅう》』に見られる。それは「月明に対して　往事を思ふことなかれ　君が顔色を損じて　君が年を減ぜん」という詩で、「月明かりに向かって昔を懐かしんではいけない。あなたの容色を損ない、寿命を縮めてしまうから」という意味である。『白氏文集』は当時の文化人なら暗記をしているほどの基礎教養であったから、そのような理解は共有されていたとみてよい。

※『白氏文集』第十四「贈内《つまにおくる》」……。

しかし一方『万葉集』には、月に若返りの変若水《おちみず》があるという俗信が見られ、『竹取物語』では月は不老不死の世界として描かれている。不老不死の世界であるが

※『万葉集』3245……。

故に、それを見ることは忌むべきであるという逆説をどのように理解すればよいのか、今のところ私には説明できない。

中秋の名月と仲秋の名月

ここでよく問題になるのは、「中秋」と「仲秋」の区別である。「中秋」は七～九月の秋三カ月間の真中という意味であるから、「中秋の名月」は八月一五日の月、いわゆる「十五夜の月」を意味している。しかし満月は一日くらい前後することがあるので、八月一五日の月は正確な満月とは限らない。それに対して「仲秋」とは、秋三カ月の真中の月、つまり八月全体のことであるから、「仲秋の名月」は八月の満月を指すことになるので、常に満月である。ただし一五日とは限らない。つまり「十五夜」という言葉にこだわるならば「中秋の名月」、満月にこだわるならば「仲秋の名月」と言えばよいわけである。「中秋の名月が正しく、仲秋の名月は誤り」という説明を見かけるが、歴史的には混同されていることも多く、あまり神経質になるほどのことではない。事実上同じようなものである。ただし中秋は旧暦八月一五日、仲秋は旧暦八月全体を指していることくらいは理解しておきたい。

※秋三カ月の初めの月である旧暦七月は「孟秋」、中の月の旧暦八月は「仲秋」、末の月の旧暦九月は「季秋」という。孟・仲・季は他の季節にも当てはめられ、それぞれ孟春・仲春・季春というように表現される。「季」を「すえ」と訓むことは、楠木正成の弟「正季」を「まさすえ」と訓むことでも納得できるであろう。

古歌に見る月理解

現代人は月の美しさに心を奪われ、素直に感動するであろうが、それ以上でもなくそれ以下でもなさそうである。もちろん人それぞれでよいが、月を詠んだ平安時代から鎌倉時代の和歌を読むと、古の人たちの月の理解が実に豊かなものであったことに驚かされる。まず春には朧月《おぼろづき》、夏には雨の晴れ間の涼しげな月、秋には鏡のように澄みきった月、冬には凍ったように冴える月が好んで詠まれた。また見る人の心も澄む月、西方極楽浄土を思わせる西に往く月、無常を嘆かせる月、昔を懐かしく思い出させる月、水面に映る月、葉末の露に宿る月、廃屋の月、鏡に見立てられる月、舟に見立てられる月、清流の水底にすむ月、望郷の月、雁と月、萩と月、木の間から漏れる月影、物思いを誘う月など様々である。現代人もみなそれぞれに月の美しさに感動することであろうが、古人が知っていた月の理解の方がはるかに豊かであった。何しろ暦は陰暦であるから、月を眺める機会は現代人よりもはるかに多く、男女が逢い会うのも夜が多かったから、しみじみと眺めたことであろう。「月」といえばすぐに秋を連想する俳句の世界よりはるかに豊かである。ただし秋の稔りを月に感謝する歌はない。

月と兎

「うーさぎうさぎ　何を見てはねる　十五夜お月さん　見てはーねる」という江戸時代からあった童謡『うさぎ』にあるように、月と兎は密接な関係がある。月に兎がいるという理解は、かなり古い時代まで遡ることができる。月の兎について述べた最古の文献は、中国の戦国時代後期、南方にあった楚の国の歌謡を集め

※国会『守貞謾稿』一八33……。

た『楚辞《そじ》』の「天問」篇で、次のように記されている。「夜光何の徳ぞ、死すれば則ち又育す、厥《そ》の利維《こ》れ何ぞ、而して顧菟《こと》腹に在り」。現代語に訳してみると、「夜光（月）にはいったい何の徳があるのだろうか、月は欠けてもまた満ちてくる。何の利があって月は腹に兎を住まわせているのだろうか」という意味である。細かいことはともかくとして、早くも紀元前三世紀には、月に兎がいるという理解があったことになる。

視覚的な最古の史料は、中国湖南省で発見された紀元前二世紀の馬王堆漢墓《まおうたいかんぼ》出土の帛画《はくが》（絹布に描かれた絵画）である。そこには烏のいる太陽と、兎と蟾蜍《せんじょ》（ひき蛙）のいる三日月が対に描かれている。また唐代には月桂樹の左右に兎と蟾蜍を描いた月宮鏡がたくさん作られている。兎は竪杵《たてきね》と臼で不老長寿の仙薬を作っているのであるが、似た場面が奈良県の中宮寺の天寿国繡帳《しゅうちょう》にも刺繡《ししゅう》で縫い取られている。ただし臼と杵ではなく長頸壷になっている。きっと仙薬が入っているということなのであろう。この刺繡の下絵を描いた東漢末賢《やまとのあやのまつけん》、高麗加西溢《こまのかせい》、漢奴《あやのぬ》加己利《かこり》の三人は、その名前からして渡来系の人物である。とにかく帰化人や遣唐使などを通して、月には桂の木（月桂樹）が生えていて、兎とひき蛙が住んでいるという理解が早くから伝えられていたのである。

日本の文献で月の兎について述べているのは、平安末期の説話集である『今昔物語集』である。ただ和漢・天竺《てんじく》（インド）などの説話を集大成したものであるから、もともと日本の説話ではない。もとになったのは、インドの仏教説話であ

※太陽には烏が、月には兎が棲むという理解により、歳月（日と月）があわただしく過ぎることを「烏兎匆匆《うとそうそう》」という四字熟語がある。

※天寿国繡帳は、聖徳太子の死を悼んだ妃の橘大郎女《たちばなのおおいらつめ》が、太子の往生した天寿国（西方極楽浄土）の様子を采女《うねめ》らに命じて作らせたものである。

る。子供向けの絵本ともなり、話の内容はよく知られている。昔、猿と狐と兎が仲良く暮らしていた。ある日三匹は行き倒れの老人を助けようとした。猿は木の実や果物を集め、狐は川から魚を獲ってきた。しかし兎は何も採って来られなかったため、私自身を食べてと言い残し、火の中へ飛び込んだ。老人は実は帝釈天《たいしゃくてん》であった。兎の捨て身の慈悲行に感心した帝釈天は、兎を抱いて天に還り、月へ昇らせて永遠にその姿をとどめさせた。だから月には今も兎の姿が見える、という粗筋《あらすじ》である。子供の世界では、月の兎は餅を搗《つ》いていることになっている。それは満月の「望月《もちづき》」が「餅搗《もちつ》き」に通じるため、仙薬から餅に転化したからである。

※『今昔物語集』巻五、第一三話「三獣行菩薩道兎焼身語」……。

月見の供物

古代の観月の宴には何かそれらしい物を供えたのであろうが、史料がないため不明である。江戸時代になると史料がたくさん残されていて、概ね現在とあまり変わっていないことがわかる。『守貞謾稿』には、江戸・京・大坂の月見の様子が詳細に記されている。

「八月十五夜賞月……三都ともに、今夜月に団子を供す。しかれども、京坂と江戸と大同小異あり。江戸にては図のごとく、机上中央に三方に団子数々を盛り、また花瓶に必ず芒《すすき》を挟《さ》してこれを供す。芒に千日紅等を添ふるなり。江戸の団子は図のごとく正丸にて素なり。京坂にても、机上三方に団子を盛り供すこと、江

※国会『守貞謾稿』二七31・32……。

戸に似たりと云へども、その団子の形、図のごとく小芋（里芋）の形ちに尖《とが》らすなり。しかも豆粉に砂糖を加へ、これを衣とし、また醤油煮の小芋とともに三方に盛ること、各十二個。閏月ある年には十三個を盛るを普通とす。京坂にては芒および諸花ともに供せず」という。

団子の数は月の数となっているが、「十五夜」に因み一五個の場合もあったようだ。

「大家から　鉄砲玉が　十五来る」という川柳があるが、けちな大家が店子《たなこ》に配る月見団子が「鉄砲玉」のように小さいと皮肉っているのである。『東京年中行事』では一五個となっている。また『東都遊覧年中行事』には、「（八月）十四日……近在より市中に来りて芒《すすき》を売歩く」と記されている。

近現代の月見団子の形には地域差がある。関東から中部地方にかけては、白く丸い形が広まっている。葬儀用の枕団子と区別するため、少し押し潰《つぶ》した形もある。富山から新潟・山形の日本海側には、餡入りの白い団子。京阪地方では里芋のように片方が少し尖った形で、『守貞謾稿』にも記されているから、江戸時代以来の伝統である。四国・瀬戸内地方では、団子を串に刺すとのことである。天保二年の『馬琴日記』には、「赤豆団子《あずきだんご》」を供えたことが記されている。

草花としてはすすき（芒・薄・尾花）の他に千日紅・野菊・女郎花《おみなえし》を、歳時記類から拾い出すことができる。要するに各種の秋草も供えられた。ただしすすきを供えるのは江戸の風習であって、『守貞謾稿』には上方では八月の名月にも九

※団子の大きさは『江戸府内絵本風俗往来』では、三寸五分～二寸余と記されている。…。

※『誹風柳多留』十二17 ……。

※国会『東京年中行事』下155左 …。

※国会『江戸年中行事』320 …。

※国会『守貞謾稿』二七32 ……。

月の名月にもすすきを供えないと記されている。江戸の月見のすすきについては、川柳にも「秋二日　昔にかへる　花の江戸」、「武蔵野の　おもかげ残る　二度の月」と詠まれている（「秋二日」「二度の月」は「十三夜」の月見も入れて数えている）。

※『誹風柳多留』七八11…………。
※『誹風柳多留』七三8…………。

　食物としては、里芋や枝豆、また柿・栗・葡萄など秋の果実が供えられた。特に里芋を食べたり贈ったりするので「芋名月」とも呼ぶことが、多くの歳時記に共通して記されている。『守貞謾稿』には「醤油煮の小芋」を供えると記されている。現在では「衣《きぬ》かつぎ」にして食べることが多い。これは小さな里芋の皮を剥かずに茹で、皮をつるりと剥いて味噌などをつけて食べる。一般には「衣かつぎ」と呼ばれているが、外皮を被っている状態を「衣《きぬ》を被《かづ》く」と表しているのだから、本来は「衣かづき」と言うのが正しい。「衣かつぎ」では「衣担ぎ」になってしまう。天保五年八月一五日の『馬琴日記』には「月見赤豆団子、衣かづき等、枝豆等例の如くとり揃へ、家廟え之を供ふ。且家内一同祝て之を食し畢《おわる》」と正しく記されている。『長崎歳時記』には里芋と共に「琉球芋」と呼ばれた薩摩芋の煮物を供えると記されているが、これは九州ならではのことであろう。『風俗画報』一五九号（一八九八）には、「往昔《おうせき》、芒・団子・枝豆・栗・柿等をもて月に供へ」たが、「明治の世となりこの習慣殆ど地を掃ひしが如くなりたれども……」と記され、江戸時代以来の月見の風習が、一時的にほぼ断絶したとされている。

※国会『守貞謾稿』二七32…………。

　すすきを供える理由として、ネット情報には実に様々な説明が見られる。曰く

江戸の仲秋日の供物　小机に芒《すすき》や団子などが飾られている。この小机は七夕の机洗いの話でも触れた寺子屋用の典型的な形である。芒と丸い団子を供えるのは、江戸の習俗であるという。（『守貞謾稿』）

「稲穂が実る前の時期であるため、穂の出たすすきを稲穂に見立てて飾った」、「すすきは神の依り代と考えられていた」、「すすきの茎は中空であるため、神が宿ると信じられていた」、「すすきは切り口が鋭いので魔除けになると信じられ、悪霊や災いなどから収穫物を守り、翌年の豊作を願う意味が込められていた」。そして例によって根拠を示した情報は皆無であり、また「……と伝えられています」「……と言われています」ばかりなのである。おそらくどの説も思い付きであろう。見落としもあるかもしれないから断言はできないが、少なくともそのようなすすき理解が広く共有されていた痕跡はない。京坂ではすすきも花も供えなかった。まして古代の月見には、すすきを供えていたかどうかもわからないのである。

※『守貞謾稿』の「江戸仲秋日供物の図」（上）**と京坂の団子の図**（左）。（国会『守貞謾稿』二七31・32）。

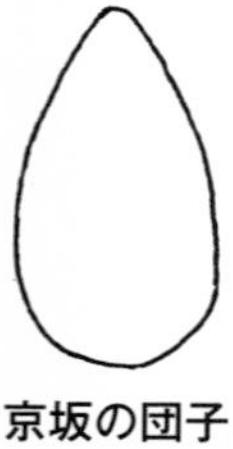

京坂の団子
（『守貞謾稿』）

すすきとおぎ

ところで「すすき」を知らない日本人はまずいないが、本人はすすき（薄・芒）と思っていても、そっくりのおぎ（荻）である場合が多い。荻という字は人名にはよく見られるが、植物としての「おぎ」を正しく見分けられる人は少ないであろう。おぎは河川敷や水田の近くなど、湿地に近いところに一面に群生する。しかしすすきはそれより乾燥気味の所に株立ちして生育する。河川堤防の上部にはすすきが、下部にはおぎがという程度に、生育場所が近接することはあるが、混生することはない。そういうわけで、生えている場所と、株立ちするか否かで、数十m離れた所からでも識別できる。

ところが穂を一本採ってきて見せられると、別の方法で識別しなければならない。しかしこれも簡単である。穂は長さ一cmにも満たない毛針のような小花が連なってできているが、それをルーペで拡大して見ると、すすきには一本だけ長いのぎ（禾）があるのに対して、おぎにはそれがない。今まですすきだと思っていたのに、実はおぎだったということも多いことだろう。

古歌の世界では秋風にそよぐのは荻であり、穂が風になびいて手招きしているように見えるのはすすきであり、すすきとおぎは厳密に使い分けられていて、混同されることはまずなかった。ただし江戸時代の庶民がすすきのつもりで荻を供えていたことはあるだろう。

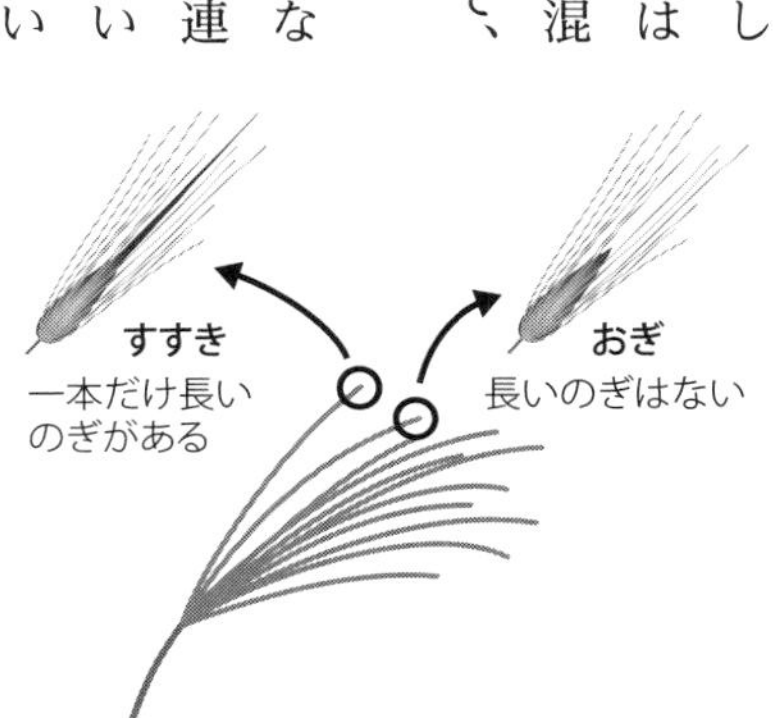

すすきとおぎ

十三夜

中秋の名月のほぼ一月後、旧暦九月一三日の月は「十三夜」と称され、「十五夜」に負けず劣らず見るべきものとされていた。また中秋の名月に続く二回目の名月ということから、「後《のち》の月」「二夜《ふたよ》の月」とも呼ばれた。月齢は一三日であるから、夕暮には既に東の空に上っていて、まだ満月にはなっていない。また冬至に近くなる程月の南中高度も高くなるので、中秋の名月よりは上を見上げることになる。

「十三夜」の月を特別に愛でることは中国にも朝鮮にも例がなく、日本独自の風習である。院政初期の公卿である藤原宗忠の日記『中右記《ちゅうゆうき》』には、「十三夜」の起原について、宇多法皇がこの日の月を「今夜明月無双」と言われたと記されている。そして早くも『源平盛衰記《げんぺいじょうすいき》』にも「寿永《じゅえい》二年（一一八三）……九月十三夜に成ぬ。今夜は名を得たる月なり」と記されているように、早い時期から名月として広く共有されていた。また戦国武将上杉謙信に、「九月十三夜陣中の作」という有名な漢詩がある。「霜は軍営に満ちて秋気清し、数行の過雁月三更……」というもので、詩吟を嗜《たしな》む人なら知らない人はいないほど有名な詩である。もっとも謙信には他に漢詩を詠んだという形跡もないので、実際には後世の作だとされてはいる。また松尾芭蕉の『芭蕉庵十三夜』という文章には、「長月十三夜になりぬ。今宵は、宇多の帝のはじめて詔をもて、世に名月と見はやし、後の月、あるは二夜の月などいふめる」と記されているように、風流の心ある人ならば宇

※満月から次の満月までは、約二九・五日ある。それで一日（一四四〇分）を二九・五で割ると約四九分となるので、平均すると月は日ごとに約五〇分遅れて昇ってくる。ただし、あくまでも平均であって、実際には三〇分～七〇分遅れることもある。

※国会『中右記』七87右

多法皇と「十三夜」の逸話は、誰もが知っていることであった。

　旧暦八月一五日の中秋の名月だけを眺めて、九月一三日の名月を眺めないことは、一般に「片月見《かたづきみ》」「片見月《かたみづき》」と称して「片月見は縁起が悪い」「忌むべきもの」と説明されている。ただ片月見を忌むことには一応の根拠はある。『守貞謾稿』には片月見について次のように記されている。「八月十五夜賞月……江戸の俗（風習）、今日もし他に行て酒食を饗さらるか、或は宿すことあれば、必ず九月十三日にも再び行て今日の如く宿すか、或は酒食を饗さるることとする人あり。これを為《な》さざるを片月見と云ひて忌むこととす。俗諺《ぞくげん》の甚しきなり。片付身と云ふことを忌むなるべし。この故に大略、今日は他家に宿らざることとす」という。「江戸では、八月一五日に月見の宴で酒食をふるまわれたり宿泊した場合には、必ず九月一三日にも再びそこに行って飲食をしたり宿泊する。もしそうしないと片月見と言って忌み嫌われるが、迷信も甚だしい。それは『片付身』ということを嫌うことによる。そのため、一般には八月一五日は他所に宿泊しないようにする」というのである。「片付」とは、江戸時代の口語辞典『俚言集覧』によれば「女子を嫁《か》せしむる」とか「片がつく」という意味であるから、受け取りようによっては芳しい意味ではない。これは主に吉原などの遊郭やその客の間で言われたことで、吉原の四方山話を集めた『吉原大全』や、『新吉原年中行事』にも、ほぼ同様のことが記されている。吉原の風俗を叙述した安永《あんえい》二年の『北里年中行事』（『民間風俗年中行事』所収）には、「片月見を忌みて名月を仕廻《しまい》（遊郭で遊ぶこと）た

※国会『守貞謾稿』二七32…………。

※国会『吉原大全』二8・『江戸年中行事』99左…。

※国会『民間風俗年中行事』138右下段（本によっては137）…。

る客、後の月見も約束なす」と記されていて、遊郭での月見であることがわかる。吉原では五節供や盆・「十五夜」・「十三夜」は「大紋日《おおもんび》」と呼ばれる一種の祝日で、揚代《あげだい》が二倍となるのが相場であった。それで馴染みの客を取りたいあまりにこのような風習が行われるようになり、縁起を担ぐ裕福な男たちは、二倍の揚代を払ってでも「片月見の野暮《やぼ》な人」と言われないように見栄を張った。それで懐に自信のない男たちは、うっかり八月一五日には宿泊しないように気を付けた。要するに遊郭が客寄せのためにそのような仕来りを吹聴《ふいちょう》しただけのことである。ただし後にその風習が遊郭とは無関係に広まった可能性はあるだろう。

「十三夜」の供物について『守貞謾稿』には、「今夜供物、京坂にては、塩煮の莢《まめ》を供す。けだし枝を除き、萁《まめがら》のままの塩ゆでなり。また今夜も芒《すすき》を供せず。江戸にては、今夜も八月と同製の団子に、衣被《きぬかづき》と号して、皮付きの小芋および湯出《ゆで》栗《くり》・生柿・枝莢《えだまめ》、以上五種を供す。……江戸にては今夜も必ず芒を供すなり」と記されている。天保二年の『馬琴日記』には、「赤豆団子《あずきだんご》・芋・栗・枝豆」を供えたこと、『日次紀事』にはこの日を「豆名月」、『俳諧歳時記』には、この日には豆や栗を供えるので、「豆名月」「栗名月」と呼ぶと記されている。ただし地域によっては「八月十五夜」の芋名月と混同されることもあった。

※国会『守貞謾稿』二七35……。

※国会、『馬琴日記』天保二年124……。

※国会『俳諧歳時記』秋65……。

V

旧暦

一　二至二分四立

四季の決め方

立春（立秋）を迎えるたびに、暦と実際の季節感のずれを疑問に思う人が多い。「一年で最も寒さ（暑さ）が厳しいとされる大寒（大暑）を過ぎたばかりというのに、早くも春（秋）となる」ということに納得できない。そして「立春（立秋）などの二十四節気は、もともと中国の黄河中流域で考案されたものであるから、それを日本にそのまま当てはめること自体に無理がある」と考えるのである。しかしこのような季節理解は、もとはと言えば季節の区分の仕方について誤解していることによっている。

そもそも伝統的な季節区分の目安となる二至二分四立（冬至・夏至・春分・秋分・立春・立夏・立秋・立冬）は、どのようにして決められたのだろうか。天文学的には「天球上における太陽の見かけ上の通り道を黄道とし、黄道《こうどう》と天の赤道との二つの交点のうち、黄道が南から北へ交わる点を黄経0度の春分点とする。そして黄経九〇度の点を夏至点、一八〇度の点を秋分点、二七〇度の点を冬至点とし、それぞれの点を太陽が通過する瞬間をそれぞれ春分・夏至・秋分・冬至とする」という。要するに太陽黄経一周三六〇度を、春分を基準にして四等分している。

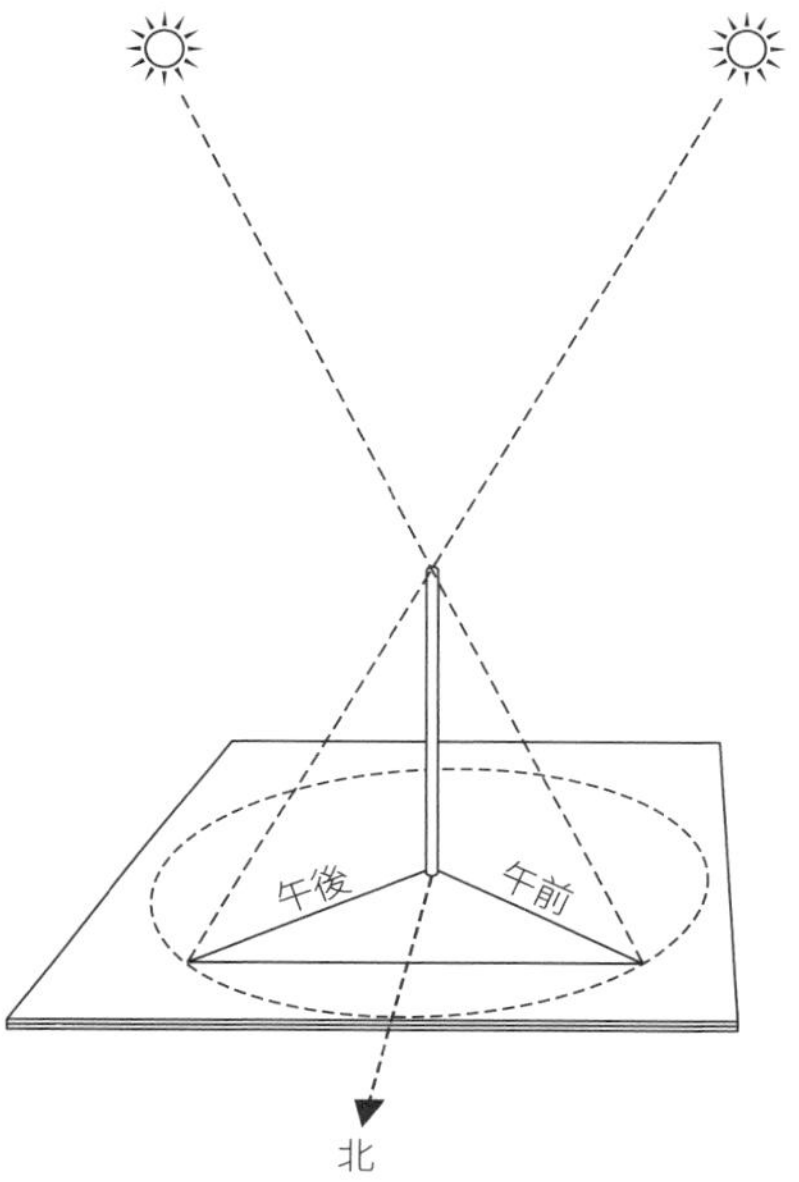

古代の影によって南北東西を決定する方法
地面に立てた垂直の棒をノーマンといい、地面に描かれた円をインディアンサークルという。（横尾廣光氏論文による）

そして各点と点の中間点が四立となるのである。ところがこの「太陽黄経」なるものが素人にはどうも実感が湧かない。

そこで古代の庶民にわかるように説明してみよう。四季の移ろいは、天文学的には地軸の傾きに因る太陽高度の変化として把握される。しかし直接に太陽を見つめることはできないから、太陽高度に連動して変化する影の長さを観測する。その影の長さは太陽高度が高い程短くなり、低い程長くなる。そこで影の長さが最も短い太陽の南中時刻の影の長さを計るのであるが、そのやり方はおおよそ次の如くである。まず水平な地面に半径数メートルの円を書く。そしてその中心になるべく高く絶対にぶれない柱を垂直に立てる。朝の影は長いが、次第に短くなり、影の先端は円の内側に入ってくる。そして、南中時に最短となり、反対に夕方にかけて長くなる。そしてその柱の影の先端が円周と接する位置を、半日かけて観測する。それは午前と午後に各一カ所あり、その二点を直線で結べば、それは必ず東西を指し示す。その直線の垂直二等分線は常に南北を指し示すので、その線上に影が重なった瞬間の影の長さを計る。あとは一年をかけてその線上に重なる瞬間の柱の影の先端を記録し続けるわけである。

　その影の長さは夏至が近付くと短くなる。しかしある日を境にして一転して長くなり始める日が来る。そこでその最も短い日が夏至であるとわかる。その後は影が次第に長くなっていくが、ある日を境に一転して影が短くなり始める日がある。そこで最も長い日が冬至であるとわかる。こうして夏至と冬至という二つの目盛が決まり、これを「二至《にし》」という。この両極が決まればそれぞれの中間点が春分と秋分で、これを「二分《にぶん》」という。次に冬至と春分の中間点が立春、春分と夏至の中間点が立夏、夏至と秋分の中間点が立秋、秋分と冬至の中間点が立冬となり、これを「四立」という。こうして一年に二至・二分・四立の八つの目盛の位置が決まった。あとは立春から立夏の前日までを春、立夏から立秋の前日までを夏、そして同じようにして秋と冬の期間が決まる。あくまでも太陽の高度により一年を機械的に四等分して四季としただけで、季節感や気温をもとに季節が決められたわけではない。

　同じことを地動説を理解できる現代人向けに、別の視点から説明してみよう。まず宇宙に壮大な暦の時計を空想する。太陽を時計の針の軸に見立て、針の先端には地球がある。そして針は一年をかけて反時計回りに一回りする。時計の一二

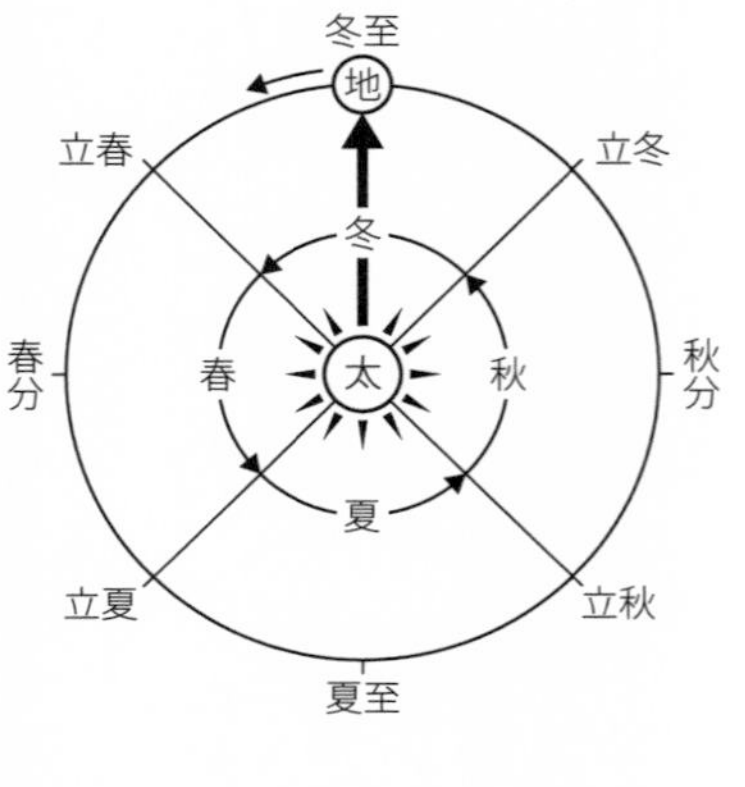

時の位置を春分とすると、正反対の六時の位置が秋分、三時の位置が冬至で、夏至は九時の位置になる。立春は一時半の位置になり、立夏は一〇時半、立秋は七時半、立冬は四時半の位置になる。天文学的にはいい加減な説明であるが、太陽黄経云々という説明より余程わかりやすいであろう。

　このようにして理解すれば、四季というものが実際の気温には関係のない観念的な時間の物差しであることが理解できるであろう。もし気温によって四季が決まるというなら、四季がそれぞれ同じ長さでなければならない必然性など何もない。また地域や自然条件により気温は異なるから、全国共通の統一した季節の区分などできるはずがない。暦の上で四季が同じ長さということになっているのは、暦が実際の気温や季節感とは関係なしに、観念的・機械的に決められた何よりの証拠ではないか。北半球と南半球では季節が逆転するので、春と秋、夏と冬が入れ替わっても、二至・二分・四立の目盛としての位置はほぼ世界共通であり、中国の基準で決められたわけではない。

　ただ二十四節気が日本の気候に合わないという主張には、合理的な部分もある。それは太陽高度により自動的に決められた二至・二分・四立以外の節気には、二十四節気の発祥地の気候や農耕に影響されたものもあるから、それらは日本の気候に合うとは限らないということである。また穀雨《こくう》・小満《しょうまん》などのように、意味がわかりにくい節気もある。ただ大寒と大暑は、日本の実際の気候にも合っているように思う。また小寒・大寒の頃には寒中見舞い、小暑・大暑の頃は暑中見舞

※かつて日本気象協会が中心となって、日本版二十四節気をつくることを計画したことがある。しかし、俳句界や日本語研究者からの強い反対があり、平成二四年（二〇一二）に中止された。

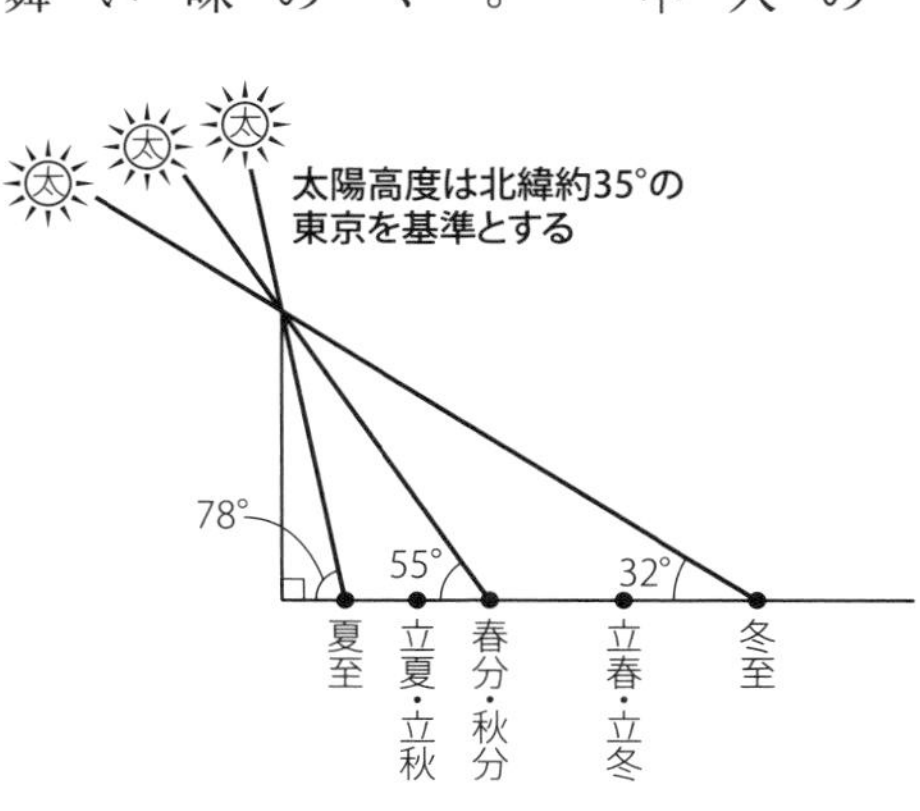

いというように、伝統的生活習慣として、また俳句の世界では季語として共有されている。長年親しまれてきた文化であり、今さら全面的に改定して日本版の新二十四節気を作る必要はないと思う。季節のずれはそれはそれで楽しみつつ、上手に付き合えばよいのである。

しかし現代人が暦と実際の季節とのずれを感じることについて、もう一つ全く別な日本人ならではの理由がある。『古今和歌集』以来の八代集などの古歌を調べてみると、寒暑の厳しい冬と夏の到来を期待する歌はない。それに対して過ごしやすい春の到来を期待したり、往《ゆ》くのを惜しむ歌は大変多い。冷暖房機器はないのであるから、春秋への期待は現代人よりはるかに大きなものだったであろう。それで春の立つ徴《きざし》と理解されていた霞が立てば、どれ程寒さが厳しくてもそこに春を感じ取り、秋の初風が水辺の荻の葉をそよがせれば、暑さが厳しいが故に秋の到来を感じたのである。「ほのぼのと　春こそ空に　来にけらし　天の香具山　霞たなびく」という後鳥羽上皇の御製や、「秋来ぬと　目にはさやかに　見えねども　風の音にぞ　驚かれぬる」という藤原敏行《としゆき》の歌はそのことを物語っている。

春であることは勿論のことであるが、古人はまずは微《かす》かな春の気配を大きく喜んだのであり、同じことは秋についても言える。一年で最も実際に寒さが厳しい小寒・大寒の後にすぐ立春となっても矛盾を感じなかったのは、これ以上寒さが厳しくなることはないことに春の到来を予感したからなのである。現代人は暖かくなったから春を感じるが、古人は寒さがピークとなるので春の到来を予感した。

※『古今和歌集』の四季の歌は、春が一三四首、夏が三四首、秋が一四五首、冬が二九首である。季節の好みと歌の数には直接の因果関係はないだろうが、相関関係は認められるだろう。…。

※『新古今和歌集』2 ……。

※『古今和歌集』169 ……。

ここに現代人と季節感のずれが生じることになるのである。

立春と元日

現在の立春にはこれといった伝統的行事は行われていないため、特に注目されることもない。しかしかつては立春が一年の起算日であった。「夏も近づく八十八夜」と歌われる「八十八夜」、台風が来ることが多いので農家の厄日とされた「二百十日」などは、立春から数えられている。

そうすると旧暦元日は一年の始まる日ではないのであろうか。もちろん元日も一年の起算日である。どちらも一年の始まりなのであるが、その規準が違うのである。太陽高度を規準とするなら、立春が年始である。月の満ち欠けを規準とするなら、元日は月の見えない新月の日から始まらなければならない。つまり太陽を規準とした年始は立春、月を規準とした年始は旧暦の元日というわけである。

ただ『日本書紀』を初めとする六国史は元日起算の暦によって記述されているように、国家としての正式な行事は、すべて元日起算の暦によっていた。大化改新の詔が正月元日に発表されたのも、国家の新体制を公表するのにふさわしい日と理解されていたからである。それに対して農耕を基本的な生業として生活する庶民にとっては、立春起算の暦の方が便利である。つまり月を基準とした元日起算の暦は言わば「正装の暦」であり、太陽を基準とした立春起算の暦は「普段着の暦」であり、用途により使い分けていたのである。

※『日本書紀』には大化改新について、「(大化)二年春正月甲子《かっし》朔《ついたち》、賀正の礼畢《おわ》りて、則ち改新の詔《みことのり》を宣《のたま》ひて曰く」と記されている。

立春と旧暦元日とどちらが先に来るかは、その年によってまちまちであった。元日前、つまり旧暦一二月中に立春になることを「年内立春」と称し、本来は冬であるはずの一二月中に春になることのおかしさを詠んだ有名な歌がある。『古今和歌集』の巻頭歌で、「年の内に　春は来にけり　一年《ひととせ》を　去年《こぞ》とや言はむ　今年とや言はむ」という歌であるが、正岡子規が『再び歌よみに与ふる書』において、さんざんに扱《こ》き下ろしていることはよく知られている。その反対に元日後の立春を「新年立春」という。年内立春は決して珍しいことではなく、下の表のようにおよそ二年に一回くらいの頻度で起きることである。

立春には「立春大吉」と書かれた札を戸口に貼る風習が行われている。一般には曹洞宗《そうとうしゅう》寺院から始まった風習であるとされている。そして「立春大吉」という文字は書きようによっては左右対称になるため、家の中に入った鬼が振り返ると「立春大吉」と読める札があり、まだ家の中に入っていなかったと勘違いして出て行ってしまうと説明されている。しかしこのような理解を、これまで江戸時代の文献では見たことがない。私の見落としもあり得るが、江戸時代に広く共有されていたことはない。そもそもガラス戸に貼るわけではないから、裏文字が透けて見えるはずがない。

ただし江戸時代に禅寺の門に「立春大吉」と書いた札を貼ったことは事実である。禅門の右の柱には「立春大吉」、左の柱には「鎮火防燭《ちんかぼうしょく》」「鎮防火燭《ちんぼうかしょく》」と書いた札を貼るのであるが、左柱の句は難解であることから、「立春の　片方読めぬ　…。

※『川柳評万句合勝句刷』宝暦十三年

西　暦	旧正月	立　春	新年・年内
2020年	1月25日	2月4日	新年立春
2021年	2月12日	2月3日	年内立春
2022年	2月 1日	2月4日	新年立春
2023年	1月22日	2月4日	新年立春
2024年	2月10日	2月4日	年内立春
2025年	1月29日	2月3日	新年立春
2026年	3月17日	2月4日	年内立春
2027年	2月 7日	2月4日	年内立春
2028年	1月27日	2月4日	新年立春
2029年	2月13日	2月3日	年内立春

寺の門」、「立春大吉　片々は　読めねえ」という川柳が詠まれている。「鎮防火燭」などはいずれも防火の護符であろう。

※『誹風柳多留』六五18……………。

朝鮮の李朝末期の年中行事や風習を記録した『東国歳時記』（一八四〇）には、立春の日に、宮中以下庶民の家に至るまで、めでたい言葉や魔除けの言葉の対句を書いて門に貼ると記されている。そしてそのような言葉がたくさんあげられている。わかりやすいものをいくつか拾ってみよう。「立春大吉・建陽多慶」「父母千年寿・子孫万代栄」「天下太平春・四方無一事」「災従春雪消・福遂夏雲興」「鶏鳴新歳徳・犬吠旧年災」。こうして比べてみると、日本の風習は、明らかに朝鮮から伝えられたものであることがわかる。曹洞宗寺院から始まったということの根拠を確認できていないが、江戸時代に朝鮮の寺院から伝えられたのではないかと思う。

※『東国歳時記』は、「東洋文庫」（平凡社）に収録されている。…。

二土用

土用の五行思想

「土用《どよう》」と言う言葉からは鰻《うなぎ》を食べることを連想するが、それ以外ではあまり思い付くこともなく、現代の生活には縁の薄いものになっている。しかし土用干《ぼし》・土用波・土用蜆《しじみ》・土用丑・土用鰻・土用灸《きゅう》など「土用」の派生語が多く、かつては日常生活に溶け込んだ暦の一つであった。

土用とは中国から伝えられた五行思想による暦の一つで、立春・立夏・立秋・立冬の直前の各約一八日間を指している。一般に立秋直前の夏の土用を指すことが多いが、本来は節分が年に四回あるように、土用も四回ある。一八日間もあるので、最初の日を「土用の入り」、最後の日を「土用の明け」という。明けの翌日は季節の変わる四立であるから、土用の明けの日は「節分」に当たる。つまり土用というのは季節の変わり目なのである。

五行思想は古代中国で説かれた自然哲学思想の一つで、万物は木《き》・火《ひ》・土《つち》・金《かね》・水《みず》の五つの元素からなると説かれる。そしてこの五つの元素が互いに影響しあって天地の万物が変化し循環すると考える。その五つの元素には色・方角・季節その他色々な物が当てはめられるが、木には青と東と春が、火には朱（赤）と

五行	木	火	土	金	水
季節	春	夏	土用	秋	冬
色	青	朱・赤	黄	白	玄・黒
方角	東	南	中央	西	北
霊獣	青龍	朱雀	麒麟《きりん》	白虎	玄武

南と夏が、土には黄と中央が、金には白と西と秋が、水には玄（黒）と北と冬が当てはめられる。すると「土」の季節はどこへ消えてしまったのだろうか。

五行の木には植物が生育するように伸びる性質があり、火には頂点に達して激しく燃えさかる性質があり、金には勢いが衰えて固く収まる性質があり、水には力を内に秘めて静かに留まる性質がある。そして土には植物が地中から発芽するように、万物を育み保護する性質があると説かれ、四季それぞれの境にそのような性格の「土」の期間を均等に挟み込むことにより、異なる気をもつ季節が突然にかわって問題が生じないようになっている。つまり「土」は四等分され、季節と季節の間に挟み込まれるように配置されるのである。

「土」の期間は「土用」と呼ばれ、その長さは次のように計算される。一年三六五日を五行の五で割り、そのうちの四つに四季を当てはめる。残りの一つが土用で、さらにそれを四等分して四季の間に挟み込まれるのであるが、365÷5÷4と計算するので、

※相撲の土俵には、かつて四本の柱があり、屋根を支えていた。これは、昭和二七年に吊り屋根と青・赤・白・黒の色房に変えられた。青は東を守る青龍《せいりゅう》、赤は南の朱雀《すざく》、白は西の白虎《びゃっこ》、黒は北の玄武《げんぶ》（蛇と亀が合体した神獣）を表す。そして中央には最も重要な土俵がある。土俵の土は黄色と理解され、五色がそろっていることになっている。

答は約一八日となる。ただし実際には端数があり、一七日か一九日のこともある。

伝統的年中行事では、五行思想が様々な場面に現れているが、特によくわかるのは「五色《ごしき》」ということである。薬玉《くすだま》には五色の糸が垂れ下がり、鯉幟と共に五色の吹流が揚げられ、七夕には五色の短冊が飾られる。寺院に五色の幕が飾られているのをよく見かける。ただ黒は縁起が悪いという印象からか、これを避けて紫になっているようである。五色の中でも土に配される黄色は特別な存在で、東西南北の中央に位置して全てを包含する。

土用の禁忌

土用の期間には土に関すること、例えば土木作業や庭いじりにまで、様々なことに禁忌《きんき》が信じられている。中にはとても土木工事とは言えないような庭いじりさえ、祟りがあると脅すものもある。しかし土に関することが禁止となれば、農作業はできない。このようなことには近年になってから拡大解釈されたものが多く、全く気にする必要はない。

平安時代の陰陽道では、土の中には土を掌る土公神《どくじん》がいると信じられていた。この神は、春は竈《かまど》に、夏は門、秋は井戸、冬は庭にいて、季節毎に遊行《ゆぎょう》するものとされていた。そしてその神の居場所やその方角で土に関わる行為をすることは「犯土《ぼんど》」と呼ばれ、禁忌の対象となっていた。当時の貴族の日記には、「犯土を避ける為」という記述がしばしば見られる。平安時代の百科事典的文集である『朝《ちょう》

※中国の明や清の皇帝は中央にいて四方を支配するということから、その服は黄色であった。清朝最後の皇帝であった溥儀《ふぎ》はその回想録で、身の回りのありとあらゆる物が黄色であったと記している。

※西山孝樹氏らの土木史の論文（「我が国の平安時代における『土木事業の空白期』に関する研究」によれば、一〇〜一一世紀には土木工事が著しく減少した空白期があり、それは平安貴族の日常生活を大きく束縛した犯土思想によるということである。

野群載《やぐんさい》』に収められた天延《てんえん》二年（九七四）の「陰陽師加茂保憲勘文《やすのりかんもん》」には、「犯土」について、「土の気の宅を去ること三十五歩（約六九ｍ、四五歩・約八二ｍ説もあり）、各一区と為す。これを過ぐるの外、土の気も人を害さず。池を掘り土を起し深さ三尺を過ぐれば害となる。三尺に満ざれば害なし」と記されている。「犯土」の及ぶ範囲は土公神の居場所から距離約六九ｍ（八二ｍ）、深さ九〇㎝以上と理解できる。ただし期間については言及がない。日記の日付を見ると、土用の期間に集中しているわけではなさそうであるので、犯土と土用の期間がどのように関わっていたかは、私自身の力が及ばず解明できていない。

ところがこのような風習に次第に尾鰭《おひれ》が付き、江戸時代には、土用の期間には、土木建築・井戸掘り・壁塗りなど土を動かすことは禁忌であるとされた。ただし塙保己一《はなわほきいち》が著した『仮名略暦註』には、「土公、春は竈《かまど》、夏は門、秋は井、冬は庭、土公は地神、即《すなわち》土神也。新しく造るは忌なし。古きを修理する事を忌也。……都《すべ》て土用の中は、造作、修造、柱立、礎或《あるいは》土を動かし、井を掘、壁ぬり等、一切土を犯すに大に悪し」と記されていて、土公神の四季の居場所を侵さない限りは禁忌とはみなされず、また新たに作る場合も問題とはされなかった。ただし古いものを修理する場合は忌むべき事と記されている。

土用鰻

夏の土用には面白い食文化が伝えられている。食欲もなくなるほどに暑い時期であるからか、夏ばてや夏痩《なつやせ》防止のために鰻を食べるという風習である。鰻が夏痩せ防止に効果があるということは、『万葉集』の大伴家持の歌が根拠になっているようだ。それは「石麻呂《いわまろ》に　吾物申す　夏痩に　よしといふものぞ　鰻《むなぎ》取り喫《め》せ」という歌で、大伴家持が痩《や》せている友人の吉田連石麻呂《よしだのむらじいわまろ》に贈ったものである。夏痩によいというので、鰻を捕って召し上がれ、という意味であり、石麻呂はいくら食べても太らないので、家持がからかって詠んだという説明まで付けられている。

※『万葉集』3853……。

江戸時代にもこの故事はよく知られていて、『天保佳話《てんぽうかわ》』（一八三七）という書物には『万葉集』の大伴家持の歌を引用し、「夏の土用に鰻を食べるのは、鰻が夏痩せを癒すものだからである」と記されている。

※国会『天保佳話』22……。

夏痩防止に鰻を食べよというこの歌のお蔭で、現在も夏の土用鰻は食習慣として続いている。しかし夏場の鰻には脂がのっていない。かえって冬の土用鰻の方が脂がのっていて美味いという人もいる。夏痩対策の夏の鰻は、鰻自身が夏痩しているのである。もっとも関東地方に多い江戸前の鰻は、白焼きしてさらにじっくりと蒸し、余分な脂を落とすので、夏痩した鰻でも十分なのかもしれない。

そもそも夏の土用の丑《うし》の日にうなぎを食べることについて通説では、夏に売り上げの落ちた鰻屋が博学で知られた平賀源内《ひらがげんない》に相談したところ、「本日土用の丑の日」と書いて店先に貼り紙をするようにと言われ、そのようにしたところ大繁盛をしたということになっている。そしてこの話は青山白峰が著した『明和誌』

（一八二二）という随筆に載せられているということになっているが、『明和誌』にはそのような記述はない。ただ「土用に入り丑の日にうなぎを食す。寒暑ともに家毎になす。安永天明の頃よりはじまる」と記されているだけである。また源内が「風来山人」の名前で著した『里のをだまき評』という書物に「土用の丑の日に鰻を食べると滋養になる」と書かれているという説もあるが、そのような記述もなく、ただ「吉原へ行、岡場所へ行くも皆夫々の因縁づく、能《よい》も有、悪いもあり、江戸前うなぎと旅うなぎ程旨味《うまみ》も違はず」（『天狗髑髏鑒定縁起』）と記されているだけである。これは吉原の遊女と他所から来た遊女の違いを、江戸前の鰻と江戸以外から来た鰻（旅鰻）程には違わないという意味で、品のよい喩えではない。

　土用の丑の日に鰻を食べる風習が一般に広まったことは事実であるが、源内の助言から始まったというのは、全く根拠がないのである。しかし天保一一年（一八四〇）頃に橋本養邦《おさくに》が描いた『江戸年中風俗之絵』には、夏の土用の鰻屋に「今日うしの日」と書かれた広告が貼られている場面がはっきりと描かれているから、源内起原は根拠がないが、夏の土用に「今日うしの日」という広告が張り出されていたことは事実である。

「天保年間の土用鰻」ということについて、それを補強する史料がある。山形商工会議所が大正一二年（一九二三）に出版した『山形経済志料』の第二集に、「土用鰻の事」と題する話が載せられている。それは父の鰻屋を嗣いだ二代目鰻屋で、

※国会『鼠璞十種《そはくじゅっしゅ》』二14あるいは16…。

※国会『天狗髑髏鑒定縁起』47左…。

※国会『江戸年中風俗之絵』二7…。

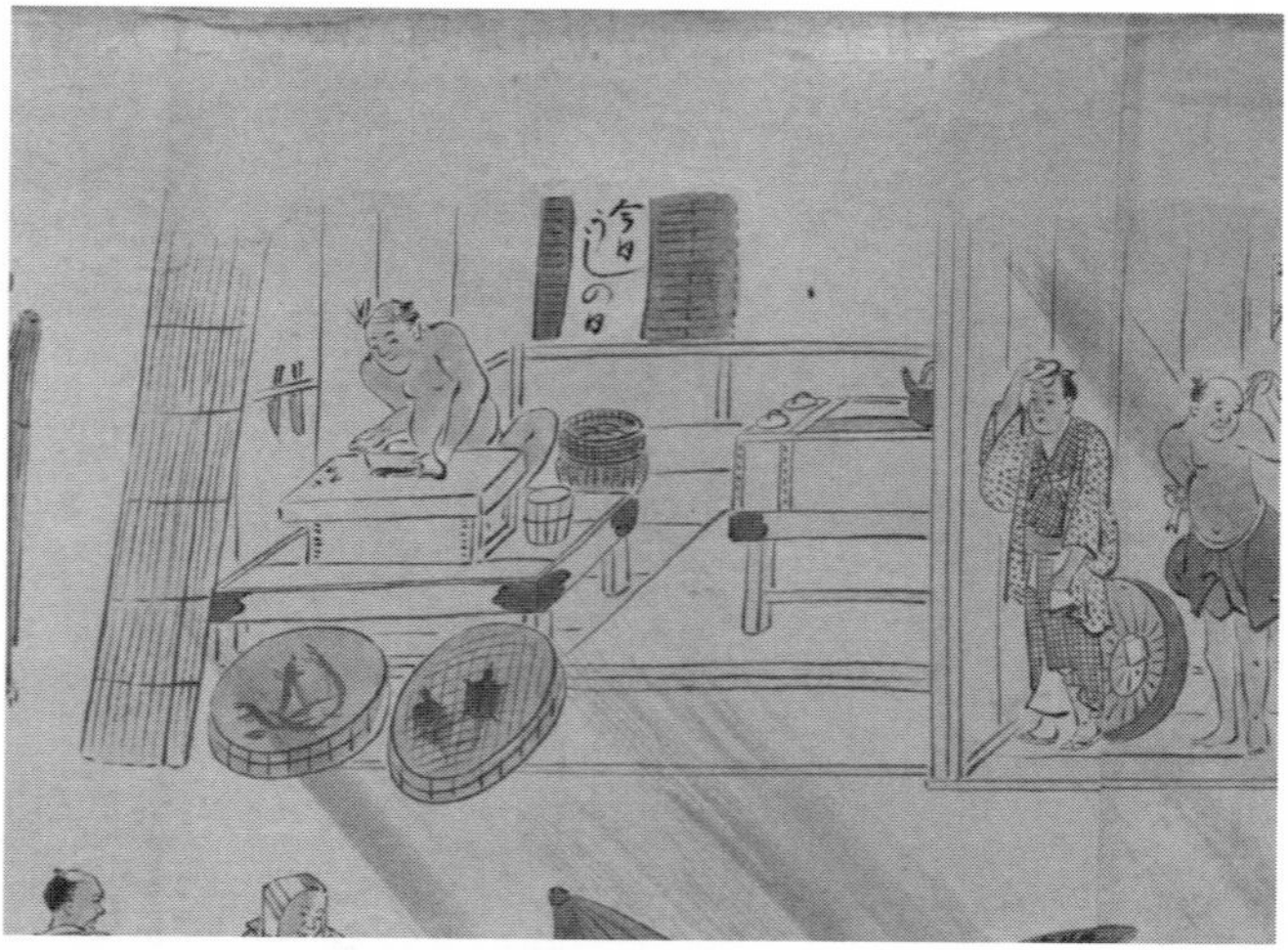

丑の日と鰻　鰻をさばく料理人の後ろには「今日　うしの日」の貼り紙があり、店先の盥《たらい》に入れられているのはウナギとスッポンであろう。（『江戸市中風俗図』）

嘉永《かえい》三年（一八五〇）生まれの柴田彦兵衛が父から聞いた話を語っているものである。それによれば、「天保年間以前には丑の日になつたとて別に鰻を食べるやうな事はなく、商売は至て閑散なものであつた。それが天保年間以来弗々《ふつふつ》売れるやうになり、天保の末弘化嘉永年間には最も繁盛し、土用の丑の日には何んでも彼でも鰻でなければならぬと言ふやうになつた。その由来は詳《つまびら》かではないが丑の日に食べると其年は決して病疫に襲はれぬと伝へられてゐるのだ」という。

※国会『山形経済志料』二25〜28…。

そのほかにも天保年間の『娘消息』という通俗小説にも「土用鰻」という表現があるから、天保年間には土用鰻が庶民の行事食として定着していたことを確認

※国会『娘消息』初下18左2・3行…。

できる。

ただ土用の丑の日には本来は鰻を食べなかったという、全く正反対の説がある。『風俗画報』一五九号（一八九八）には、次のように記されている。

「往古、土用中の丑の日に鰻を食すれば、大悲利他不尽天《だいひりたふじんてん》の如く諸願満足を主《つかさど》る虚空蔵菩薩《こくぞうぼさつ》の忌諱《きき》に触《さわ》ると云て、世上普通の人は皆この日鰻を食せざりしなり。而して日常膳に魚肴《さかな》を上《のぼ》すこと能はざる貧人は、この日に限り廉価を以て鰻を食し得るに因り、皆争てこれを求めり。何れの鰻店もこの機に乗じ、これ等貧人の注意を喚起するが為めに、紙牌《しはい》を店頭に掲げ、以てこれを待ちしが、今は全く反対になりしこそ笑《おか》しけれ」。

虚空蔵菩薩信仰の禁忌として、土用丑の日には鰻を食べない風習があったため、この日ばかりは鰻があまり売れないので鰻の値段が下がる。それで貧しい人がそれを狙って鰻を買い求めるので、鰻屋が店頭に丑の日に廉売する広告を掲げるようになり、今は本来の禁忌の意味が忘れられてしまい、皆が土用鰻を食べるようになったというのである。古くから鰻は虚空蔵菩薩の乗り物であるとか、虚空蔵菩薩は丑年と寅年生まれの人の守り本尊であるという俗信があり、虚空蔵菩薩信仰に縁のある人や地域では、鰻を食べることが禁忌とされてきたことは事実である。これも話としてはなかなか面白い。しかし『風俗画報』の情報は玉石混淆であり、現在はこれを考証する材料を持ち合わせていないため、一つの説として紹介するに留めておく。

現在では鰻は夏の土用の行事食ということになっているが、近年に寒の土用にも鰻を食べる風習が始まっている。長野県の岡谷市には、「寒の土用丑の日発祥の地」と刻まれた石碑まであるという。確かに夏の鰻より冬の鰻の方が脂が乗っている。それで町興しや観光的視点から二匹目の泥鰌《どじょう》ならぬ二匹目の鰻を狙って、そのような食文化を広めようというのであろう。

しかし寒の土用に鰻を食べることは、とっくに江戸時代から行われている。既に引用したように、『明和誌』には「寒暑共に」土用鰻を食べることが記されていた。『東都歳時記』にも、「十一月……寒中丑の日……諸人鰻を食す」と記されている。石碑までできてしまうと、もう既成事実化して独り歩きしているのであろう。「復興の地」なら理解できるが、「発祥の地」は歴史の捏造である。寒中の土用鰻は近年になって始められたことではなく、本来は江戸時代に普通に行われていたことなのである。そうすると夏痩せ防止の土用鰻は後付けの理屈である可能性が高く、土用との関係にこそ何か意味がありそうである。

※国会『江戸歳時記』秋冬51左 ……。

三　夏の終わり

夏越の祓

一年も半分が過ぎる六月晦日《みそか》に半年間の罪穢《つみけがれ》を祓う風習があり、「夏越《なごし》の祓《はらえ》」、あるいは「水無月《みなづき》の祓」と呼ばれている。各地の神社ではこの日、罪穢を祓う大《おお》祓《はらえ》の祝詞《のりと》が奏上されてきた。年末にも同じように大祓があるので、半年ごとに大祓が行われるわけである。「夏越」は夏を過ぎ越すという意味であり、「なごし」という音によって「名越」と表記されることもあるが、意味を考えれば本来は「夏越」と書くべきものである。大祓そのものは『古事記』に記された仲哀《ちゅうあい》天皇の頃からあるが、国家の正式な祭祀として定められたのは、おそらく大宝《たいほう》元年（七〇一）の『大宝令《りょう》』であろう。『大宝令』を叩き台として改定された『養老令』の「神祇令」には、六月と一二月の晦日に大祓を行うことが定められている。

ところが新暦の六月晦日は所によっては梅雨の真最中であり、本格的な夏の暑さはこれからのこと。夏を過ぎ越すどころではない。しかし「六月晦日《みそか》」ということにこだわり、現在では新暦の六月三〇日に行われている。そのため本来の意味は忘れられている。「六月末は梅雨の最中であり、疫病が流行りやすいので穢を祓う」と説明されることがあるが、罪穢を半年ごとに祓うために旧暦六月の晦

※国会『令義解』三6…………。

日に行われるのであって、梅雨とは何の関係もない。

百人一首に収められている「風そよぐ　ならの小川の　夕暮は　みそぎぞ夏のしるしなりける」という歌は、旧暦六月晦日に上賀茂神社の御手洗《みたらし》川で行われる夏越の祓を詠んだものである。秋の到来を予感させる夕風が吹いてはいるが、夏越の祓の禊《みそぎ》をしているので、まだ夏であるとわかるというわけである。現代人は季節は徐々に移ろうものと思っているが、古人にとっては日を限って替わるものであった。翌七月一日になれば、どれ程暑さが厳しくても「秋は秋」なのである。また『千載和歌集』には「禊する　川瀬に小夜や　ふけぬらん　帰るたもとに秋風ぞ吹く」という歌が収められているが、ここでは夏越の祓は夜に行われている。そして早くも翌朝に吹くべき秋の初風を感じ取っている。

夏越の祓では、人の形に切り抜いた「撫《なで》もの」「人形《ひとがた》」と呼ばれる紙で身体を撫でたり、それに息を吹きかけて罪穢を移し、川に流す風習が行われた。『東都歳時記』（一八三八）には、「この日庶人、紙を以て衣類の形に切て、撫ものとし川へ投ず」と、『五節供稚童講釈』（一八三三）にも「紙にて人形《ひとがた》を作り、身内を撫でて、悪しき事をこの人形に負はせ川へ流すを、禊の祓《はらえ》とも、夏越の祓ともいふ」と記されている。『東京風俗志』（一八九九）には、神社の氏子に紙の形代を配って思い思いに記入したものを集め、神官が舟で沖に出て海に撒いて流す風習が記されている。もちろん場所によっては川に流すのであるが、この風習は現在でも各地で行われている。

※『新勅撰和歌集』192 ……。
※『千載和歌集』225 ……。
※国会『江戸歳時記』春夏92右 ……。
※国会『五節供稚童講釈』後一・二18右3行 ……。
※国会『東京風俗志』中26） ……。

夏越の祓の様子　6月晦日の夕方に川辺で行われる。神官が川に流す「人形」を案（机）の上に置いて祈っている。この図には描かれていないが、人々は夕涼みをかねて見に来る。（『五節供稚童講釈』）

このように人形《ひとがた》で身体を撫でて罪穢を祓うことの起原は大変古く、平安時代には行われていた。『堀河院百首歌』（一一〇五年頃）には、「沢辺なる　浅茅を仮に　人なして　厭ひし身をも　撫づる今日かな」という歌が収められている。これは「浅茅（茅萱《ちがや》）で人形《ひとがた》をこしらえ、それで穢れた身体を撫でて祓をする今日、水無月の晦日であることよ」という意味である。茅の輪ではないが、茅萱でこしらえる人形で身体を撫でるというのであるから、大きなものではない。平安時代にはまだ潜るような大きな茅の輪は出現していないようである。

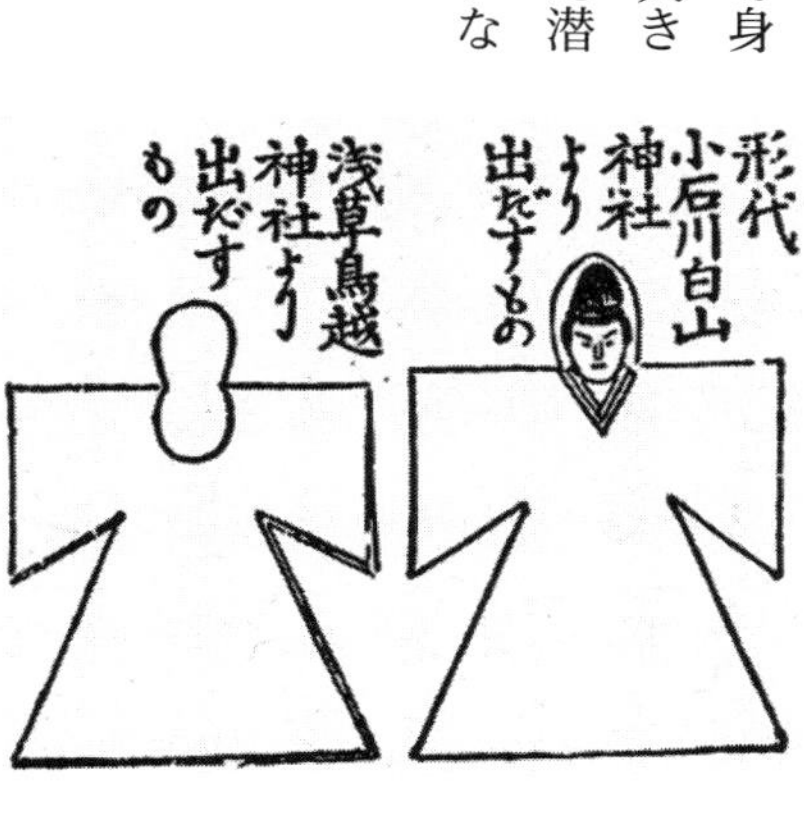

祓の形代・撫物　江戸の小石川の白山神社と浅草鳥越神社のもの。（『東京風俗志』）

茅の輪潜

現在の新暦六月三〇日には、各地の神社で茅《ち》の輪《わ》潜《くぐり》の神事が行われている。茅の輪とは文字通りに解釈すれば茅《ちがや》で作った輪ということになるが、ちがやは茎の太さが数㎜もなく、背丈も五〇㎝程度であるから、このちがやだけでは、大人が立ったまま潜り抜ける大きな輪を作ることは容易ではない。「ちがや」の「かや」は漢字では「萱」「茅」と書くが、「かや」とはすすき（薄・芒）やおぎ（荻）などの総称であるから、実際にはすすきやおぎなどで作られている。それならばいくらでも手に入り、大きな輪を作ることもできる。

茅の輪潜では、神前に特設されたり鳥居に括《くく》りつけられた茅の輪を、右の方から「8」の字を書くように潜るのであるが、茅の輪に罪穢を祓い清める呪力があるという信仰は、奈良時代まで遡ることができる。『釈日本紀』という書物に引用される『備後《びんご》国風土記』には、次のような説話がある。「武塔《むとう》の神（素盞嗚尊《すさのおのみこと》）が、南海の神の娘と結婚するために旅をしている途中、蘇民将来《そみんしょうらい》・巨旦将来《こたんしょうらい》という兄弟のところで一夜の宿を求めた。弟の巨旦将来は裕福であったにもかかわらず宿泊を拒んだが、兄の蘇民将来は貧しいながらも厚くもてなした。その数年後、再び蘇民将来を訪ねたその神は、悪い病気がはやる時には、茅《ちがや》で輪を作り腰につければ病気にならない」と教えたという。現在でも素盞嗚尊《すさのおのみこと》やその本地とみなされた午頭天王《ごずてんのう》を祭る神社では、「蘇民将来」「蘇民将来子孫也」と記した護符が授与

※『釈日本紀』は鎌倉時代後期の神官である卜部兼方《うらべかねかた》が一三世紀末に著した『日本書紀』の注釈書である。現在では散逸して伝わらない数々の文献が部分的に逸文として収録されているため、『古事記』『日本書紀』を補う文献として重要である。ここに引用する『備後国風土記』の逸話も、本書によって知ることができる。

されている。この護符の実物が京都の長岡京跡の発掘で発見されている。長さわずかに二七㎜しかないが、はっきりと「蘇民将来子孫□」と墨書されている。上部に孔があるから、紐を通して持ち歩いていたのであろう。

一般にはこの話の続きとして、宿を貸さなかった弟の巨旦将来が滅ぼされ、兄の蘇民将来とその一族は繁栄したと説明されている。しかし原典を忠実に読めば、蘇民将来の娘一人を除き、将来一族は悉く滅ぼされたと記されている。しかも巨旦将来については何も言及されていない。なぜ宿を貸した蘇民将来まで滅ぼされてしまったのか、現代人の感覚からすれば理不尽である。そのため、蘇民将来は滅ぼされなかったという勧善懲悪的な話に改変されていることがわかる。

茅の輪は初めの頃はこの説話のように小さなものを腰に付ける程度だったのであろう。その程度の小さな輪なら、細いちがやでも十分作れる。すすきやおぎでは太すぎて、かえって環にこしらえることができない。前掲の「沢辺なる　浅茅を仮に　人なして　厭ひし身をも　撫づる今日かな」という歌に詠まれた「浅茅の人形《ひとがた》」は、手に取って身体を撫でる程度の大きさであろう。ところが大きな輪を作るとなると、とてもちがやでは間に合わない。そこで前述のように、同じ「かや」の仲間であるすすきやおぎで人が潜れるほど大きく作り、本来の材料であったちがやが「茅の輪」という呼称として残ったのであろう。

腰に付ける小さな茅の輪は『風土記』まで遡れるが、人が潜る大きな茅の輪がいつ頃から始まったかはよくわからない。ただ室町幕府の年中行事を記録した『年

茅の輪潜　現在でも新暦6月晦日に各地の神社で行われる。神前に特設された茅で作った輪を右のほうから「8」の字に潜り、罪穢を祓おうとするもの。(『諸国図会年中行事大成』)

中恒例記』には、「六月……晦日夜に伝奏《てんそう》（取り次ぎ役）祗候《しこう》（近侍すること）候て、御輪に入申され、麻の葉を左の御手にもたれ候て、御むしろの上にて三度輪に入申され候也」と記されている。また『多聞院日記』の天文十三年（一五四四）の六月晦日には「名越輪祝義（儀）これ在り」と記されているから、室町時代までは遡れる。

　室町時代の有職故実書である『公事根源』には、輪を潜る際に

※国会『年中恒例記』30……。

※国会『多聞院日記』一185……。

※国会『公事根源』86……。

「水無月《みなづき》の　夏越のはらへ　する人は　千歳の命　延《の》ぶといふなり」という歌を唱えると記されていて、長寿を祈念するものと理解されていたことがわかる。また同書には和泉式部の「思ふこと　みな尽きねとて　麻の葉を　切りに切りても祓へつるかな」という歌も唱えると記されている。「思い悩んでいることは、水無月の祓のようにみな尽きてしまえとばかりに、麻の葉を切りに切ってお祓いをしたことである」という意味なのであるが、「みな尽きね」という言葉に「水無《みな》月《づき》」が隠されていることはすぐにわかるだろう。前掲の『年中恒例記』には、この歌のように麻の葉を持って潜ると記されている。麻の葉を切って幣として水に流す風習はその後も長く行われ、『俳諧歳時記栞草』（一八五一）には「麻の葉流す」が季語として載せられ、麻のことを「祓草《はらえぐさ》」と称すると記されている。

銘菓「水無月」

夏越の祓が行われる旧暦六月は「水無月《みなづき》」とも呼ばれ、京都では新暦の六月末には「水無月」という和菓子を食べる風習がある。これは半透明の外郎《ういろう》の表面に甘く煮た小豆を一面にのせ、三角形に切り分けたものである。室町幕府の年中行事を記録した『年中恒例記』の六月晦日には、「外郎《ういろう》進上」と記されているから、小豆の有無は不明でも、六月晦日に外郎を食べる風習は、室町時代まで遡ることができる。

外郎とは米粉に砂糖を混ぜて練ったものを蒸して作るもので、「蒸餅」とも呼

※『拾遺和歌集』297……。
※『後拾遺和歌集』1204……。
※国会『俳諧歳時記栞草』128…。
※国会『年中恒例記』30……。

ばれた。江戸時代初期の京都の歳時記である『日次紀事』（一六七六）には「六月……晦日……今夜民間……各々甜瓜《まくわうり》を賞し、蒸餅を食ふ」と記されていて、外郎（蒸餅）は室町時代以来の行事食となっていることを確認できる。水無月に乗せられる小豆については、『諸国図会年中行事大成』（一八〇六）には、「土用に入る日、家毎に小豆餅を食す。……この如くするときは暑邪に中《あた》らずといふ」と記されているように、小豆には邪気を祓う呪力があるとされてきたから、夏越の祓の頃の行事食に相応しいものであり、同じ日に食べる外郎と自然に結び付いたのであろう。『諸国図会年中行事大成』は京都を中心とした歳時記であるから、この「小豆餅」は菓子の水無月であろう。

水無月は三角形であることに特徴があるが、この形には意味があるかもしれない。前掲の『日次紀事』には、「六月　初一日　賜氷節、昔日今日、丹波或は処々の氷室より、氷を禁裏に献ず。或は群臣に賜ふ。……民間には欠餅《かきもち》を食ふ。是を以て氷に比す」とも記されていて、京都では六月朔日（一日）に宮中で下賜される氷になぞらえて民間では欠き餅を食べる風習が記されている。真夏の氷は庶民の口には入らないから、角ばった欠き餅で氷をイメージさせたのであろう。同じ風習は江戸でも行われていて、『東都歳時記』にも、「六月朔日（一日）、氷室御祝儀［賜氷の節］……町家にても旧年寒水を以て製したる餅を食してこれに比《なず》らふ」と記されている。

三角形や四角形などを不規則に連ねた氷割紋《ひわれもん》（氷裂紋《ひょうれつもん》）が江戸時代に好まれた

※国会『日次紀事』　六月八月22右　…。

※国会『日次紀事』　六月八月3　…。

※国会『江戸歳時記』春夏72　……。

※『延喜式』の「主水式《もんどしき》」には、大和・山城・丹波・河内・近江国に十カ所の氷室が設けられ、四月一日から九月末まで宮中に氷を献上すると記されている。『枕草子』にも「あてなるもの」と題して甘味料を入れた削り氷（かき氷）が高貴なものとしてあげられている。…。

紋様の一つであることを重ね合わせると、水無月の三角形は氷の印象を表したのかもしれない。外郎は半透明であり、氷に擬《なぞら》えたとも考えられる。もしその推論が正しければ、水無月という菓子は、平安時代以来の六月朔日（一日）に宮中で氷を下賜する「氷の朔日《ついたち》」という風習と、邪気を祓うための小豆と、室町時代以来の外郎が、「夏越の祓」を媒体として融合したものということができる。

京都ではこれを食べなければ夏を越せないといわれるほどに、馴染みのある銘菓となっている。しかしこの日に甜瓜《まくわうり》（真桑瓜）を食べる風習は、もう残っていないようである。昭和の中期頃まではよく食べられていたが、メロンの味を知ってしまった現代人には、甜瓜はもう魅力的な果物ではなくなってしまったのであろう。

氷割紋

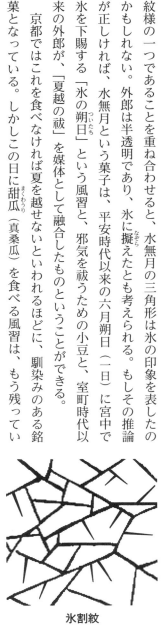

四　七五三

髪置・袴着・帯解

七五三とは子供の通過儀礼の一つで、現在では新暦一一月一五日に、三歳の男女児、五歳の男児、七歳の女児が、産土神《うぶすながみ》（その人が生まれた場所の守護神、またその神社）に参拝して健やかな成長を祈願する行事となっている。もともとは公家や武家で行われていたが、江戸時代の前期には次第に庶民にも広まった。また江戸時代には地域により男女の別や参拝する日もまちまちで、統一されていたわけではない。江戸時代には幼児の死亡率がとても高かったので、その年齢まで無事に成長したことは実にめでたいことであった。それで産土神に参詣した後は親戚の家々を廻り、親戚や知人を招いて祝宴を設け、また祝儀として赤飯を配ったりしていた。

そもそも七五三という風習は、髪置《かみおき》・袴着《はかまぎ》（着袴《ちゃつこ》）・帯解《おびとき》と呼ばれる三つの儀礼から成っている。まずは三歳で行われる髪置《かみおき》であるが、数え年の三歳は、誕生日によっては満一歳の場合もあるから、「礼服で　乳を飲んでる　十五日」という川柳も詠まれるわけである。

※『誹風柳多留』十四34

髪置の早い例としては、『吾妻鏡《あずまかがみ》』の仁治《にんじ》二年（一二四一）六月一七日に、鎌倉幕府の第五代将軍となる藤原頼嗣《よりつぐ》の三歳の時の髪置が記録されているから、かなり古くから行われていることがわかる。平安時代以来江戸時代に至るまで、赤子が生まれると七日目には性別に関係なく産毛《うぶげ》を剃ってしまう。それは発熱した際に熱を冷ますためであると理解されていたからで、山東京山の『歴世女装考』に「小児は熱を以て育事《そだつこと》天性なれば、盛んなる熱をもらさん為に、二歳までは髪を生《はや》しおかず」と記されている。そして三歳の春から髪を伸ばし始めるが、全面に伸ばすのではなく一部を剃り残すだけであるから、坊主頭と同じようなものである。幼児を「坊」とか「坊や」と呼ぶのはこのためで、男女の区別はなかった。『浮世風呂』（第二篇男湯、「朝湯の光景」）では女児も「坊」と呼ばれている。

　この日は少し伸び始めた髪を結い直し、白髪に見立てた真綿や絹糸で作った綿白髪や綿帽子を頭に載せて、白髪になるまでの長寿を祈念するのである。「髪置」という呼称はこのような所作によるもので、『日次紀事』（一六八八）には「この月、民間三歳の小児髪置、綿帽子を蒙らしめ、これを白髪と謂ふ」と記されている。

　そして五歳くらいになると剃り残していた髪も次第に伸びて、髪の先を切りそろえるのであるが、これを「髪削《かみそぎ》」「深曾義《ふかそぎ》」という。髪削は『源氏物語』に記されているように古くから行われていて、「葵《あおい》」の巻には光源氏が賀茂祭の前の吉日に紫の君の髪を自ら削ぐ場面が描かれている。一四世紀の百科全書である『拾芥抄《しゆうかいしよう》』の「諸事吉凶日部」には、「髪曾木日事」として「凡《およ》そ酉丑の日を吉と為す」と記されているが、賀茂祭は旧暦四月の酉《とり》の日に行われることになってい

※国会『歴世女装考』二5右3行 ……。

※国会『浮世風呂』15左9行 ……。

※国会『日次紀事』十一月十二月17左 ……。

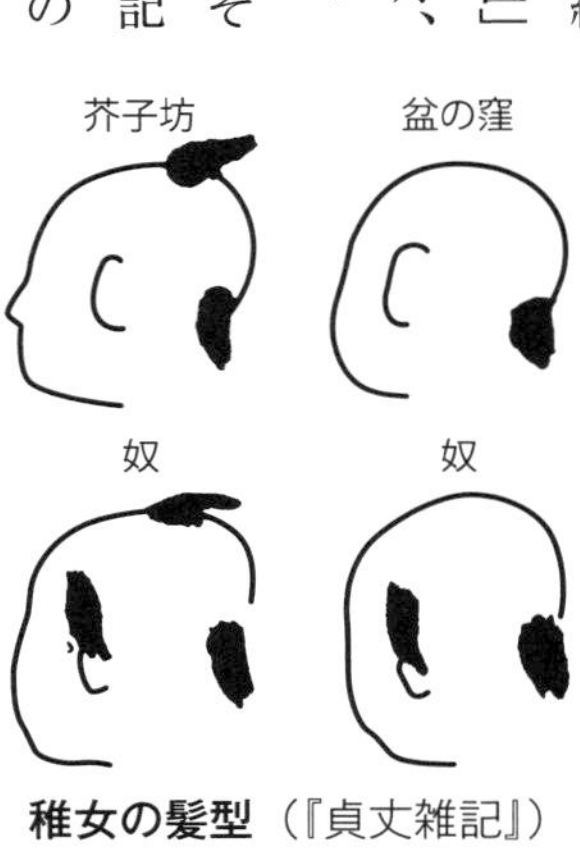

稚女の髪型（『貞丈雑記』）

※国会『拾芥抄』六44 ……。

たから、『拾芥抄』に記された吉日と一致している。ただし「葵」の巻は光源氏二二歳の時のことで、紫の君は八歳年下であるから、単純に計算すれば一四歳ということになり、年齢は一定していなかったことがわかる。

明治天皇の「深曾義《ふかそぎ》」は九歳の時に京都御所で行われた。小石を置いた碁盤の上に石を踏んで立ち、髪を切りそろえ、掛け声と共に飛び降りる。その時の様子を描いた絵は、神宮外苑にある明治神宮聖徳記念絵画館に展示されている。この風習は本来は皇室の行事であったが、最近では民間でも行われ、五歳の男児の祝とされている。しかし歴史的には男児や年齢にはあまりこだわっていないようである。

また五歳になると「袴着《はかまぎ》」と称して、初めて袴を着用する儀礼が行われた。袴とは下半身用の服のことで、本来は男性だけが穿くとは限らなかった。現代の七五三風俗では、男児の袴姿が多いが、もともとが袴を穿くことが起原であるから自然なことである。数え年の五歳は満年齢なら三、四歳であるから、まだまだ洟垂《はなたれ》小僧のまま。それでもこの日ばかりは洟《はな》を拭《ぬぐ》って、見違えるばかりになったのであろう。「袴着にや　鼻の下迄《まで》　さっぱりし」という川柳は、そのような男の子を詠んでいる。

※『誹風柳多留』一5…………。

袴着の祝は江戸時代以降は五歳に行われることになっているが、古くは三歳で行われていた。『源氏物語』の「桐壺《きりつぼ》」の巻には光源氏の、「薄雲」の巻には明石の君の娘の袴着の祝があり、いずれも三歳で行われている。数えの三歳であるから、満年齢では一歳の場合もあり、ようやく自分で歩ける程度であった。左大臣源俊房《としふさ》の日記『水左記《すいさき》』の承保二年（一〇七五）八月一六日に、「春宮《とうぐう》」（東宮、後三条天皇第三皇子輔仁親王？）の袴着が三歳で行われたことが記されている。前掲の『吾妻鏡』仁治二年（一二四一）一一月二一日には、同年六月に三歳の髪置を行ったばかりの藤原頼嗣《よりつぐ》の袴着の祝が記されていて、江戸時代中期の有職故実書である『貞丈雑記』にも「男子袴着の事、三歳本式なり」と記されているが、五・七歳で行うこともあるとも記されている。また公家や大名の娘の場合は、七歳で袴着を祝うこともあったことが、同じく『貞丈雑記』に記されている。要するに古くは袴着も男女や七・五・三歳という年齢には全くこだわっていなかったようである。

※国会『史料通覧、水左記』24……。
※国会『貞丈雑記』一上41……。

七歳くらいになると女児の髪も長くなり、女性らしくなってくる。それまで着物に直接縫い付けられた紐《ひも》を結んで着ていたが、これ以後はその紐を取り除き、大人と同じように帯を締めて服を着るようになる。これを「帯解《おびとき》」、古くは「帯《おび》直《なおし》」といい、女性として認められることになるわけである。それで「帯解は　濃い白粉《おしろい》の　塗りはじめ」という川柳も詠まれる。だからこそ「男女七歳にして席を同じくせず」として、社会では男女の区別を要求されるようになる。七歳という年齢は、発達段階では一つの区切りの年であった。

※『誹風柳多留』一6……。
※『礼記』内則《だいそく》……。

七歳の女児をつれて宮参りに行く時は、父親や出入りの若い衆が、着飾った娘を肩に担ぎ上げて行く習慣があった。衣の裾が長くて、歩くに歩けないのであるが、大金をはたいて買いそろえた衣装を、自慢げに見せたいという親心もあったのだろう。『寛保延享江府風俗志』（一七四〇頃）には、「同十五日……女子の七歳帯解の祝儀も、……上着の丈は四尺余なれば、歩行あたわず。大の男の肩車にかつがせあるきし事に成り侍る。今は大人の婚礼のしたく（支度）よりも大そうに成りたる事にて、身上不相応なる事共なり」と記されている。川柳には「痛いこと　帯と袴で　十三両」という句もある。一三両といえば、今日では一〇〇万円以上の大金である。誰もがそうであったわけではあるまいが、分に応じて奮発したのであろう。

※国会『近世風俗見聞集』三12右……。

※『誹風柳多留』二五12……。

期日については、『日次紀事』（一六七六）には一一月の吉日、『華実年浪草』（一七八三）には、民間では一一月一五日、「貴家」では一一月の吉日、『俳諧歳時記』（一八〇三）には一一月一五日、『東都歳時記』（一八三八）には、「当月始の頃より下旬迄《まで》。但し十五日を専らとす」と記されている。『俳諧歳時記』の著者で、歳時記にはうるさいはずの滝沢馬琴の『馬琴日記』には、「(天保三年一一月)二十日、今日吉日に付、太郎袴着、お次髪置祝義」と記されていている。庶民の場合は一五日が多いが、あまりその日にこだわっているわけでもなさそうである。宝《ほう》暦《れき》三年（一七六三）から天明《てんめい》四年（一七八四）に執筆された有職故実書である『貞丈雑記』にも、「元服・かね付・初髪置・袴着・帯直し等の祝を、今は必ず十一月十五日にする事に成りたれども、いつにても吉日をえらびてしけるなり」と記されている。どちらにせよ冬至も近く、寒い時期の行事であった。

※国会『江戸歳時記』秋・冬、53コマ……。

※国会『貞丈雑記』一下18左……。

七五三のお参り　旧暦 10 月の行事である夷講《えびすこう》で、商人が夷神への供物を取り下ろし、競り売りの練習をしている場面。その左上方には、今年七つになる娘の祝いの様子が描かれている。母親は春から心がけて揃えてきた晴着を身にまとい、下女にも揃いの紋付きを着せ、革羽織を着せた男の肩に娘を乗せて、これみよがしに町を連れ歩いている。また最後尾の小僧が千歳飴の長袋を持っている。（『五節供稚童講釈』）

※国会『五節供稚童講釈』後三・四22　女児を担いで参詣する場面。

一五日に行われることについて、一般には天和《てんな》元年（一六八一）一一月一五日に、将軍徳川綱吉の長男徳松の髪置が行われたことに始まるとされている。確かに江戸幕府の日誌風歴史書である『徳川実紀』の天和元年一一月一五日の条には、「若君（綱吉の子徳松）御髪置の式行はる」と記されている。しかもその徳松自身は何と五歳で夭折《ようせつ》している。一五日であることについては、もともとは一一月の吉日に行われていたものが、正月一五日の七種粥や小豆粥や赤飯を食べる特別な日であったことを背景に、満月の一五日に次第に固定されるようになったのではないかと思っている。これはあくまで私の推測であり、確実な根拠があるわけではない。

※国会『日次紀事』十一月十二月16 …。

七歳・五歳・三歳で行うということについては、個々に既に述べたように古くは固定されていなかった。しかし江戸時代の中期には次第に七・五・三という陽の数の年齢に行われるようになったようである。江戸時代初期の『日次紀事』によれば帯解は九歳の場合もあったようで、七歳とは決まっていない。しかし『俳諧歳時記』『東都歳時記』によれば、三歳の男女児が髪置、五歳の男児が着袴、七歳の女児が帯解と記されているから、江戸時代中期の一八世紀以後には、現代の形がほぼ定まったとみてよいであろう。

※国会『江戸歳時記』秋冬53 ……。

「七五三」の呼称

江戸時代の詳細な俗語辞典である『俚言集覧』には「七五三」の項があるが、

※国会『俚言集覧』中139 ……。

「七五三」という数はめでたい陽の数であること、「七五三」を「しめ」と訓むこと、「七五三膳」という本膳料理があることしか記されていない。同様のことは江戸時代初期に長崎で出版された『日葡《にっぽ》辞書』という日本語とポルトガル語の辞書にも記されている。注連縄《しめなわ》を「七五三縄」と表記することもあり、「七五三」という言葉はもともとは祝意を表す言葉として、江戸時代には普通に使われていたのである。

歳時記類には項目として「髪置・袴着・帯解」はあるが、「七五三」という項目は見当たらず、江戸時代の詳細な国語辞典である『和訓栞』にもない。これは髪置・袴着・帯解などが個別の通過儀礼として行われ、セットとして始まったわけではないことを示唆している。

子供の通過儀礼としての「七五三」の呼称が出現するのは、一八世紀の後半頃である。江戸時代には、画題に「七五三」という言葉を含む七五三風俗の浮世絵がある。また川柳にも「七五三　とは珍しい　十五日」という句があり、当時はまだ珍しがられても、「七五三」という言葉が子供の通過儀礼をも指す言葉となりつつあることを表している。また「神前へ　車で参る　七五三」という句もある。「車」とはもちろん肩車のことである。幕末の風俗を記録した『江戸府内絵本風俗往来』にも「七五三の祝」という見出しがある。このように江戸時代に通過儀礼としての「七五三」という呼称があったことは確かなのである。

伝統的年中行事の解説書には、「七五三」という呼称は明治になってからとい

※同志社を創設した新島襄《にいじまじょう》の幼名は「七五三太」と書いて「しめた」と読んだ。

※三代目歌川豊国に「七五三祝ひの図」（二七九ページ）がある。

※『川柳評万句合勝句刷』安永四年

※『川柳評万句合勝句刷』安永七年

※国会『江戸府内絵本往来』中下66

うものが多い。『語源由来事典』にもそのように記されているので、一般の読者がそのように理解するのも無理はない。しかし通過儀礼としての七五三という言葉は、奇数を陽の数として慶事に結び付ける風習を背景として、祝意を表す既存の「七五三」という言葉にならって、一八世紀の後半頃から自然に使われるようになったのである。『五節供稚童講釈』にも、「小供生れて半の歳に当れば、陽の数ゆゑ、陽を迎へて息災に育ち、行末のめでたからんを祝ふなり。ゆゑに三ツ五ツ七ツ九ツ十三、いづれも半の数（奇数）を用ゆ」とはっきりと記されている。

※国会『五節供稚童講釈』後三・四23左上部 ：。

「七歳前は神の子」

七歳の祝いであることについて、伝統的年中行事の解説書には「七歳までは神の子」という言葉が氾濫していて、おおよそ次のように説かれている。「古くから『七歳までは神のうち』といわれているが、それは七歳までは神様から預かった子供という意味である。それで七歳まで無事に生きてきた子供の成長を祝い、氏神に感謝して参詣するのが七五三の行事である」というのである。もちろんその根拠は何一つ示されていない。

私は大学時代に律令を中心として研究をしていたので、七歳ということに思い当たることがあった。奈良時代の刑法である養老律《ようろうりつ》には、「九十以上、七歳以下、死罪有ると雖《いえど》も刑《ぎょう》を加へず」と記されていて、責任能力のない七歳以下と九〇歳以上は処罰の対象とはならないことになっていた。この「七歳以下」ということが関わっているのではないかと思ったのである。

以下のことは、柴田純氏の下記の論文に拠るところが大きいのであるが、このような責任を負わされない「七歳」という年の理解は、その後も長く受け継がれ、平安時代の末期から鎌倉時代にかけて、七歳以下は父母の死に際して、喪に服する必要はなく、またその逆に七歳以下の子の死に際しては、親も喪に服す必要はないというように拡大されて定着していった。また貞享《じょうきょう》元年（一六八四）、江戸幕府が「服忌令《ぶつきれい》」を発令し「七歳未満の小児、自他共に無服」とした。これは七歳未満の幼児が死亡した場合は、親は喪に服する必要はなく、親が死亡した場合は、幼児は喪に服する必要はないという意味である。このことは当時の生活上必要な常識を幅広く網羅した生活便利帳のような書物にも記載されてベストセラーとなり、広く江戸庶民の生活に根付いていた。

また貝原益軒という儒学者は『和俗童子訓』（一七一〇）という書物において、「七歳より前は猶いとけなければ、早々寝《い》ね遅く起き、食するに時を定めず、大様その心にまかすべし。礼法を以て一々責《せ》めがたし。八歳より門戸の出入し、または座席につき、飲食するに必ず年長せる人に遅れて、先立つべからず。初めてへりくだり譲ることを教ゆべし。小児の心まかせにせず、気随《きずい》（わがまま）なる事をかたく戒むべし」と説いている。数え年の七歳であるから、現在ならば満五～六歳、つまり小学校入学前に当たる。そのような幼児にはまだ自由にさせてしつけをしないが、八歳になってからは礼儀作法などのしつけをするというわけである。

※「『七歳前は神のうち』は本当か」（国立歴史民俗博物館研究報告」第一四一号）…。

※国会『和俗童子訓』巻三「随年教法」41右10行…。

このように江戸時代においては、七歳までは一種の特別扱いされる年齢だった。明治時代になってからも江戸幕府時代に発令した服忌令は、明治七年（一八七四）一〇月一七日の太政官布告第一〇八号により、そのまま採用されて、七歳までの幼児が特別扱いされる風習が民間で続いていたのである。

「七歳前は神の子」ということを最初に唱えたのは、民俗学者の柳田国男である。彼は大正三年（一九一四）に「神に代りて来る」（『柳田国男全集』二二巻所収）という論文や昭和二〇年の「先祖の話」（『柳田国男全集』一三巻所収）で説き初めた。「神に代りて来る」という論文において、彼は「七歳になるまでは子供は神様だといっている地方があります」と述べて、「七歳前は神のうち」説を唱えた。しかし具体例は一つも示していない。その後二人の民俗学者によって青森県と茨城県の二つの事例が報告されたが、いずれもほんの数行のコラム的報告で、およそ研究といえる程のものではない。

「七ツ前は神様」と題した青森県の例は、「青森県五戸地方では男女共七ツ前をさう云ふ。日常第一番に神仏に供物する食物を、幼児のだだこねて先きに食べるとてきかぬ時等は、矢張りさう云つて、仕方がないからやると云つてから呉れる。而して其七ツ前に死亡した場合は、男女共紫色の衣を着せ（或は青年期の未婚者にも着せる風もある）口にホシカ鰯（ごまめ）を一つくはへさせて埋葬する風がある」というもので、要するに「神仏への供物を七歳前の子がねだった時は、仕方がないからやる」というだけのことである。

※『民間伝承』三巻三号、会員通信、一九三七年…。

※『民間伝承』三巻四号、
会員通信、一九三七年

「七ツ前は神のうち」と題した茨城県の例は、「前号の能田多代子さんの『七ツ前は神様』で思ひ出したが、常陸《ひたち》多賀郡高岡村では『七ツ前は神のうち』と言ふ。七ツ以下の子供の場合は、大人なら神様に対して不敬になるやうなことでも不敬にならないといふ意味だと謂つて居た。また七ツ前の子供が死んだら、近い過去までは縁の下へ埋めたと聞いた」というもので、要するに「大人なら神に対して不敬になることでも、七歳前の不敬な行為は許される」というだけのことである。どちらも七歳以下の子供は社会的に特別扱いされることがある例を示しているだけであって、前掲の『和俗童子訓』の内容そのままではないか。私は未確認であるが、柴田氏によれば、昭和三〇年代に同様の事例が数件報告されているが、いずれも「七歳までは悪さをしても許される」とか、「父親のいない男の子は、父親に代わって村役にも出た」という程度のことにすぎない。七歳までは神の子であるとか、この世のものに成りきっていない特別な存在であると解釈できる内容ではないのである。

ただし出典の『民間伝承』は現在では直接読むことは困難となっているので、やむを得ず民俗学者の福田アジオ氏の論文「民俗学と子ども研究」と、柴田純氏の論文に掲載されているものから引用している。その点は御容赦願いたい。

それにもかかわらずその「七ツ前は神様」「七ツ前は神のうち」という題名だけが独り歩きしてしまった。そしてその後この説は柳田の弟子や民俗学者によって広められ、現在ではあたかも定説のように語られている。中には尾鰭が付いて、

「七歳までは神の子」という諺があったなどと説かれていることもある。

このような説は民俗学を学問として立ち上げた柳田国男が説き始めたことであるが、さすがに根拠が薄弱であると民俗学会の中から批判が起こり、現在ではこの説をまともに信じている民俗学者はほとんどいない。それなのに伝統的年中行事解説書では、今も猶「七歳前は神の子」説が説かれている。

そのような諺があったというが、そのような史料は絶対に存在しない。それもそのはず、「七歳前は神の子」という言葉は、昭和初期に当時の民俗学者によって創作されたものだからである。なおこの問題については、柴田純氏の『「七歳前は神のうち」は本当か』という論文によって、柳田の誤りであることが反論の余地が全くないほどに論破されている。ネットで閲覧できるから、是非とも読んでもらいたい。ここに絶大な敬意を表して紹介する。

千歳飴

七五三の行事食は何と言っても千歳飴《ちとせあめ》である。「千歳」とは長寿のことで、子供の長寿を祈願して細長い飴を食べるわけである。七五三は幼児の長寿を祈願する祭であるから、千歳飴は七五三にふさわしい。柳亭種彦《りゆうていたねひこ》の『還魂紙料《かんごんしりよう》』（一八二六）には、「元禄宝永《げんろくほうえい》のころ、江戸浅草に七兵衛《しちびようえ》といふ飴売あり。その飴の名を千年《せんねん》飴《あめ》、また寿命糖《じゆみようとう》ともいふ。今俗に長袋《ながぶくろ》といふ。飴に千歳飴《せんざいあめ》と書くこと、かの七兵衛に起れり」と記されている。独特の縦長の袋も「長袋」と呼ばれていて、浮世

※国会『還魂紙料』上6 ……。

「七五三祝ひ乃《の》図」 三代目歌川豊国の作である。右図は袴着の祝で、一人前に袴姿で刀を差した５歳の男児が母親に手をひかれている。その後には千歳飴の長袋を持ち、荷物を背負った丁稚《でっち》の少年が従う。中図は帯解の祝で、着飾った７歳の女児が赤い羽織姿の若い衆に肩車をされている。左図は髪置の祝で、親族か乳母に背負われた３歳の女児であろう。背景には参詣する神社も見える。（東京都立中央図書館特別文庫室蔵）

絵にも描かれている。原材料は水飴で、まだ熱い飴を延ばしては折り曲げることを繰り返していると、次第に気泡が混じって白濁し、口溶けがまろやかなあの飴になるわけである。現在の千歳飴はミルクで白濁しているのであろうか。私が幼い頃に食べたものは折ると断面に微細な気泡が見え、現在の千歳飴とは微妙に舌触りが異なっていた。水飴の原料は米と麦芽だけで、砂糖は一切使われていなかったから、同じ甘味でも現代の砂糖による甘さとも異なっていたのである。

五歳末

冬至

冬至《とうじ》は二十四節気の一つで、北半球では太陽の南中高度が最も低く、一年の間で昼が最も短く夜が最も長くなる日である。新暦では一二月二一日か二二日で、約一〇日後には年が改まるから、いよいよ年の瀬も押し迫ってきたことが実感される。現在では誰でも秒単位の正確な時刻がわかるが、古には昼間の時間が最も長いと言われても、計りようがない。しかし太陽高度の変化による影の長さや、日ざしが部屋の床に届く位置については一目でわかるので、古の人は時間より影や日ざしによって冬至を実感した。紀元前二世紀の『淮南子《えなんじ》』という中国の書物によれば、約二mの棒を立て、その影の長さで観測したそうである。『荊楚歳時記』には「冬至の日、……宮中、紅線を以て日の影を量る」と記されている。宮中では観測用の棒の影を特別に赤い線で記録したというのである。『淮南子』は七世紀には日本に伝えられていたとされているので、影の長さで冬至を知ることは、古代の日本人も知っていたことであろう。『続日本紀』には、天平《てんぴょう》七年正月辛亥《かのとい》に遣唐留学生の吉備真備《きびのまきび》が、唐から暦と「測影鉄尺」を持ち帰ったことが記されている。

※二〇二〇年の冬至の東京における日の出は六時四七分、日没は一六時三二分であるから、昼間は九時間四五分しかない。それに対して夏至の日の出は四時二六分、日没は一九時で、昼間は一四時間三四分もある。

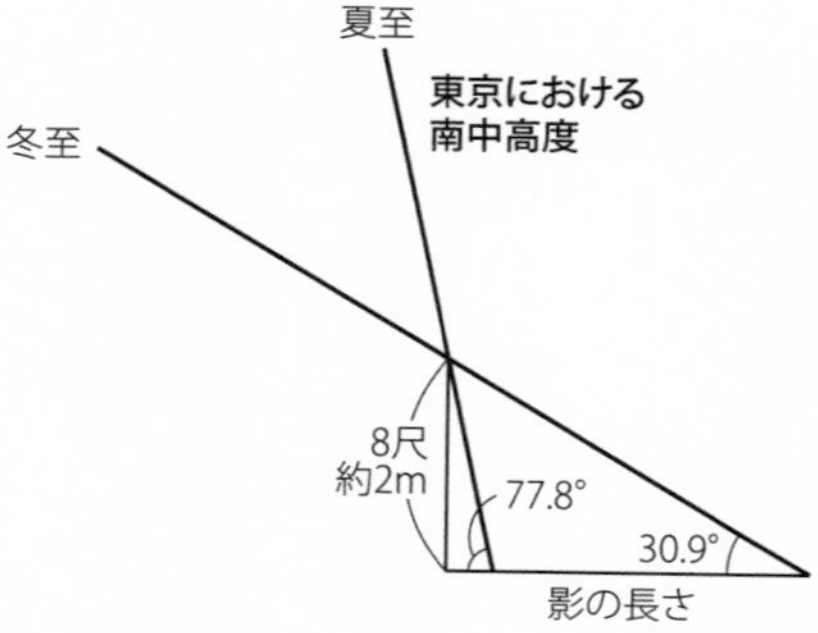

『荊楚歳時記』には、「冬至の日……赤豆粥を作りて以て疫を禳《はら》ふ」と記されていて、さらに「共工氏《きょうこうし》（古代中国神話に登場する神）の子が冬至に死に、疫病神となって祟《たた》っていたが、赤豆（小豆）を畏《おそ》れるので、冬至の日に赤豆粥を食べて災いをはらう」と注釈されている。小豆を食べる風習は赤飯という形で今も普通に行われているが、本来は魔除けのためであって、嘉祝のためではなかったことがよく理解できるであろう。

冬至に小豆粥を食べる風習は日本の歳時記にはあまり記述はないが、餅をつくことは主な歳時記類にも共通して記されている。『馬琴日記』には「例の如く今朝汁粉餅、家内一統これを祝ふ」（文政一一年一一月一六日）、「今夕冬至に付、汁粉餅を申し付」（天保二年一一月一九日）と記されているが、汁粉ならば餅入りの小豆粥のようなものであろう。地域によっては現在でも行われているが、日本ではあまり見られない。しかし韓国では現在でも広く行われているそうである。

冬至を境に日照時間が再び長くなり始めるが、このことは古の人には重大問題であった。つまりこの日に陰の気が極まり、一転して陽の気が成長し始める。そのこと自体は「一陽来復《いちようらいふく》」と称して喜ぶべきことではあるが、このように陰と陽が入れ替わる時は万事が不安定となりやすく、邪気が働かないように慎まなければならないと信じられていた。『日本歳時記』には冬至の過ごし方について、「冬至……今日一陽来復して後、陽気日々に長し。日もやうやく長くなる。陽気の始て生ずる時なれば、労働すべからず。安静にして微陽を養ふべし。閉戸黙坐して

※国会『日本歳時記』六14 ………。

公事《くじ》（公務）にあらずんば出行すべからず。また奴僕《ぬぼく》（使用人）を労勤せしむることなかれ。……今日餅を製し、家人奴僕らにもあたへ、陽復を賀すべし。また先祖考妣《こうひ》（亡父母）の霊前にも献じ、茶湯をそなへ新果をすすむべし」と記されている。

※国会『江戸歳時記』秋冬51左……。

現在はこの日には柚子湯《ゆずゆ》に入るという風習があり、伝統的年中行事の解説書には、音が共通する「冬至」と「湯治」、或いは「柚子」と「融通」を懸けたものと説明されている。柚子湯の古い史料は『東都歳時記』（一八三八）で、「今日銭湯風呂屋にて柚湯を焚く」と記されている。またそれよりやや後の『守貞謾稿』にも、「冬至には柚子を輪切りにしてこれを入る。……ゆづ湯と号す」と記されている。個人の日記の類を丹念に探せば、もっと古い記録があるかもしれない。柚子が選ばれているのは、蓬や菖蒲のように芳香のあるものには邪気を除く呪力があると理解されていたからであろう。『日次紀事』（一六七六）、『華実年浪草』（一七三八）、『俳諧歳時記』（一八〇三）や本草書には、柚子湯に関する記述はない。これらの歳時記は、よもや書き漏らすことなどあり得ないくらいに詳細な記述で満たされている。そういうわけで、柚子湯の風習は江戸後期の天保《てんぽう》の頃に始まったものではないかと思う。

※国会『守貞謾稿』二五14右6行……。

もちろん明治時代の『東京風俗志』（一八九九）や『東京年中行事』（一九一一）にも、柚子湯の記述はある。しかし「湯治」や「融通」を懸ける記述はない。そのようなこじつけ的な理屈は、どう見ても明治期までは遡らない。おそらく最近になって後付けされたものであろう。

また現在ではこの日に運気が強くなるからとして、南瓜《かぼちゃ》や蒟蒻《こんにゃく》や「ん」の付く物を食べる風習が古くからあると、もっともらしく説かれている。中には南京（かぼちゃ）・蓮根《れんこん》・人参・銀杏《ぎんなん》・金柑《きんかん》・寒天・饂飩《うどん》など語尾が「ん」で終わる物を食べると運気が倍になると説いて、「冬至の七種《ななくさ》」なるものをでっち上げている情報さえある。年中行事の解説書には、語尾が「ん」となるように、わざわざ南瓜を「南京」と表記しているものが多い。しかし江戸時代の歳時記類や膨大な量の川柳には、冬至南瓜の風習があったことを示す文献は確認できない。『東京風俗志』（一八九九）には「南瓜を食べると中風を防ぐ」と記されているが、「かぼちゃ」とルビがふられている。『東京年中行事』（一九一一）には柚子湯の他に、「南瓜を食べると夏の患いをしない」と記されているが、「たうなす」（とうなす）とルビがふられている。もし当時「ん」の字が付くものを食べる風習があったならば、「かぼちゃ」や「たうなす」とルビをふるはずがないではないか。冬至南瓜の風習は明治時代の文献史料に初めて出現するが、いずれも「なんきん」とは訓んでいない。「ん」が運気に通じるという理解は、最近になって誰かが根拠もなく説いたものが、流布したものであろう。「冬至の七種」に至っては、滑稽を通り越して哀れでさえある。このようにして日本の伝統的年中行事は、捏造《ねつぞう》され続けているのである。

※最近は各地の寺社で冬至の日に星祭が行われているが、江戸時代の歳時記にも記されている。星祭の星は、妙見菩薩の象徴とされる北極星や北斗星で、妙見菩薩が重視される法華系の寺で今もよく行われている。…。

※国会『東京風俗志』中48……。

※国会『東京年中行事』下229…。

煤払

年末の大掃除は一般に「煤払《すすばらい》」「煤掃《すすはき》」と呼ばれる。電気で何ごとも済ませてしまう現代ならせいぜい埃《ほこり》がたまる程度であるが、昔は家の中に煤がたまりやすい生活をしていた。照明は行灯《あんどん》か蝋燭《ろうそく》であり、暖房は囲炉裏《いろり》や火鉢《ひばち》であり、調理には屋内の竈《かまど》を使い、夏には蚊遣火《かやりび》の煙を燻《くゆ》らせるから、一年中煙や煤の出ないことがない。

一般には煤払は、新年に年神を迎えるために家の中を清浄にするために行われると説かれている。またそれだけでなく、新年を迎えるに当たり家の中を掃き清めて、気持ちも新たにしようという意味もあるであろう。煤払は正月を迎える諸準備の最初に行うべきこととされていたから、暮の押し迫った頃では遅すぎる。江戸時代には一七世紀の中頃まで、原則として一二月二〇日に行われていた。江戸幕府の日誌風歴史書である『徳川実紀』には、寛永《かんえい》一〇年（一六三三）の一二月二〇日に幕府の煤払の記事があり、以後は毎年同じ日に行われていた。ただし閏月《うるうづき》のある年には、一二月二〇日より前に立春となってしまうことがある。そうすると立春で新年を迎えた後の煤払では具合が悪いので、二〇日より前に繰り上げることがあった。

このことは煤払の目的を示唆している。つまり煤払は新年の起算日である元日や立春を迎えるに当たり、屋内を清めるために行われるのであって、一般に説か

※『吾妻鏡』の嘉禎《かてい》二年（一二三六）一二月六日には、新築間もない幕府の「御所」の「煤払」をするべきか否かをめぐり、陰陽師の争論があったと記されている。新築三年以内の煤払には差し障りがあるというので、煤払はしないことになったという。当時の煤払は行う日時まで陰陽師の占いによって決められていたのである。

れているように元日に年神を迎えるためとは限らなかった。庶民の間では年神を迎えるためという理解があったであろうが、幕府では煤払が立春後にならないように配慮していることからして、年神云々よりも、新年を迎えるための煤払という理解の方が優先されているのである。

このように徳川家光《いえみつ》の時代までは一二月二〇日が煤払の定例日であったが、家光が四月二〇日に死去したため、次の将軍家綱《いえつな》の時から、家光の月命日を避けて一三日に行われるようになった。そして江戸市民もそれにならって同じ日にするようになったのである。『馬琴日記』では毎年一二日か一三日に行われているが、後には一三日にはこだわらなくなっている。『寛保延享江府風俗志』（『近世風俗見聞集』第三所収）には、「（昔は）すすはらいも江戸中一同に、十三日にかたく覚てしたる事なり。今の如く勝手次第に、おもひおもひには非ざることにぞ有し」と記されている。京都では江戸から遠いこともあって一三日にはとらわれず、下旬の吉日が選ばれている。

※国会『近世風俗見聞集』三14右下

『東都歳時記』（一八三八）の「商家煤掃」の図には、大店《おおだな》の煤払の様子が活き活きと描かれている。数十人が働いているから、いくら大店とはいっても、出入りの若い衆が応援に駆けつけているのであろう。畳を全て上げて、埃《ほこり》を叩きだす。襖《ふすま》や障子《しょうじ》も全て取り外し、障子は新しく貼り替える。そして「煤竹《すすだけ》」と呼ばれる長い竹竿で、手の届かない高いところまで、埃《ほこり》をはたき落とす。中央には仕事の合間に、蕎麦《そば》を食べている人たちがいる。煤払で蕎麦を食べている絵画史料が他

大店の煤払　畳を上げて、襖・障子なども外し、長い竹竿で煤を払っている。そのいっぽう、座り込んで食事をする一団もあるが、蕎麦を食べているのだろう。女衆は作業に加わらず別室でくつろいでいるが、「煤籠《すすこもり》」であろう。（『東都歳時記』）

にもあるので、恒例となっていたようである。『馬琴日記』には「すす取の労」として手伝いの者や家族に蕎麦を振る舞ったことが記されている（『馬琴日記』天保二年一二月一二日）。

絵図にも見えるように、煤払では胴上《どうあげ》という面白い風習があり、「胴づき」とも呼ばれていた。『嬉遊笑覧』（一八三〇）には、「この日胴あげするも近頃のことにはあらず」と記されているから、江戸

※国会『江戸歳時記』秋冬60……。

※国会『嬉遊笑覧』下137……。

時代の早い時期から行われていたらしい。対象は誰か特定の人や役職ではなく、誰彼の区別なく胴上をする。「十二日から　色男　狙はれる」、という川柳があるから、女衆が面白半分に若い男を胴上しようと、目星を付けることもあったようである。家の主も胴上から逃れることはできなかった。

※『誹風柳多留』十八3 ……………。

『江戸府内絵本風俗往来』には、煤払の胴上について次の様に記されている。「また胴上の御家例ありて誰彼の別もなく、そこらへ来り合せる人を捕へて、数人にて中《ちゅう》へ高く揚げて、一声《いっせい》に目出《めでた》目出の若松様よ、枝も栄へて葉もしげる、お目出たや、サアーサッササッサと唄へり。諸侯方御奥にても煤払ひ大掃除には胴あげあり」。めでたい言葉を唱えながら胴上をしているから、縁起担ぎなのであろう。「胴づき」とは『和訓栞』に「築くをいふ俗語也」と記され、普請に際して地面を突き固めることをも意味していたからなおさらである。

※国会『江戸府内絵本風俗往来』下79…。

ところがNHKの番組「チコちゃんに叱られる!」では、「どうして胴上げするの」という問に対して、「空中に物を投げるのは悪いものをとり払うため。由来は異常な状態の人をシラフにするため」と答えている。しかしそのことを証明する文献史料は存在しない。あくまでも民俗学者がそのように考えただけのことである。煤払の胴上の場合は、「目出《めでた》目出の若松様よ、枝も栄へて葉もしげる」という唱え言葉からして、新年にかけて長寿と縁起のよいことを祈念して胴上をしたのであって、「悪いものをとり払うため」ではない。煤払の縁起を担ぐ胴上について一つ思い当たるのは、室町時代の公家の日記には、しばしば煤払を雑煮で祝うという記述がたくさんあることである。現代人にとっては単なる大掃除になってしまっているが、かつては吉日を選んで行う祝事だったのである。「御局《おつぼね》は　そっとそっとの　十三日」「突くやつを　突かぬで煤が　はかどらず」「一昨日《おととい》は　惨《むご》くしたなと　十五日」など、煤払の胴上の句が詠まれている。表通には煤竹を担いで歩く人も見える。働いているのは威勢のよい男衆ばかりで、女衆や子供や年配者は別室でくつろいでいる。これを「煤籠《すすごもり》」という。

この煤払が済むと、正月を迎えるための準備が始まる。そのため煤払の行われる一二月一三日は「正月事始」とも呼ばれ、これ以後は正月用品を売る歳の市が立ち、飾り付けやら餅搗《もちつき》が始まり、商家や武家では大晦日まであわただしい年末の日々が続いた。『日次紀事』にはそのような市で売られている品が列挙されている。中にはよくわからない物もあるが、なかなか面白いので、参考までに史料を載せておこう。

「此の月市中、神仏に供するの器皿、同く神の折敷台、并に片木《かたぎ》、袴、肩衣、頭《ず》巾《きん》、綿帽子、裙帯《くたい》、扇子、踏皮《たび》、同く襪線《べつせん》、雪踏《せった》、草履《ぞうり》、寒臙脂《べに》皿、櫛、髻結紙、及び常器の椀、木皿、塗折敷《ぬりおしき》、飯櫃《めしびつ》、太箸、茶碗、鉢皿、眞那板《まないた》、膳組、若水桶、柄杓《ひしやく》、加伊計、浴桶、盥盤《たらい》、并に毬《まり》及び毬杖《ぎつちよう》、部里々々《ぶりぶり》（玩具の一種）、羽古義板（羽子板）、其の外鰤《ぶり》魚、鯛《たい》魚、鱈《たら》魚、章魚《たこ》、海鰕《えび》、煎海鼠《いりこ》、串石決明《あわび》、数子、田作類、蜜柑、柑子《こうじ》、橙、柚、榧《かや》、搗栗、串柿、海藻《ほだわら》、野老《ところ》、梅干、山椒粉、胡椒糊、牛房《ごぼう》、大根、昆布、熨斗《のし》、諸般の物悉く之を売る、是皆来年春初用る所也、又村

※『誹風柳多留』一18……。
※『誹風柳多留』四33……。
※『誹風柳多留』五5……。
※国会『日次紀事』十一月十二月33・34……。

婦、飾藁を頭上に載せ、高声に市中に売る、……山人稚松翠竹を子の日の松と称して売る、……又歯朶《しだ》、由津里葉《ゆづりは》、并に薪炭等を売る」。

歳暮

年末に一年間世話になった感謝として、「御歳暮」を贈る風習がある。歳暮の由来について伝統的年中行事の解説書には、年神への供物として本家や実家に持って行く物という説明が多い。しかし例の如く「……と言われています」というだけで、そのことを証明する江戸時代の文献を、未だかつて見たことがない。それどころか江戸時代の文献には、歳暮とは年末に親戚・知人や世話になった人に贈る感謝の品であるとはっきりと記されている。

『日本歳時記』（一六八八）には、「十二月……下旬の内、親戚に送物して歳暮を賀す。又しれる所の鰥寡孤獨《やもおやもめみなしごひとりい》、貧窮困苦の者にも、我力に随《したがひ》て財物を賑《にぎわ》ふべし。或は我に嘗《かつ》て恩徳ある人、師伝となれる人、我身及家人の病を療せし医師などにも、分に随てあつく物を送べし。疎薄なるべからず」と記されていて、世話になった人への感謝であることが明らかである。『馬琴日記』からは歳暮として、鏡餅・塩引鮭・塩鰊《にしん》・鯑《かずのこ》・鮭鮓・炭・ちりめんざこ・砂糖・鶏卵・破魔弓・俎板《まないた》などを拾い出すことができる。

※国会『日本歳時記』七5左……。

ただ江戸時代の歳暮は、現在のそれとは少々異なることもあったようだ。それは歳暮について記述されている史料には、しばしば「歳暮を賀す」「歳暮の御祝儀」

歳暮交加図　歳末の市中のあわただしい様子が描かれている。門松を運ぶ人や馬、門松を立てる穴を掘る人、注連縄を飾る人、獅子頭をかついでいる人、歳暮の品（？）を運ぶ人、有料で餅をつく「賃餅」、「引きずり餅」をする人などが見える。（『東都歳時記』）

というような表現があり、単なる感謝に留まらず、祝うべきものと理解されていたことである。一八世紀に尾張《おわり》藩士松平君《くん》山《ざん》が書いた『年中行事故実考』には、「歳暮　今月下旬、親戚互に物を贈り、その外我に恩ある人には、分に応じて物を贈る。一年の終なれば、かくことぶくにや」と記

※愛知教育大学附属図書館蔵
『年中行事故実考』117：。

され、『東都遊覧年中行事』（一八五二）にも、「貴門《れきもん》はもとより賤戸《いやしきいえ》も、物を取交して歳暮を賀す。一年の無事を祝ひ、親《よしみ》を失はざるを表するなり」と記されていて、恩人や知人への感謝と同時に、一年を無事に過ぎ越すことを互いに祝うことが目的になっている。

※国会『江戸年中行事』329左……。

これは現代人には理解しにくいことであるが、平均寿命が短く、元日に一斉に加齢する旧暦が行われていた時代においては、一年間息災に過ぎ越してきたことは、長寿につながるめでたいことであった。それで財物を贈って互いに一年の無事を喜び祝い、併せて一年間御世話になったことを感謝し合ったのである。

年末に、御世話になった人に財物を贈って感謝の気持ちを表すことは、人として自然な感情であり、起原を詮索することはあまり意味がない。ただ「歳暮」「御歳暮」という言葉には起原があるかもしれない。一四世紀末～一五世紀初頭、京都の吉田神社神官鈴鹿家の記録である『鈴鹿家記《すずかかき》』には、年末の二九日に「御歳暮」として領主に「白砂糖」を差し上げたという記録があるが、南蛮貿易で砂糖が輸入されるより前のことであるから、極めて貴重な品であった。これはその期日や内容から見て、現在のいわゆる「御歳暮」と同じ物といえるであろう。それ以上遡る可能性もあるが、まだ私は確認できていない。

※東京大学文学部宗教学研究室蔵『鈴鹿家記』32左……。

年越蕎麦

あるアンケート調査によれば、現代では六割以上の人が大晦日に年越蕎麦を食べるという。江戸時代には、毎月の晦日《みそか》、つまり毎月月末に「晦日蕎麦《みそかそば》」と称して蕎麦を食べる風習があった。『吉原大全』（一七六八）という書物に「毎月月末に晦日蕎麦を食べる」と記されていて、当然一二月晦日にも蕎麦を食べるわけである。これは遊郭だけの特殊な風習かどうか、手許に他の史料がないのでよくわからない。また、江戸時代には毎月の晦日だけでなく、年末の大掃除である煤払《すすばらい》の時などにも手伝いの人にふるまう風習があった。蕎麦は一度に大量に茹《ゆ》でて、あとは器に盛り付けるだけであるから、多くの手伝いの人に次々にふるまうには手間もかからず、実に便利なものである。年越蕎麦は、晦日蕎麦の中でも年末の晦日蕎麦が特に重視された結果であろう。

年越蕎麦の文献上の初見について、確かなことはわからないが、芭蕉の高弟の服部嵐雪《はっとりらんせつ》の句集『玄峰集』に、「蕎麦打ちて　眉髭《まゆひげ》白し　年の暮」という句がある。これは寛延《かんえん》三年（一七五〇）の出版であるから、年越蕎麦の最も初期の記録かもしれない。また江戸時代後期の天保から弘化《こうか》の頃、桑名藩の下級武士であった渡《わた》部政通《なべまさみち》の日記『桑名日記』と、その養子で桑名藩越後国領柏崎《かしわざき》へ赴任した渡部勝之助の日記『柏崎日記』には、年末の蕎麦についてしばしば記されている。それによれば、桑名には年末に蕎麦を食べる風習があるが、越後の柏崎にはなかった。ただし「年越蕎麦」という呼称は見当たらない。また『大坂繁花《はんか》風土記』（一八一四）という書物には、「正月……十四日年越とて、節分になぞらえ祝ふ。この日蕎麦切を食う人多し。……十二月三十日……晦日そばとて、皆々そば切をくろふ。当

※国会『吉原大全』二10…………。

※八戸市立図書館蔵『玄峰集』67…。

※『日本庶民生活史料集成』第三巻所収…。

月節分、年越蕎麦とて食す」と記されているということである。残念ながらこれは原典を直接確認できていないが、そのような史料があることは間違いなさそうである。節分は立春起算の新年の年末に当たり、一二月三〇日は元日起算の新年の年末に当たる。どちらも年を越す日に食べるという点で共通している。また「年越蕎麦」という呼称が使われていることでも重要な史料である。

また「晦日《みそか》そば　残ったかけは　のびるなり」という川柳がある。これがなかなか凝った作りになっていて、晦日のかけ蕎麦を食べているところへ、年末というので借金取りが「売掛《うりかけ》」の集金にやって来たのであろう。拝み倒して「売掛」の支払期限を延ばしてもらったのはよいのであるが、その間に食べかけていた「かけ蕎麦」も伸びてしまった、というわけである。

江戸時代末期に活躍した川路聖謨《かわじとしあきら》という幕臣は天保年間に佐渡奉行となるが、江戸を出てから翌年にまた江戸に帰るまでの間、『島根のすさみ』という日記を書き残した。その中には一二月の大晦日に山葵《わさび》と海苔《のり》を薬味として蕎麦を食べたという記事がある。当時から山葵と海苔を薬味としていたことがわかって、なかなか興味深い。ついでのことであるが、同年八月晦日に蕎麦を食べたという記述がある。これは晦日蕎麦のことであろう。

『東京年中行事』には、「この動揺と騒々しさの夕に於ける蕎麦屋の繁昌することよ。……年越蕎麦は今も猶盛に祝はれつつあるのである」と記され、東京の人の蕎麦好きは江戸時代以来のことである。正月七日は七草の節供の日であるが、

※『誹風柳多留』三二28……………。

※『島根のすさみ』は「東洋文庫」（平凡社）に収録されている。江戸にいる母への報告という目的があり、詳細な生活記録や心情描写は感動的である。…。

※国会『東京年中行事』下235…。

「七日正月」と呼ばれることがあった。それで前日の六日は「六日年越」と呼ばれることがあるが、『東京風俗志』には、この日に蕎麦を食べる家があると記されている。これは年越蕎麦と同じ発想であろう。ただし大坂では江戸ほど広く行われていなかったかもしれない。『浪花の風』という江戸末期の大坂風俗を叙述した書物に、「節分大晦日には、必らず麦飯を焚て、赤いわしを添へて祝ひ食ふ、都で年越には麦飯を食ふこと貧富相同じ、江戸にて蕎麦切を用ふるが如し」と記されている。

なぜ年越蕎麦を食べるのかということについては、「細く長く」とか、切れやすいので「厄《やく》を断ち切る」など諸説があるが、どれも史料的根拠が薄弱である。このようなことはいくらでも後付けできるので、どれが本当なのかわからない。『長崎歳時記』には「この夜はみそか蕎麦とて、そばを食するものは来春の運気強しとて、家内うちよりこれを食するものあり」と記されている。翌年の運がよくなるように食べるというので、このような蕎麦は「運蕎麦」とか「運気蕎麦」と呼ばれた。前掲の『桑名日記』の天保一一年の大晦日にも、「うんのそば五つたべてくる」という記述がある。出所の異なる複数の根拠があるので、これは有力な説と言えよう。色々な説があってよいのであるが、一説として成り立つためには、文献史料の裏付けが不可欠である。「……と言われています」では全く説得力がない。根拠のない説なら、後付けでどのようにも言えるからである。

※国会『東京風俗志』中11………。

六　節　分

節分の意味

多くの伝統的年中行事が忘れられつつある中で、節分は子供向けのユーモラスな面もあってか、まだ身近に行われている。そもそも「節分」の「節」とはこの場合は季節のことで、節分とは季節と季節を分ける境目の日のことである。四季の始まる日は立春・立夏・立秋・立冬であるから、それぞれの前日が節分である。すると節分が年に四回あることになるが、節分本来の意味からすれば、それでよいわけである。平安時代の貴族の日記には、「夏節分・秋節分・冬節分」などの表記がしばしば見られ、「せちぶん」「せちぶ」と訓《よ》まれていた。

古くは一年の起算日が元日と立春の二通りがあり、春分を新年の起算日とすれば、立春の前日の節分は一年の最後の日でもある。そのため立春前日の節分は四回の節分の中では特に重視され、節分といえば立春の前日を指すようになった。現在は元日だけが一年の起算日であり、節分の翌日の立春に特別な行事があるわけではないので、節分の重要性が少しも感じられない。

追儺の起原

それなら節分にはなぜ鬼を追い祓うのだろうか。邪鬼を祓う行事は古くは「追《つい》儺《な》」と呼ばれ、本来は年末一二月晦日の三〇日、現代ならば大晦日の行事であった。年末には新年を迎えるのにふさわしく家の中の穢《けがれ》を清めるのであるが、追われる鬼はその穢の象徴というわけである。この一二月晦日の行事は室町時代には立春の前日の節分に行われるようになる。旧暦では元日と立春、あるいは一二月晦日と節分はしばしばその順番は入れ替わるほどに近接している。旧暦では元日も立春も一年の起算日であり、時と場合によって使い分けられていたから、両者が混同されることは十分に有り得ることであった。年末の追儺も節分の追儺も、共に旧年の穢を祓い清めるための行事なのである。

年末に鬼を追い祓う儀式はもともとは古代中国の風習で、紀元前四世紀の戦国時代から紀元前一世紀の前漢の時代に成立した『周礼《しゅらい》』という書物の「夏官」に記述がある。それによれば、四つ目の金色の面をかぶり、黒い上着と赤い裳《も》（下半身の服）を着て、矛《ほこ》と盾《たて》を持つ「方相氏《ほうそうし》」という役目に扮装《ふんそう》する者が、目には見えない鬼を追い出すことになっている。このような風習は中国では「大儺《たいな》」と呼ばれ、日本にも伝えられた。そして日本では「追儺」と書いて、「おにやらい」とも訓まれていた。文献上では、『続日本紀』という歴史書の慶雲《けいうん》三年（七〇六）の一二月に行われたことがおそらくは最も古い記録で、疫病が流行して多くの人

※月の満ち欠けが一巡する朔望《さくぼう》月《げつ》は約二九・五日なので、旧暦では月の日数は小の月の二九日か大の月の三〇日しかない。そのため旧暦の大晦日が三一日となることはない。

が死んだため、「始めて土牛を作りて大儺す」と記されているから、八世紀初頭には唐から伝えられていたと考えられる。

※国会、国史大系『続日本紀』27左10行…。

追儺の儀式については、弘仁《こうにん》一二年（八二一）に成立した『内裏式《だいりしき》』という朝廷の儀式書の「十二月大儺式《たいなしき》」に詳細な記述がある。それによれば、宮中の雑役に従事する下級役人の大舎人《おおとねり》が、「方相《ほうそう》氏」「方相」という鬼を追う役に扮し、「侲子《しんし》」と呼ばれる子供の従者二〇人を従えて入場する。またその方相氏役は「大舎人の長大なる者」が選ばれることになっていた。鬼を追うためには、大男でなければならなかったのである。その扮装は「黄金四目の仮面を着け、玄衣に朱裳をまとい、手には戈《ほこ》と楯《たて》を執《と》る」という、見るからに恐ろしい姿をしている。まさに鬼を以て鬼を「征」（制）するわけである。この方相氏の姿は、『周礼《しゅらい》』に記されているのと全く同じであり、一一世紀初頭に成立した『政治要略』という有職故実的政務参考書に、鬼と共に描かれている。そしてその方相氏が鬼を追う威勢のよい掛け声を叫び、戈で楯を打つこと三回。それに従う群臣がそれに大声で唱和して鬼を追う。また桃の木の弓を持った者が葦の矢を放って方相氏を援護し、鬼を門

※国会『政治要略』三78・80・81…。

鬼を追う方相氏（『政治要略』）

四つ目の鬼　四つの目と２本の角を持ち、猿の皮を着た青鬼と赤鬼が鹿杖《かせづえ》を突いて亀戸天満宮の社前に詰め寄っている。後方では神官が幣杖で鬼を打ってその退散を祈念している。門の左右に門松が立てられていて、元日と節分があまり日を隔てていないことがわかる。（『東都歳時記』「亀戸天満宮、追儺」）

外に追い祓うと記されている。

ところが平安末期の『江《ごう》家《け》次《し》第《だい》』という有職故実書によれば、かなり様子が異なっている。「方相が大声を上げて三回戈で楯を叩くと、群臣がこれに応じて大声を上げて方相を追いまわす。方相が門から逃げ出すと、群臣がさらに追いかけて（桃の弓と葦の矢で）これを射る」と記されている。以前には見えない鬼を追っていたはずの方相が、追われる鬼になってしまっているのである。室町時代の『公事根源』にも、「追

※奈良県大和文華館蔵
『江家次第』６５１～
…。

※紀元前四～三世紀に成立した中国の『山海経』という神話的地理書には、桃と葦に邪鬼を祓う霊力があることが記されている。それによれば、度《ど》朔《さく》山《さん》という山に桃の大木があり、その北東に伸びた枝の間から鬼が出入りする。そこで神《しん》荼《と》鬱《うつ》塁《るい》という神が桃の木の下で鬼を見張り、鬼を捕らえて葦の索（縄）で鬼を縛って虎に食わせると記されている。道教ではこの葦の索からさらに拡大解釈されて、葦の杖・矛・矢・火・煙が鬼を追い払う霊力をもつと信じられるようになった。
…。

儺……鬼といふは方相氏の事なり。四つ目ありて恐ろしげなる面を着て、手に楯戈を持つ。侲子《しんし》とて二十人、紺の布衣《ほうい》きたる者を牽《ひき》て内裏の四門をまはるなり」

と記されている。この逆転は方相の異様な姿によるところが大きく、これが鬼と錯覚されたのも無理はない。この姿は長い間に少し変わるが、恐ろしげな四つ目の姿で江戸時代まで伝えられ、『東都歳時記』の亀戸天満宮の追儺の図に描かれている。

このような宮中の行事は、鎌倉時代には民間でも行われるようになった。『徒然草』の第一九段には、一二月の晦日の夜中に人々が松明《たいまつ》をともし大声を出しながら、足が地に着かないぐらい走りまわっていると記されている。よほど騒々しかったのであろう。しかしそれも真夜中には音もしなくなり、心細いくらいだという。

豆撒

丁武軍氏の論文（「古儺文化の起源・変遷・現状：中国南豊と京都を事例として」）によれば、漢の時代の大儺礼《たいなれい》（追儺）にすでに「投赤丸」という儀式があり、この「赤丸」が「赤い小豆」と考えられるということである。現在では大豆を撒《ま》くのが普通であるが、本来は邪気を退ける霊力があると信じられていた小豆（赤豆）を撒いたのであろう。日本で豆を撒いて鬼を追い祓うことが行われるようになったのは、室町時代からである。室町時代の伏見宮貞成《さだふさ》親王の日記である『看聞御記《かんもんぎょき》』

※国会『公事根源』127・128……。

※国会『江戸歳時記』秋冬57……。

※国会『看聞日記』乾坤五四4……。

の応永《おうえい》三二年（一四二三）正月八日の節分に、女官や御所侍が「鬼大豆打」をしたことが記されている。室町幕府御供衆の伊勢貞弥《いせさだや》の日記である『花営三代記』にも、同日の節分に、大豆と搗栗を恵方に向けて撒いたことが記されている。また『臥雲日件録《がうんにっけんろく》』という相国寺《しょうこくじ》の僧瑞渓周鳳《ずいけいしゅうほう》の日記の文安《ぶんあん》四年（一四四七）一二月二二日には、「明日立春、故に昏（夕暮）に及び室毎に熬豆《いりまめ》を散ず。因みに鬼は外、福は内の四字を唱ふ。蓋《けだし》この方に儺《な》を駆《かく》る（追儺をすること）の様也」と記され、各部屋で「鬼は外、福は内」と唱えて「熬豆《いりまめ》」を撒いたと記されている。同様の記録は、室町時代には他にいくつもある。

※国会『群書類従』十六412……。

※国会『続史籍集覧』三170……。

　ただここで留意しなければならないのは、平安時代以来の追儺は一二月晦日に行われるのであって、立春前の節分ではなかったことである。しかし前掲の『看聞御記』『花営三代記』『臥雲日件録』によれば節分に行われている。新暦では大晦日と節分は一カ月以上離れているが、旧暦では接近していて、しばしば順序は逆転する。それでどちらで行われても時差はあまりないのであるが、江戸時代の文献では一二月晦日ではなく節分に行われている。一条兼良が著した『公事根源』（一四二二頃）では一二月晦日となっているが、これは有職故実書であるから古態が記述されているのであろう。とにかく本来は節分ではなく、一二月晦日の行事であったことを確認しておこう。

　豆を撒《ま》く理由について、「鬼の目を打つ」という理解は室町時代には確認できる。例えば『壒嚢鈔《あいのうしょう》』（一四四六）には「鬼の目を打ち」と記されている。ネット情報

※国会『壒嚢鈔』35…………。

では豆が「魔滅《まめ》」に通じるからという説明をよく見かける。いかにもこじつけ臭いが、これには一応根拠がある。『和漢三才図会』（一七一二）には、豆を撒くのは「魔滅《まめ》の義を取るか」と推測する記述がある。しかしあくまで著者の想像であって、そのような理解が共有されていたわけではない。ネット情報には、「鬼の目を射るので、射ると煎《い》るを懸けて煎豆《いりまめ》でなければならない」、「生豆を撒くと後で魔の芽（豆）が出るので縁起が悪い」とか、「豆を炒ることは魔目を射る」を懸けているとか、「枡に豆を入れるのは、益々力が増すことを懸けている」などと記されているが、これらはいかにも後に取って付けたような理屈で、根拠となるような文献史料を見たことがない。

また「鬼は丑三時《うしみつどき》（午前二時～二時半頃）に来るので、その時間に合わせて撒く」という解説があるが、『江戸府内絵本風俗往来』には夕暮に、『臥雲日件録』には「豆を撒くこと当日日暮より一時二時の間」と記されている。夕方に撒くという記述は他にもあり、それが一般的であったことは間違いない。そもそも丑三時では、もう立春の朝になってしまうではないか。

節分では撒いた豆を食べる風習があるが、その数については様々な説がある。年の数だけという説と、それより一つ多くという説があるが、その「年」についても満年齢と数え年の二つの説があり、どれが本当なのかわからなくなっている。要するに、①満年齢、②満年齢＋《プラス》一、③数え年、④数え年＋一の四説がある。しかし本来は数え年による年齢よりも一つ多く食べるものであった。『東都歳時

※国会『和漢三才図会』上102左6行：。

※国会『江戸府内絵本風俗往来』上92：。

※生活感覚としては、一日が始まるのは夜明けであり、それとともに日付がかわると理解されたが、六世紀に中国から伝えられた暦では、真夜中の子の刻に日付がかわるものとされていた。：。

記』には、「今夜いり豆を己が年の員（数）に一ツ多く数へて是を服す。世俗今夜を年越《としこし》といふ」と記されている。

「煎豆を　一つが年の　増加也」という川柳もある。

当時は満年齢で数えることはなかったから、歴史的には数えの年齢より一つ多かったのである。ただし『諸国風俗問状答』には、年の数だけという例もいくつか報告されている。また安永《あんれい》九年（一七八〇）の『閭里《りょり》歳時記』（『民間風俗年中行事』所収）には「各歳の算《かず》とりてこれを食ひ」と記されている。

問題はなぜ一つ多く食べるかということである。伝統的年中行事の解説書やネット情報には、次の節分までの一年の福を取り込むためと説明されているが、安易な思い付きに過ぎない。旧暦が行われていた時代には、年が改まれば一斉に年を重ねるものとされていたから、一二月晦日か節分の夜が明ければ、全員が一歳加齢することになる。誕生日に一歳年齢を重ねるという発想そのものがなかったのである。そして邪気・邪鬼を追い祓って新年を迎え、めでたく一歳長生きするわけであるから、その分だけ一つ余計に豆を食べるというわけである。

ところで年の数だけ豆を食べる風習の起原は、厄落としに関係がありそうである。室町時代には、節分に年の数だけ銭を包んで「乞食《こつじき》」に与える風習があった。連歌師宗長《そうちょう》の大永《だいえい》六年（一五二六）の『宗長日記』には、「京には役（厄）おとしとて、年の数銭をつつみて、乞食の夜行《やこう》におとしてとらする事をおもひやりて、かぞふれば　我八十の　雑事銭《ぞうじせん》（小遣銭）　役とていかが　おとしやるべき」と記

※国会『江戸歳時記』　秋冬56左末尾　……。

※『誹風柳多留』一三一15　……。

※韓国では、現在でも日常生活では数え年によって年齢を表している。ただし、公文書では満年齢によるので、年齢を尋ねるより生まれた年を訪ねた方がわかりやすい。……。

※国会『民間風俗年中行事』　133左下（又は134左下）……。

※『宗長日記』は「岩波文庫」に収められている。……。

されている。八〇歳の流浪の連歌師には、銭八〇枚は大きな負担であったようである。『日本歳時記』には、節分の夜に「乞食」が「厄払ひ厄払ひ」と称して家々を巡り歩くので、翌年が厄年に当たる人は銭を与える風習があったことが記されている。また前掲の『閭里歳時記』にも、厄年に当たる人は年の数だけの豆に「鳥目《ちょうもく》」（銭）を添えて貧人に与える風習が記されている。『諸国風俗問状答』の丹後《たんご》国峯山《みねやま》藩からの報告には、「福豆に鳥目《ちょうもく》を添へ疫払」をするために、「疫払」と呼びかけながら往還を歩く非人に与えることが記されている。同じく備後《びんご》国浦崎村からの報告には、「厄払といふて、節分の豆を人々の年の数に一つ宛増して、人数程紙に包みて門外にて香灯明をとぼして、その所へ捨申者も御座候」と記されている。『鶉衣《うずらごろも》』（一七八八）という俳文集の「節分賦」にも、「年の数を豆に拾ひて、厄払ふ者にとらするものとて」と記されている。このように年の数だけ豆を食べる風習は、年の数だけ銭を恵むことと無関係ではなさそうである。ついでのことであるが、前掲の『宗長《そうちょう》日記』には、引用部分の直前に「二十五日、節分の夜、大豆をうつを聞きて、福は内へ　入豆の今夜もてなしを　ひろひひろひや鬼はいづらむ」とも記されている。

　現在は満年齢で数えるためそのような理解は忘れられてしまい、年の数だけ食べるということになってしまった。満年齢を数え年の年齢になおすために満年齢より一つ余計に食べるという説もあるが、満年齢と数え年の差は、必ずしも一歳とは限らない。やかましいことを言えば、数え年の計算方法は、元日から誕生日

※国会『日本歳時記』七15左 ……。

※国会『諸国風俗問状答：校註』236右 …。

※国会『諸国風俗問状答：校註』251左 …。

※厄落としのために、銭だけではなく身につけていて汚れた物（例えば褌《ふんどし》など）を辻に捨てるという風習が江戸時代初期から行われていた。鳥取県出身の妻は、幼い頃に枕を捨てに行かされ、十字路の真ん中に枕が山積みになっているのを見たという。…。

前日午後一二時までは「満年齢＋《プラス》二」、それ以降は「満年齢＋一」となる。それで誕生日が節分の前か後かによって、余計に食べる数が異なってくる。しかしそれではあまりにも細かすぎるというなら、数え年でも満年齢でもよいから、年齢より一つ多く食べるというのが妥当であろう。

柊と鰯

追い出した鬼が家の中にまた入ってこないように、鬼の嫌いな柊《ひいらぎ》の枝に鰯《いわし》の頭を突き刺したものを門や家の入り口に挿しておく風習がある。そもそも「ひいらぎ」（ひひらぎ）という呼称は、ひりひり疼《うず》くことを意味する「ひいらぐ」（ひひらぐ）という古語の名詞形で、柊の葉の鋭い棘《とげ》が刺さると痛いことに因る。鰯の頭は生臭くて鬼の嫌いな匂《におい》、というわけである。もちろん、柊と鰯の頭を挿しておけば災難が絶対に入ってこないと、本気で信じているわけではない。しかしそうしておけば何となく安心するのであろう。「鰯の頭も信心から」という諺《ことわざ》があるが、鰯の頭のような物でも、信じる人にはありがたく見えるというわけで、迷信をかたくなに信じることを風刺している。この柊と鰯の頭は、釈迦の誕生を記念する灌仏会《かんぶつえ》（花祭）の日まで挿しておくものとされていた。

鰯の頭と柊を門口に挿す風習が、いつ頃から行われていたのか詳しいことはわからないが、『土佐日記《とさにっき》』にそれに関係ある記事がある。「元日、なほ同じ泊《とまり》なり。……今日は都のみぞ思ひやらるる。小家《こへ》の門の注連縄《しりくめなわ》の鯔《なよし》（ぼら）の頭、柊ら、

※『古事記』には、景行《けいこう》天皇が皇子の倭建命《やまとたけるのみこと》（日本武尊）を東国の蛮族討伐に派遣する際に、「比比羅木八尋矛《ひひらぎのやひろぼこ》」を授けたと記されている。この逸話はヒイラギに邪鬼をもひしぐ威力があるという理解が早くからあったことを示唆している。

いかにぞ、とぞ言ひあへなる」。紀貫之《きのつらゆき》は土佐国司の任期を終えて船で帰京する途中、大湊《おおみなと》というところで年末年始を過ごすが、「船中のため正月用の歯固もなく、元日には京の都のことばかり思いやられ、庶民の家の門に飾ってある注連縄の鯔《ぼら》の頭や柊はどんな具合だろうかと皆で言い合った」という。当時の追儺は一二月晦日に行われていたから、注連縄に挿してあるのである。鯔《ぼら》と鰯の違いはあるが、明らかに追儺の呪物である。

また鎌倉時代の中期の公家である藤原為家《ためいえ》（定家の子）が次のような歌を詠んでいる。「世の中は　数ならずとも　ひひらぎ（柊）の　色に出でては　いはじ（鰯）とぞ思ふ」「いはじ」は「鰯」と「言はじ」を懸けているのはすぐにわかるだろう。歌のおよその意味は、「男女の仲というものはとるに足りないものであっても、本心は明かさないものだ」ということなのであろうが、それはともかくとして、明らかに戯歌《ざれうた》として「柊」と「鰯」を裏に詠み込んでいる。つまり鎌倉時代の中期には、柊と鰯の組み合わせが定着していたのである。

鬼の扮装

節分の鬼に限らないが、現代の鬼は角を生やし虎の皮の褌《ふんどし》を穿いている。これについて、伝統的年中行事の解説書には、邪鬼・邪気が侵入する鬼門の方角（北東）は干支で表せば「丑寅」（艮《うしとら》）であるため、牛の角を生やし虎の皮の褌を穿いていると説明されている。しかしこの説は話としては面白いが、史料的根拠は

※『夫木和歌抄』巻29、14074

※『夫木和歌集』は、鎌倉時代末期に、藤原長清という地方武士によって編纂された和歌集で、勅撰和歌集に収録されなかった歌一七三八七首が、五九一の詠題に分類されている。そのため、後世に和歌を学ぶ者にとっては、虎の巻のような参考書として評価された。散逸してしまった歌集から採られた歌も多く、和歌の研究にとって極めて重要な参考書である。インターネットで「夫木和歌データベース」と検索すると閲覧できる。

何一つ確認できない。そもそも一一世紀初頭の『政治要略』に描かれた方相氏と共に描かれている鬼には角はなく、色の濃い布製の褌を着けている。平安時代末期から鎌倉時代初期に地獄を描いた『地獄草紙』という絵巻物類には、馬の頭をした赤肌で赤い褌を穿いた獄卒《ごくそつ》と、牛の頭をした青肌で豹《ひょう》柄の褌を穿いた獄卒が画かれているが、虎皮の褌は見当たらない。平安時代末期に編纂された歌謡集である『梁塵秘抄《りようじんひしよう》』巻二に、女が男を呪った「我をたのめて来ぬ男、角三つ生ひたる鬼になれ、さて人に疎《うと》まれよ」という歌がある。「私をその気にさせておいて、私のところに通って来ない男よ。角の三つ生えた鬼になってしまえ。そうして人から嫌われるがいい」という意味なのであるが、鬼に角があることは平安時代以来であることが確認できる。ほぼ同時期の『今昔物語集』に記述される鬼にも、角があることが確認できる。

時代は下って江戸時代末期の宮崎成身《せいしん》という旗本が著した『視聴草《みききぐさ》』という随筆に、「地獄倹約」という享保《きょうほう》年間の滑稽な風刺が収められている。内容は地獄の鬼に対する倹約令なのであるが、享保の改革の倹約令を皮肉っているのであろう。それには次のように記されている。「鬼共豹《おにどもひょう》と虎の皮の下帯（ふんどし）は茨木童子《いばらきどうじ》・石熊童子（酒呑童子《しゆてんどうじ》の家来衆）の外《ほか》一切無用たるべし。下々の鬼共蜜々（密々、ひそかに）に法外の義これ有るにおいては屹度可責《きつとかしやく》すべし。ただし狸狐等の皮は苦るしからざる事（さしつかえない）」。鬼にもランク付けがあり、上位の鬼は虎と豹の皮の褌《ふんどし》を穿いているわけである。鬼やその同類と見なされた者が毛

※国会『政治要略』三80・81………。

※天明元年（一七八一）の『桃太郎一代記』という絵本に、鬼が宝物を差し出す場面がある。その中で猿が「褌にまで虎皮を用いているのだから、もっと虎皮が沢山あるはずだ」と言うと、犬が「虎皮は好きではない」と言う。すると鬼が「犬に急所を食いつかれないように（犬の嫌いな）虎皮を穿いているのであって、決して驕っているわけではない。鬼ヶ島にも遊び所（遊郭）ができて、遊ぶ金を工面するために虎皮を質に入れてしまった。それで油紙に虎班《とらふ》（虎皮の縞模様）をつけている」と、ユーモラスな会話が記されている。『桃太郎一代記』は国会『桃太郎一代記』で閲覧できる。……。

皮の褌を身に着けることも、平安時代以来のことである。しかし丑寅説が正しいとするならば、豹・狸・狐柄も同時に確認できるということ、『地獄草紙』の牛頭の獄卒が豹柄の褌であること、また馬頭の獄卒がいること、また角が一本の鬼が多い図の多いことの説明ができない。江戸時代には、鬼は虎や豹などの毛皮の褌をしていたと理解されていたのは事実であるから、明治時代以後に節分の鬼の

地獄の裁判での鬼　この図は、『風俗画報』第65号（1894）に載せられたものであるが、江戸時代の『東都歳事記』の図を描きなおしたものである。『東都歳時記』の図では鬼の持つ金棒には突起は描かれていないが、この『風俗画報』の鬼の金棒には無数の突起が描かれている。

扮装として参考にされたというのが実際のところであろう。

鬼の必携品である金棒については、『享保世話』の巻之一（『近世風俗見聞《けんもん》集』第二所収）には、「閻魔《えんま》王より地獄への触《ふれ》」と題して、「向後《きょうこう》（今後は）万事倹約を相守り、只今まで鬼共虎の皮のふんどし致し候へども、以後は相止め、今よりは木綿にて虎の皮染にざっと染め用ひ申すべく候。且また鉄の棒も樫《かし》を用ひ申すべく候」と記されている。鬼が金棒や戈を持つ姿は、『地獄草紙』にも描かれているから江戸時代以後のことではないが、突起が並ぶ独特の金棒は、江戸時代以前にはないと思われる。江戸時代に出版された絵入りの『往生要集』などの地獄絵には、手元が環状で先が太い金棒が描かれているが、独特の突起は確認できない。『風俗画報』第六五号（一八九四）に載せられた地獄の裁判の図は、『東都歳時記』に載せられた図を描きなおしたものであるが、先が太くて突起が並ぶ金棒を持つ鬼が描かれている。ところが原図の金棒には突起がない。つまり「鬼の金棒には突起がある」という理解は、明治時代に作られたものである可能性がある。ただしこの鬼も虎皮の褌を穿いていない。節分の鬼の丑寅説は、現代になって創作されたのであろう。

※国会『近世風俗見聞集』二―170左下 …。

あとがき

本書の特徴は文献史料の裏付けを重視していることである。文献史料による裏付けは従来の伝統的年中行事の解説書に欠けていたものであり、それがない解説では再検証のしようがない。従来の年中行事解説書には民俗学的視点から書かれたものが多いのであるが、民俗学ではその学問の性格上、現代に採録された民間伝承が重視される。しかし伝承というものは、歴史の研究資料として決定的な弱点を持っている。それは採録された時点における資料であり、歴史的なものとは限らないこと、また伝承の過程が記録として残りにくく、特に口伝の場合は起原の検証が不可能なことである。そのため民俗学的資料によって記述すると、「……と言われています」「……と伝えられています」としか書きようがないことになる。しかし伝統的年中行事も立派に歴史の一部であるから、その研究は確実な歴史史料の裏付けによるものでなければならない。現在一般に説かれている伝統的年中行事の叙述に誤りが多い原因の一つは、この民俗学的視点にあるのである。

民俗学では研究資料として歴史的文献史料を重視しない。しかし起原や由緒を検証するには、古代・中世の文献史料によらなければ解明できないことが多い。日本の伝統的年中行事は、中国から伝えられたものが朝廷の行事に採り入れられ、それに日本的要素が付け加えられ、そして支配階級・上流階級や都市市民の文化として受けつがれ、さらに地方に伝えられて地方色を強めたものが多く、その逆コースは極めて稀である。七草粥・上巳の節供・灌仏会・端午の節供・七夕・盂蘭盆・重陽の節供・節分などは、みな推古朝から奈良時代にかけて中国から伝来した風習が朝廷の行事となり、最終的には民間に広まったものばかりである。これらの起原や由緒について、現在採録された民間伝承によって明らかにすることは不可能である。伝来した当初は朝廷行事として採り入れられたものばかりであるから、その頃の歴史書・文学・日記などにより明らかにしなければならないのである。

ところが柳田国男は「正月元日というたった一つの例を除けば、都会で設け出した年中行事などは日本にはない」(『年中行事覚書』「年中行事」末尾)という。もしそうならば、五節供の行事起原が全て中国由来であることを、どのように説明するのであろうか。確かに柳田国男は民俗学を学問として確立し、その業績は誰もが認めている。しかしあまりにも偉大すぎるがゆえに、その説くことが無批判に受容されてしまう。このような柳田国男の呪縛から解放されない限り、民俗学には学問としての発展はないであろう。

江戸時代になると俳諧などの庶民文芸の流行を背景として、歳時記類がたくさん出版されるようになる。歳時記類は、その時点における庶民の生活風習の集大成である。単なる個人の生活記録ではない。現代に採録された古老の話と、歳時記に記録された当時の風習とでは、伝統的年中行事研究の史料としてどちらが説得力があるかは言う必要もあるまい。ところが民俗学的視点からの伝統的年中行事叙述においては、歳時記類が活用された形跡がほとんどない。ところが積極的に活用されていれば、現代に定説として説かれている年中行事の由緒には、誤りが多いことに気付いたはずである。

伝統的年中行事の叙述に誤りが多いもう一つの原因は、明治六年(一八七三)に、明治政府の布告によりいわゆる「五節句」が国家の行事としては廃絶されてしまったことにある。明治初年、文明開化の風潮も相俟って、伝統的年中行事はすっかり廃れてしまった。本書でしばしば引用している『風俗画報』『東京風俗志』や『東京年中行事』には、さまざまな伝統的年中行事が既に廃れてしまっていると記されている。例えば、本文にも記してあるが、明治三一年(一八九八)の『風俗画報』に、七草粥の行事を行う家のことを「旧弊家なりとて人皆これを笑ふ」とまで記されていることを、もっと深刻に受けとめなければならない。しかし欧米文化に偏重していたことへの反動や、日清・日露戦争の勝利の結果、伝統文化が再び注目されるようになり、一度はすっかり廃れてしまった行事が少しずつ復活するようになった。しかしその際に江戸時代の様子が正しく伝えられず、新たな禁忌や縁起やこじつけ的な解釈が付け加えられ、さも昔から行われてきたかのように伝えられてしまったことがかなりある。また現代に復興された行事では、地方活性化や観光的・商業的視点から、伝統的な本来の姿が大きく改変されてしまうことがある。仙台市に始まる商業的七夕祭や、「天野川」という地名があることによって七夕伝説の発祥地であるということにしてしまった枚方《ひらかた》市や交野《かたの》市などの町興し的七夕祭、また本来は「復興の地」であるべきであるにもかかわらず、土用の寒鰻発祥地としてしまった岡谷市の例などはこの典型であろう。そしてそのような情報が一端拡散してしまうと、既成事実として独り歩きを始め、江戸時代までの本来の姿が見えなくなってしまうことになるのである。

以上のようなわけで、現在の伝統的年中行事は江戸時代までの姿から大きく変わってしまっている。しかし伝統的年中行事の変遷を調べてみると、本来は水辺で罪穢を祓う行事であった上巳の節供が雛祭に変化したように、長い間に少しずつ変化してきた。そのようにある程度変化することは、避けられないことであろう。しかし事実誤認による変質は、これを放置することはできない。明治時代に一時的な衰退があったからこそ、江戸時代以前の文献史料によって、本来の姿を改めて確認しなければならないのである。

本書は従来の伝統的年中行事の解説書に対して、わけても民俗学に基づく解説に対して、意図して過激な言葉を投げかけている。それはそれくらい過激に表現しないと、通説の誤りに気付いてもらえないと思ったからである。過激なことは敢えて望むところではないが、一石を投じて反論を期待するためでもある。もちろん私の説が無謬であるとはいささかも思っていない。巨大な民俗学的年中行事理解に、素人同然の者が独りで異を唱えるようなものであるから、史料の誤読や見落としはたくさんあることと思う。そういう意味で私の誤りを指摘されるのは、日本の伝統行事研究のために大歓迎である。なぜなら私の本意は、私の主張が認められることではなく、古来の伝統的な年中行事が正しく継承されることだからである。ただし反論するならば、確たる根拠のあるものに限るのは当然である。伝統的年中行事が江戸時代以前の本来の姿で、さらに継承されていくことを切に願うものである。

❖史料として引用した主要文献

『荊楚歳時記』（けいそさいじき）

中国の長江中流域一帯である荊・楚地方(現在の湖北省・湖南省付近）の年中行事を記録した書物で、六世紀に成立した。そもそも「歳時記」という言葉は本書に拠っている。奈良時代に日本に伝えられ、朝廷はこれをもとに朝廷の年中行事を整えたと考えられるため、日本の伝統的年中行事研究の最も基礎的でかつ重要な史料である。平凡社の「東洋文庫」に収められているので、入手は容易である。

『年中行事秘抄』（ねんじゅうぎょうじひしょう）

『荊楚歳時記』を参考にして、平安時代における朝廷の年中行事や儀式について記述された、鎌倉時代初期の有職故実書。多くの書物を引用しつつ、行事の意義や起原について解説している。奥書に永仁（一二九三～九九）と記されていることから、成立した時期を推定することができる。国会図書館デジタルコレクションの写真版を閲覧できる。仮名が振られているわけではないが、楷書であり、また難解な文ではないので、内容は理解できる。正月から順に並んでいるので、欲しい情報を探し出すことは容易である。活字版は『群書類従』の第六輯に収められている。なお「年中行事」という言葉は、本来は「ねんちゅうぎょうじ」ではなく「ねんじゅうぎょうじ」と読むのが正しい。

『公事根源』（くじこんげん）

室町時代の一五世紀前半、摂政関白太政大臣となった一条兼良が著した有職故実書。一年間の宮中行事を、月に従ってその起原・由来・内容などを記述している。書名の「公事」とは朝廷の儀式のことで、「根源」とは起原や沿革という意味である。後に、室町幕府の将軍足利義量《よしかず》の要請に応えて、兼良が一九歳の時に何の参考書も見ずに書いて進上したと記されたことがあるように、兼良は当時「日本無双の才人」と呼ばれた碩学であった。国会図書館デジタルコレクションの写真版を閲覧できる。連綿はなく文字は全て一字一字独立してはいるが、変体仮名に慣れていないと読むのは難しい。また版本は「新註皇学叢書」第五巻などに収められている。

『世諺問答』（せいげんもんどう）

天文一三年（一五四四）、室町時代の後期に一条兼良が著した有職故実書。ただし出版されたのは寛文三年

（一六六三）である。日本古来の「世諺」、つまり風習や季節毎のしきたりの由来や起原について質問すると、物知りの老人がそれに答えるという形をとっている。国会図書館デジタルコレクションの写真版を閲覧できるが、変体仮名に慣れていないと読むのは難しい。しかし稚拙ながら挿図は江戸初期の風俗を表すものとして、図だけでも見る価値がある。版本は、「仮名草子集成」第四四巻、『群書類従』第二八輯雑部に収録されている。

『年中恒例記』（ねんじゅうこうれいき）

天文一三年（一五四四）に著された室町幕府の年中行事書。著者は不明。正月から順に月日を追って簡略に記述されているので、月日がわかれば、必要な情報にすぐにたどり着ける。しかし量的にはかなり少なく、漏れているものもかなりあると思われる。東京国立博物館デジタルライブラリーで、江戸時代の和本の写真版を閲覧できる。また国会図書館デジタルコレクションの明治一六年の活字版を閲覧できるが、『続群書類従』第二三輯下にも収められている。

『日次紀事』（ひなみきじ）

江戸時代前期の儒学者・医者であった黒川道祐《どうゆう》が、京都を中心とする年中行事を解説した書物で、延宝四年（一六七六）に出版された。林羅山に学んだ関係から、その子林鵞峰《がほう》が序文を書いている。道祐は実際に足で歩いて材料を集め、京都内外の風俗について、神事・公事（朝儀）・人事・忌日・法会・開帳の項を立て、書名の如くに月日の順を追って丁寧に解説している。また客観的事実の記述にとどめ、余計な考察を排除しているので、その記述内容には信頼がおける。そのため江戸時代前期の出版であることも相俟って、風俗や年中行事の研究にとっては、第一級の史料である。インターネットで国会図書館デジタルコレクションの写真版を閲覧できる。楷書であり、月日の順に並んでいるので、必要な部分を探して解読することは容易である。

『日本歳時記』（にほんさいじき）

貞享五年（一六八八）、福岡藩に仕えた貝原好古《かいばらよしふる》が著し、その叔父で朱子学者・本草学者として知られた養父の貝原益軒《えきけん》が補った日本最初の歳時記。月ごとに公事・祭礼・農事・衣食などについて、異名や由来や故事について記述している。著述の材料として古来の宮廷の儀礼よりも、民間の風俗習慣を重視していることに特色がある。また稚拙ながら随所に挿図があり、江戸初期の民間の風俗を知るための啓蒙的な歳時記として重要な史料である。国会図書館デジタルコレクションで和本の写真版を閲覧できるが、変体仮名に慣れていないと読めない。版本としては八坂書房の「生活の古典双書」に収められている。

『民間年中故事要言』（みんかんねんじゅうぎょうじこじようげん）

江戸時代前期から中期の国学者である蔀遊燕《しとみゆうえん》が元禄一〇年（一六九七）に著した年中行事の詳細な解説書。行事の概要だけではなく、それに関係ある用語について解説されている。また引用されている書籍が和漢・古今とも幅が広いことに特色がある。収録されている用語数は俳諧の歳時記ほど多くはないが、基本用語について長く丁寧に解説されているので、まず各年中行事の概要を学ぶのには適している。また収録されている用語が月ごとに目次のように一覧できるようになっているので、探している用語の解説にすぐにたどり着ける。インターネットで早稲田大学蔵の和本の写真版を閲覧できるが、楷書でしかもルビがふられているので、解読は容易である。

『和漢三才図会』（わかんさんさいずえ）

正徳二年（一七一二）に大坂の医師である寺島良安が著した、日本最初の図入り大百科事典。「三才」とは「天地人」のことで、天文・地理・人倫・人体・芸能・衣服・諸道具からから動植物まで、ありとあらゆる物を網羅していることを表している。完成まで三〇年もかかった大著で、全部で一〇五巻からなっている。各項目は漢名と和名で表記されるが、解説は漢文であるため、読みやすいものではない。国会図書館デジタルコレクションで和本の写真版を閲覧できる。版本は平凡社の「東洋文庫」に収められている。

『長崎歳時記』（ながさきさいじき）

寛政九年（一七九七）に、長崎通詞《つうじ》と交友のあった野口文竜が著した、長崎地方の年中行事解説書。多くの小道具のスケッチが添えられている。長崎にはオランダや明・清との貿易による異国文化が色濃く伝えられているため、他の地域の歳時記に見られない独特の風習がたくさん記録されている。また江戸や京都から広まった日本の伝統的年中行事が、遠く九州にどのように伝えられているかを検証するという点で、貴重な情報を多く含んでいる。「日本庶民生活史料集成」の第一五巻に収められているので、大きな公立の図書館で閲覧が可能である。

『華実年浪草』（かじつとしなみぐさ）

天明三年（一七八三）に鵜川麁文《うかわそぶん》が著した季語の解説書。約二七六〇語の季語を収録し、多くの和漢の文献を引用し、詳細な考証をしている。これ一冊で関連する文献が全て収録されているのではと思えるほどに、多くの情報が収集されている。『俳諧歳時記栞草』の解説には、本書の解説を書き下しにしただけのものが多くあるように、以後の歳時記に大きな影響を与えた。国会図書館デジタルコレクションで和本の写真版を閲覧できる。一応漢文であるが、単純なレ点と一、二点ばかりで全て楷書であるため、漢文の割には難解ではない。四季別の各巻の先頭に季語の目次があるので、それを見れば探したいページはすぐに見つかる。

『俳諧歳時記』『俳諧歳時記栞草』（はいかいさいじき・はいかいさいじきしおりぐさ）

『俳諧歳時記』は『南総里見八犬伝』の著者として知られる滝沢馬琴が、享和三年（一八〇三）に出版した歳時記。「歳時記」としては既に『日本歳時記』があったが、松尾芭蕉以前だったため、それには季語という視点はなかった。その後俳諧の流行に伴って季語の辞書・解説書の必要性が高まり、「歳時記」という名の下に季語を解説した最初の書物となった。四季別で月の順に約二六〇〇もの季語が収録されているが、動植物の注釈が不十分であるため、さらに嘉永四年（一八五一）に藍亭青藍《らんていせいらん》が約三四〇〇語に増補改訂したものが『俳諧歳時記栞草』として出版され、俳諧用歳時記の決定版となった。『俳諧歳時記』は国会図書館デジタルコレクションで閲覧できるが、変体仮名混じりのため、慣れないと読みにくい。しかし『俳諧歳時記栞草』なら明治二五年（一八九二）の活字版で読みやすくなっている。現在はこれに校注が付けられ、平成一二年（二〇〇〇）に「岩波文庫」から『増補俳諧歳時記栞草』として出版されている。

『誹風柳多留』（はいふうやなぎだる）

明和二年（一七六五）から天保一一年（一八四〇）にかけて発行されていた川柳の句集。川柳は俳諧と同じ五・七・五の詩形でありながら、季語がなく規定にとらわれない自由さがあり、人情の機微や風刺を平易な言葉で表現した、一種の遊戯的文芸である。まず興行元が七七の前句の題を公示すると、投句者が五七五の附句を十数文の投句料を添えて取次店に応募する。この入選作には賞金が払われたこともあり、大好評となった。この入選作の中で、附句だけでも意味がわかるものを簡単な冊子にして売り出したものが『誹風柳多留』である。このような文芸は、創始者で点者でもある柄井川柳《からいせんりゅう》の没後は、その号を採って「川柳」と呼ばれるようになった。『誹風柳多留』全五冊と『誹風柳多留拾遺』は「岩波文庫」に収録されている。三省堂の『誹風柳多留全集』全一二巻には、『誹風柳多留』の全一六七篇一一万余句が収められているが、定価が一六万円もした。現在は古本でもかなり高価であり、公共の大きな図書館なら収蔵しているかもしれない。

『諸国図会年中行事大成』（しょこくずえねんじゅうぎょうじたいせい）

読本の作者であり、かつ絵師でもあった速水春暁斎《はやみしゅんぎょうさい》が、全国の祭や宮廷行事・民間の年中行事について、月の順に日を追って記述したもので、文化三年（一八〇六）に出版された。著者は上方で活躍していたこともあり、宮廷の行事や京都の祭りについては特に詳しく記述されている。ただ正月から六月までしか出版されなかった。七月以降の出版予告はあったが、何かの事情で実現しなかったのは残念なことである。挿図は写真のように極めて精密であり、絵図だけでも十分に楽しめる。版本は桜楓社から儀礼文化研究所編で出版されている。また臨川書店の「版本地誌大系」に収められているが、いずれも高価なものである。また早稲田大学古典籍総合データベースで閲覧が可能である。

『諸国風俗問状答』（しょこくふうぞくといじょうこたえ）

江戸末期に、国学者で幕府の右筆でもあった屋代弘賢《やしろひろかた》が、風俗に関する木版刷りの質問状を諸国に送り、それに対して送られてきた答申を後世に収集して編纂したもの。問状が送られたのは文化一〇年（一八一三）から二～三年の間と推測されるが、発送先や答書の数などは不明である。質問は、門松・鏡餅・組重（お節料理）・小豆粥・彼岸・雛祭・七夕・盆供養・月見・餅搗・節分など一三一項目にわたり、当時の主な年中行事がほとんど網羅されている。収められている答は、陸奥・出羽・常陸・越後・三河・伊勢・大和・若狭・近江・丹後・備後・紀伊・淡路・阿波・肥後など全国二〇の領地に及ぶ。江戸時代の都市の風俗を記した書物がたくさんある中で、地方の実情を具体的に記録した資料として、民俗学的にも極めて重要である。国会図書館デジタルコレクションで、昭和一七年に出版された版本の写真版を閲覧できる。新しいものでは、「日本庶民生活史料集成　第九巻　風俗」（一九六九・三一書房）に収められているので、大きな図書館には収蔵されているであろう。

『嬉遊笑覧』（きゆうしょうらん）

博覧強記の国学者である喜多村信節《きたむらのぶよ》が、文政一三年（一八三〇）に出版した、江戸時代後期の百科事典的な随筆。社会万般のことがらを居所・服飾・武事・歌舞・音曲・行遊・祭祀・慶賀・忌諱・言語・飲食・商売など二八項目に類別し、多くの古い文献を引用して考証を加えながら叙述している。特に風俗や歌舞音曲などについて詳しい。各項目の記述自体は長くはないが、一般の歳時記の対象外となる事柄まで幅広く網羅されているので、歳時記に漏れた事を補うという点で重要な資料である。「岩波文庫」に全五冊が収められている。

『馬琴日記』（ばきんにっき）

『南総里見八犬伝』の著者として知られる滝沢（曲亭）馬琴の日記である。本書でしばしば引用される『俳諧歳時記』は彼の著述であるから、伝統的年中行事や歳時記には人一倍造詣が深く、それが実生活の中でどのように実践されていたかを知ることのできる貴重な文献である。日記の記述は実に詳細を究めている。一日の中の天候の変化、来客の名前や来帰の時刻、贈答の品名や相手の名前、自分自身や使用人の健康状態、外出先とその時刻、毎日の出納記録、献立、八犬伝の著述や原稿料授受などから、飼っているカナリアの卵の数まで、よくまあ毎日これだけのことを書いたものと驚かされる。晩年に失明するが、先に亡くなった嫡子宗伯の妻に口述筆記させて書き続けている。馬琴は原稿料だけで生活が出来た最初の作家であり、経済的にも恵まれていた。一庶民の記録とはいえ、長屋の住人の生活感覚とはかなりずれがあるだろうが、江戸の市民の実生活を垣間見ることができる。現在六年分が発見され、中央公論社から出版されている。県立図書館レベルの大きな図書館なら閲覧できるかもしれない。

『和訓栞』（『倭訓栞』・わくんのしおり）

江戸時代中期の国学者の谷川士清《たにがわことすが》が生涯を掛けて著した、日本最初の五〇音順国語辞典。全九三巻で二万一〇〇〇語を収録している。刊行が始まったのは安永六年（一七七七）であるが、没後も子孫によって続けられ、明治二〇年（一八七七）に完成した。解釈だけではなく出典や用例まで添えられていて、明治時代以後の国語辞典に大きな影響を与えた。江戸時代の用語の意味を調べる際には、最初に検索するのが本書と『俚言集覧《りげんしゅうらん》』で、年中行事研究に限らず、江戸時代の文物研究の最も基礎となる資料である。国会図書館デジタルコレクションでは明治三三年（一九〇〇）の版本の写真版を閲覧できる。版本としては、「勉誠社文庫」に収められている。

『俚言集覧』（りげんしゅうらん）

福山藩の漢学者太田全斎が、一九世紀前半に編纂した江戸時代の口語辞典。方言・俗語・諺なども収録され、また多くの文献が引用されていて、江戸時代の庶民生活を知る上で、最も基本的、かつ重要な文献である。国会図書館デジタルコレクションでは明治三三年（一九〇〇）の活字印刷版を閲覧できる。いろは順ではなく、あいうえお順に並んでいるので、現代人にも検索しやすい。

『五節供稚童講釈』（ごせっくおさなこうしゃく）

江戸後期の戯作者である山東京山が、天保三～四年（一八三二～三三）に出版した年中行事の子供向け解説書。挿絵は浮世絵師の歌川国芳・国安によるだけあって、挿絵のレベルを遥かに超え、風俗資料としても価値がある。老人が児童に解説をするという設定のため文章はわかりやすく、『華実年浪草《かじつとしなみぐさ》』などの歳時記を材料にした考証的随筆となっている。国会図書館デジタルコレクションで原典を写真版で閲覧できるが、挿図の余白に隙間なく書き込まれた解説を読むことは、よほど江戸時代の合巻などの読み物に慣れていないと困難である。「太平文庫」に復刻版が収められ、解説も活字になっていて読みやすいが、三〇〇部しか発行されていないので、古本市場でも入手はなかなか難しい。

『東都歳時記』（『江戸歳時記』・とうとさいじき）

神田生まれの名主で国学者でもある斎藤月岑《げっしん》が、天保九年（一八三八）に出版した江戸の歳時記。彼は祖父の代から続いていた『江戸名所図会』の編纂を完成して出版し、江戸の地誌や風俗には精通していた。四季別に一月から順に日を追ってわかりやすい文章で記述され、特に寺社関係の記述は詳細を究めている。挿図は『江戸名所図会』の挿図を描いた長谷川雪旦《はせがわせったん》と、その子雪堤《せってい》によるもので、その精密さは写真にも劣らない程に精密であり、本書の価値をさらに高いものにしている。国会図書館デジタルコレクションで和本の写真版を閲覧できるが、随所に変体仮名や行草の書体が混じるので、慣れないと読みにくい。しかし多くの挿図だけでも一見の価値はある。ただし「国会図書館東都歳時記」と検索すると、『江戸歳時記』という書名になっているが、内容は『東都歳時記』である。版本は「東洋文庫」と「ちくま学芸文庫」に収録されている。

『守貞謾稿』（もりさだまんこう）

江戸後期の天保年間（一八三〇～四三）から幕末に約三〇年間かけて、喜田川守貞《きたがわもりさだ》が三都（江戸・京都・大坂）の風俗について詳述した書物。ただし出版されたのは明治になってからである。著者は絵師でもあるため、絵入りの風俗百科事典ともなっている。また多くの書物を引用し、観察に徹して独断を極力避け、不明な点は不明として客観的に叙述している。そのため史料としての信頼性は極めて高く、江戸時代の風俗や年中行事を研究する第一級の必読書である。著述のきっかけとなったのは、大坂に三〇年間住んでいた著者が江戸に転居して一四年、その風俗が大きく異なっていることに驚いたことであった。「岩波文庫」から『近世風俗志』という名前で出版されている。文章は平易で大変読みやすい。国会図書館デジタルコレクションでは著者直筆の原典を写真版で閲覧できる。

『江戸府内絵本風俗往来』（えどふないえほんふうぞくおうらい）

江戸生まれ江戸育ちの菊池貴一郎という市井の好事家が、明治三八年（一九〇五）に出版した幕末期の江戸の絵入り風俗誌。著者については詳しいことはわからないが、序文によれば、明治維新となって江戸の旧事を知る者が少なくなるので、知り抜いている「江戸純粋の歳時をばありのままに書き散らし、……自家独特の画を加え」たということである。執筆時期と記述内容の時期が大きくずれてはいるが、自分自身の体験に基づいて執筆されているため、記憶が薄れるという点で多少割り引くとしても、風俗史研究史料として比較的信頼が置けるものである。挿図は素人の域を遙かに超え、絵本と呼べる程にその数も多いことが特色である。明治維新によって伝統的年中行事が一時的に荒廃する前の様子が活写されているという点で、貴重な視覚的史料でもある。国会図書館デジタルコレクションで閲覧できるが、挿図を見るなら版本をお薦めする。版本は「東洋文庫」と青蛙房《せいあぼう》の「青蛙選書」に収められている。

『近世風俗見聞集』（きんせいふうぞくけんもんしゅう）

江戸時代の約二百数十年間、江戸を中心として諸国の風俗や風説などを記した書物を集め、大正元年（一九一二）に国書刊行会から出版されたもので、第一から第三まである。本書で引用されている『むかしむかし物語』『宝暦現来集』などが収録され、国会図書館デジタルコレクションで閲覧できる。『むかしむかし物語』は、幕臣の新見正朝《しんみまさとも》が江戸時代初期の慶長年間から寛文・延宝年間の江戸の風俗を、老後に著した回想録。『享保世話』は、享保七年から一〇年（一七二二〜二五）の、江戸の風説を叙述したもの。享保の改革を風刺的に見るべきものが多い。『寛保延享江府風俗志』は寛保から延享年間の江戸の風俗を叙述したもので、著者は不明であるが、幕臣と推定される。『宝暦現来集』は、幕臣の山田桂翁が、宝暦から天保に至る約八〇年間、江戸で見聞した風説を叙述したものである。

『江戸年中行事』（えどねんじゅうぎょうじ）

江戸風俗の研究家として著名な三田村鳶魚《えんぎょ》の編纂により、江戸時代の公事・祭祀・年中行事・行楽などを記述した一五編の記録が収録されている。三田村自身は明治三年（一八七〇）の生まれであるが、江戸時代のあらゆる文献を跋渉し、江戸時代の社会や文化については博学なこと並ぶ者なく、「江戸学の祖」と呼ばれる。本書でも『江府年中行事』『新吉原年中行事』『増補江戸年中行事』ほか、しばしば引用し参考にしている。昭和二年（一九二七）に出版され、国会図書館デジタルコレクションで閲覧できるが、「中公文庫」に収められている。

『東京風俗志』（とうきょうふうぞくし）

平出鏗二郎《ひらいでこうじろう》という歴史学者が、明治三二年（一八九九）から明治三五年（一九〇二）にかけて出版した、先駆的な風俗志研究書。明治中期の東京の様相が、極めて写実的な一七二枚の挿図とともに叙述されている。また東京の道徳・教育・宗教や迷信・年中行事・住居・服飾・飲食や料理店・通過儀礼・芸能・興行など、当時の風俗を幅広く対象としていることや、各種の統計資料が多いことに特色がある。著者の序文に、後世の風俗史研究の資料とする目的を持って資料収集につとめたことが記されているように、研究史料として価値が高い。国会図書館デジタルコレクションで閲覧できるが、挿図を見るなら版本をお薦めする。版本は「ちくま学芸文庫」や、八坂書房の「生活の古典双書」に収録されている。

『東京年中行事』（とうきょうねんじゅうぎょうじ）

長年東京で各種の学校で教職を務めた若月紫蘭《わかつきしらん》が著した、東京とその近郊の年中行事解説書で、明治四四年（一九一一）に出版された。著述に当たり最も参考にされたのは『風俗画報』で、その要点をそのまま引用している部分が多いことが特色である。そのため著者自身が執筆材料を直接に採録していないことが多く、執筆時期と記述内容の時期が一致しないことがあり、風俗史研究の史料としてはやや問題がある。しかし明治末期の東京の歳時記がこれだけまとまって記述された著書は他になく、江戸時代の歳時記や風俗習慣がどの程度受け継がれているかを調べるのには欠くことのできない書物である。また江戸時代にはなかった新しい行事などを調べるのにも便利である。国会図書館デジタルコレクションで閲覧できる。版本は平凡社の「東洋文庫」に収められている。

著者略歴

阿部　泉（あべ　いずみ）

1950年（昭和25）、山形県鶴岡市生まれ。1975年、国学院大学大学院日本文学研究科修士課程修了。1978年以来、埼玉県立高等学校教諭を勤め、2010年定年退職。その間、主に日本史の実物教材の収集、活用、普及活動に尽力。現在は主に和歌の歳時記や伝統的年中行事について研究。著書（共著も含む）に、『文学作品で学ぶ日本史』『日本史こぼれ話』（以上山川出版社）、『日本史モノ教材』『複製　解体新書・序図』『イギリスの新聞にのった薩英戦争と下関戦争』（以上地歴社）、『京都名所図絵』『和歌の自然歳時記』（以上つくばね舎）、『日本の歴史　写真解説』『日本史　歴史レプリカ』（1・2集）『謎トキ　日本史　写真・絵画が語る歴史』『日本史授業で使いたい教材資料』『話したくなる　世界の国旗』『明日話したくなる　元号・改元』『明日話したくなる　お金の歴史』（以上清水書院）など多数。

史料《しりょう》が語《かた》る年中行事《ねんじゅうぎょうじ》の起原《きげん》
伝承論《でんしょうろん》・言《い》い伝《つた》え説《せつ》の虚構《きょこう》を衝《つ》く

定価はスリップに表示

2021年12月20日　　初版　第一刷発行

著　者　阿部《あべ》　泉《いずみ》
発行者　野村　久一郎
印刷所　萩原印刷　株式会社
発行所　株式会社　**清水書院**
〒102－0072
東京都千代田区飯田橋3－11－6
電話　03－5213－7151
FAX　03－5213－7160
http://www.shimizushoin.co.jp

カバー・本文　基本デザイン　PNQ
乱丁・落丁本はお取り替えします。　　ISBN978－4－389－50140－2